これからの子ども社会学

生物・技術・社会のネットワークとしての「子ども」

アラン・プラウト
元森絵里子訳

新曜社

THE FUTURE OF CHILDHOOD
Towards The Interdisciplinary Study of Children
by Alan Prout

本書を両親、マリーとエリックに捧ぐ

日本語版への序文

『これからの子ども社会学（*The Future of Childhood*）』の初版を出版してから、10年以上経つ。本書は、子ども研究者たちに歓迎された。しかし、子ども社会研究にとって革新的で新しい方向性を示すものだったにもかかわらず、そのインパクトは、どちらかといえば控えめなものであったように思う。実際、一部には困惑や懐疑のムードすら感じられた。そういった人々は、「子ども社会研究」は疑いの余地なく成功しているのに、なぜこのような批判や明らかな方向転換によって台無しにされねばならないのか、と問うているようなのである。私の応答は常に、私が提案しているのは、新しい子ども社会研究の単純な意味での転倒ではなく、むしろその拡張や補強だというものである。もちろん、その意味するところも帰結もラディカルなものであるが。「子ども《チャイルドフッド》」は構築物であるとか、子ども《チルドレン》は潜在的な行為者能力《エイジェンシー》を持つ社会的行為者《アクター》であるといった新しい子ども社会研究の鍵概念は、もちろん捨てていない。「子ども」を構築物として見る際に、言説的なものにのみ排他的に注目するという点を差し引こうとしたのであり、逆から言えば、「子ども」の物質的性質にもっとはるかに注目せねばならないという点を加えたのである。身体、その生物学的な相関物、そして、物質的なものや装置・技術・環境の密なネットワークが、「子ども」において決定的な役割を果たしているのである。このように物質的なものを分析に含めるにあたって、大人同様に子どもも絡めとられている（あらゆる人間や非人間の）相互依存のネットワークを認識するよう、新たに強調してもいる。これは、子ども社会学を含む多くの社会理論を特徴づけてきた二項対立（大人／子ども、自然／文化のような）に対してより批判的な態度をとり、子どもと大人を結びつける（ときに引き離す）ネットワークや媒介や傾斜に、新たに焦点をあてることを要請する。

もちろん、こういったテーマは、社会科学においてより広く取り組まれてきたものである。まず感謝したいのは、ラトゥールやドゥルーズなどの先駆的業績が、今や「ニューマテリアリズム」としばしば呼ばれるものを練り上げてきたこと、そこから社会研究全体に及ぶ刺激的な洞察が芽を出し、分野共同的《マルチディシプリナリー》で学際融合的《インターディシプリナリー》な取り組みが、人文科学と社会科学と自然科学を融合していく風潮を促進していったことである。『これからの子ども社会学〔原題：「子ども」の未来〕』の中心に据えるのは、まさに、「子ども」を研究するにあたって、このように開かれた探究精神を持つことが必要だというテーマである。「子ども」とは、自然で文化的、生物学的で社会的、物質的で言説的なものとして、解きほぐしようがないほど絡まり合ったネットワーク――私が（完璧に満足のいく形でとは言えないかもしれないが）「ハイブリッド」として言及したもの――において、そのようなものとして構築されているのである。文化と自然の近代主義的対立をときほぐすことが有益で価値があると考えられるのは、こういった学際融合的な作業に方法を提供するからである。

この序文を書いている２０１６年７月現在、私はシェフィールド大学で行われた子ども・若者研究センターの第６回国際学会から戻ってきたところである。学会のテーマは、「社会的・生物学的・物質的子ども（The Social, the Biological and the Material Child）」であった。ありがたいことに、企画者側は、このテーマを選んだのには本書が影響しているとの謝辞をくださり、私は光栄にも基調講演に招待していただいた。これは、私にとって、子ども研究において、この10年間議論してきた新しい方向性を確固たるものにし、そこに焦点をあててくれるイベントであった。いや、こういったアイディアを『身体・子ども・社会（*The Body, Childhood and Society*）』（2000）に最初に発表したときを考慮すれば、10年以上かもしれない。同書には、本書でなされた議論の多くの萌芽がある。同学会において、多くの子ども研究者――特に若い世代の研究者たち――の多様なトピックを扱った議論を聞けたことは、大きな刺激となった。彼／彼女らを刺激したのが私の研究であったとしても、私の研究をもたらしたより広い研究の潮流であったとしても。

こういった点を鑑みても、元森絵里子氏によって今このように日本語訳がなされることは、時宜にかなった喜ばしいことである。『これからの子ども社会学』を日本の読者が手にとれるように、この困難で行き届いた作業を行ってくれた氏に、心より感謝している。語学面の能力を持つのみならず、子ども分野について深く理解している翻訳者と仕事をするのは喜びであった。本書が、子ども研究を志す日本の方々にとって、興味を掻き立てる、生産的なものであってほしいと、心より願っている。

アラン・プラウト
2016年7月、英国ヨークシャーにて

謝　辞

子ども研究の分野における多くの同僚が、何年にもわたって本書の議論に貢献してくださったことに感謝したい。また、進化生物学の現代的思考に私を導いてくれたスターリング大の霊長類学者、ハンナ・ブキャナン＝スミス氏には多くを負っている。第３章の初期稿の議論に参加してくださったすべての方――２００２年６月のベルリンで開催されたドイツ社会学会子ども部会の年次大会の参加者の方々、２００２年の春に客員教授を勤めさせていただいたデンマークのロスキレ大学の生涯学習センターの同僚たち、２００３年５月にドイツ、ヴッパータール大学で開催された会議の参加者の方々――に感謝している。最後に、特にピアに、本書の執筆前から執筆中――本書の大半はコペンハーゲンで執筆した――そして執筆後に至るまでの尽きることのないサポートと知的激励と忍耐に対してお礼を述べたい。

もくじ

はじめに

本書は、筆者が「新しい子ども社会研究[1]」として知られるようになった研究潮流に関わってきた中で生まれたものである。1980年代に、世界中の社会科学者が、それぞれの専門領域の「子ども《チャイルドフッド》」の扱い方に不満を表明するようになった。とりわけ子ども期の研究の相当の歴史を持つ心理学の研究者の間では、これは「発達」概念への批判という形をとった。この概念は、棄却されないまでも、子ども期の社会的・歴史的文脈や、子ども《チルドレン》が育つ非常に可変的な環境に注意を払っていないとして、次第に批判されるようになった。こうした文脈への注目は、伝統的なアプローチのいくつかの面の批判へとつながっていった。たとえば、「子ども」を普遍的な、生物学的に所与の現象として取り扱えるという前提を置いていることや、子どもの発達研究の主流が頑なに個人に焦点をあてているということが批判された。社会的で文化的な制度としての「子ども」の形も「成長」の過程も、自然に展開される過程ではなく、むしろ文脈に従属するものとみなされるようになったのである。

「子ども」に興味を持ってきた社会学者と文化人類学者の多くが、この批判を共有した。もちろん、これらの分野は、元より社会的・文化的文脈の重要性を認識する準備ができていた。しかし、そこには、社会学や文化人類学がおしなべて、子どもや子ども期なるものを考えてこなかったというまた別の懸念、すなわち、（数は少ないながらも）それまでなされてきた社会学的・文化人類学的思考を特徴づけてきた諸概念が不適切であったことへの不満からくる不安があった。ここでもまた、発達という脱文脈化された発想への反感はあったが、これらの学問においては、批判は社会化という概念に集中した。そこで議論されたのは、社会化概念が、（大人）社会による子どもひとりひとりへの一方向的な影響として論じられることがあまりに多いという点であった。そこでは、子どもは未だ社会的ではない存在とみなされ軽視されたのみならず、その能動的な社会参加や、社会生活における彼らの行為者能力《エイジェンシー》や、彼らの集団生活にも関心が払われてこなかった。このような批判は、「子ども」を社会的構築物として検証し、子どもを社会化の受動的な客体ではなく、自立した社会的な行為者《アクター》であるとみなす研究を急増させた。このような試みには、当初から多分野にまたがる学際的な面があり、なかでも社会学者、文化人類学者、歴史学者、心理学者、地理学者の関心を集めたため、その原動力の多くは実際には社会学からもたらされたにもかかわらず、「新しい子ども社会研究」という学問横断的な名前を冠されることとなった。

ここ20年間のこうした動向が生み出した学問的な著作や研究にはめざましいものがある。本書はこの仕事の上に成り立ち、それを引き継ごうとするものである。しかし、単に先行業績を追認するのではなく、その前提や立場のいくつかを批判的に再検討したい。突き詰めると、新しい子ども社会研究は生産的ではあったかもしれないが、その試みには知的な限界があることがますます明らかになってきたと論じていく。このように述べるのは、一連の対立的二分法によって構成され、かつ／あるいは、それを暗に前提とする枠組みでは、「子ども」を適切に探究できないという確信があるからである。対立的二分法こそ、新しい子ども社会研究の多くを特徴づけていると論じたい。実のところ、それらはそもそも、「子ども」を社会的構築物として扱うために、そのような対立に言及しているにすぎなかった。「子ども」を自然的・生物学的なものと見る見方に対抗するものとして、「子ども」を社会的なものと見る見方が提案されているのである。こうして見ると、新しい子ども社会研究は、それ以前の生物学中心主義的な「子ども」観を反転させた言説にすぎない。新しい子ども社会研究のような目新しい知の構想は、しばしば、その独自の地位を確立するために問題を誇張して、先行図式との差異を必要以上に述べ立てるものなので、これは理解できる。新しい社会研究が確かにそうであったように、新しいリサーチクエスチョンや発見をもたらすのならば、そのような戦略も許されよう。

しかしながら、新しい子ども社会研究が、他のアプローチと自分たちとの違いを強調する局面は、終わりつつあると思っている。たとえば、「子どもは社会的な行為者である」という基本理念を、あたかもそれが未だ広く賛同を得ていない目新しい洞察であるかのように繰り返す傾向はいかがなものだろう。この研究領域をその先に進めるには、子ども社会研究を、従来の、ないし異なったアプローチの、何らかの有益な視点とつなぎ直していかねばならない。このように考えるのは、根本的に、「子ども」を社会的現象とみなすことがいかに啓蒙的であろうとも、「子ども」は純粋に社会的なものではないし、そうだったこともないからである。実際のところ、「純粋に社会的」な現象がどのようなものかを想像することも難しい。社会関係はすでに異種混淆《ヘテロジニアス》的であり、非常に多様な物質的・言説的・文化的・自然的・技術的・人間的・非人間的資源から作り上げられているのである。「子ども」は、あらゆる現象と同様に、異種混淆的で、複雑で、創発的であり、だからこそ、その理解には幅広い知的資源や学際的アプローチ、虚心坦懐な探究プロセスが要求されるのである。

以上が、私が本書で述べようとしていることの概要である。具体的な議論は、五つの章で展開される。第1章では、刻々と変わる現代の「子ども」の社会的・文化的特徴について検討する。近代に打ち立てられた「大人」と「子ども」の境界が、社会的・経済的・文化的・技術的変化の複雑で矛盾を含んだプロセスの一環として弱まっているということを示す。「子ども」がとりうる形態の多様性は拡大しているか、少なくとも以前より可視化されている。その結果、「子ども」が単一の現象だという前提を修正する必要があるという認識が高まっている。子どもが社会的な行為者であるという発想が、学術的思考の枠を超えてこの全体的な変化の一環として現れ、さらにその変化にフィードバックして影響を与えている。刻々と変わる現代の「子ども」の特徴を前に、子どもや子ども期なるものを表象し、まなざし、理解する、新しい方法が必要とされている。

第2章では、現代の状況から振り返り、19、20世紀の子ども研究の登場を検討する。そして、「子ども」の社会的・文化的側面を生物学的側面から分離する傾向を明らかにする。この結果生まれた問題は、たいてい以下の二つの方法のいずれかで処理されている。一つ目は、還元主義的なアプローチ、すなわち、生物学的であれ社会的であれ、「子ども」のあらゆる側面を一つの原則から説明しようとする試みである。二つ目は、付加主義的なアプローチ、すなわち、自然と文化はまったく別の通約不可能なものであり、「子ども」を形作るのに一定の割合で関係していると見るものである。この手の議論は、どのような割合で混ざり合っているかに収斂していく。還元主義的アプローチも付加主義的アプローチも、子ども研究を社会的か生物学的かという別々の道へと進めていくことを奨励するものである。これが、子ども期を独自のものだとか、自律的なものだとか、純粋だなどと扱うのではなく、文化でもあり自然でもあると理解できるような枠組みを探すことを難しくしている。

第3章はこのテーマを引き継ぐが、新しい子ども社会研究に特に焦点をあて、その分析アプローチにも、従来の研究以上に相互排他的な対立項が用いられてきたということを示す。ここでいう対立項には、文化と自然のみならず、「存在《ビーイング》」と「生成《ビカミング》」、「構造」と「行為体《エイジェンシー》」などの私たちになじみのある社会学的なものも含まれる。そのような二元的対立項を超えるにはどうしたらよいかを、アクターネットワーク理論や複雑性理論の革新的な発想を利用しながら論じ、探っていく。これらは、世代関係［子ども／大人関係］やライフコース論といった、子ども研究における近年の議論にも関係することになる。

第4章では、子ども研究は、自然と文化という対立項を乗り超えねばならないということをさらに論じる。社会科学者は「子ども」を説明する際に生物学を括弧に入れてきたが、この章ではこれがどのように生じたかを段階を追ってたどっていく。文化的・社会的なものと生物学的なものは「混じりけのない純粋なもの」ではなく、むしろ、あらゆるレベルで互いに影響しあっているということを論じる。生物学的な実在や過程を捉える自然科学が文化を形作り、文化によって形作られているのである。人類は、遺伝子と文化を両方組み込んだ複雑なプロセスを通して進化してきたのである。決定的なのは、人間は他の種に比べて言語と技術の双方を高度に発達させ、生物学にも文化にも還元できないハイブリッドな形へと作り上げてきたということである。人類の特徴は、文化の伝達と技術の獲得とを必要とする進化戦略の一環として、非常に引き延ばされた未熟《ジュブナイル》＝幼若な段階を持つことにある。それゆえ人類は、生物学的にも社会的にも未完である。さらに、大人と同様に、子どもの能力もあらゆる人工物や技術によって拡張され補完されており、それもまた自然と文化のハイブリッドと言える。これが「子ども」を構築し、子どもたちの経験と行動を形作っている。

第5章では、現代の「子ども」の構築において、人工物や技術が決定的な役割を果たしていることを考察し、本書の結論とする。「子ども」は、異種混淆の素材から構築される、一連の多様で創発的な配置・アレンジメントとみなされねばならない。ここでいう素材とは、生物学的、社会的、文化的、技術的等々のものである。ただ、それらを純粋なものと見るのではなく、それ自体、歴史の中で生み出されたハイブリッドと見る。三つのそのようなアレンジメントの例を用いてこの見方を説明し、現代の「子ども」がどのように構築されているかを考える。取り上げるのは、情報コミュニケーション技術、遺伝子研究、向精神薬と「子ども」との間の関係性をめぐる問題系である。

本書で取り組む諸問題は、子ども研究に特有のものではない。現代生活の曖昧さを表現できるような、より柔軟かつ二元論的ではない思考方法を見つけたいという要求は、多くの学問領域で、様々な実証的トピックに関連して広く見出せる。二元論的対立項は多くの思考体系で見出せるが、近代に入って、それが特に強力かつ目を引く形で用いられるようになった。しかし、モダニティが可能性の限界に到達し、そのことが生み出す矛盾や問題がいっそう明らかになると、近代主義的思考パターンはますます問題となって、批判的な検討にさらされるようになった。実際、かつては相互排他的と考えられていた諸カテゴリー間の境界が弱体化し、曖昧化する時代となっている。本書は、こうした傾向に伴って出てきた新しい発想を数多く利用する。たとえば、アクターネットワーク理論（特にブルーノ・ラトゥールの諸著作）や複雑性理論、ダナ・ハラウェイの研究、ジル・ドゥルーズの哲学などである。ここにあげたものは網羅的なリストではなく、単に、私が自身の思考を展開するのに有益で刺激的であると感じた論者や学派の一部にすぎない。これらの論者それぞれによって、二つの共通テーマが様々に表明されている。一つ目は現象の異種混淆性《ヘテロジェネイティ》（ハイブリッド性）であり、二つ目はその相互連関しネットワーク化された創発的な生成変化《ビカミング》である。これらのテーマは本書全体で検討される。しかしながら、私は、理論的枠組みとなるそれぞれの思想家の思想について、最初に包括的な説明をするつもりはない。代わりに、議論の展開に応じて、本書の各所でそれらを選択的に利用しながら説明していく。

本書の議論の重要なインプリケーションは、子ども研究は必然的に学際的なものとなるというものである。幸運にも、子ども研究がそのように構成されねばならないという認識は、すでに支持を得つつある。たとえば、２００３年７月にクリーブランドのケース・ウェスタン・リザーブ大学でジル・コービンとリック・セッターステンによって企画されたシンポジウムで、一定数の子ども研究者たちがこの結論に達した。そうした学際的領域を構築することは、大変手間のかかる仕事となろう。その先には、知や研究、教育、専門的実践に関わる困難な問題が待っている。同シンポジウムでは、学際融合《インターディシプリナリー》は長期目標とすべきであり、多分野《マルチディシプリナリー》の共同を目指すのが、より現実的で達成可能な中期目標だということになった。上述のように、新しい子ども社会研究には、すでに多様な専門分野からの貢献者が顔を連ねている。しかし、協働的な情報交換はこれまで、概して社会科学――そしていくらかは人文科学――に限定されてきた。これは幸先のよいスタートではあるが、本当に問題となるのは、一方の自然科学と他方の社会科学や人文科学との関係である。この区分は、Ｃ・Ｐ・スノーが20世紀半ばに注目した「二つの文化」の間の隔たりを表すものであり、複合的視点を実現しようとするときに多くの障壁を生み出しているが、子ども研究の未来は、それをいかに扱うかにかかっている。自然科学、社会科学、人文科学の間の対話を形成し発展させるあらゆる機会が利用されねばならない。新しい子ども社会研究に関わる人がこういった機会をよりよく認識できるようになる土台を作ることが、本書の主要な目的の一つである。

アラン・プラウト
2004年1月　コペンハーゲンにて

第1章　グローバル化する世界における「子ども」の変容

われわれは、若者たちの声を聞きたい。地域サービスに影響を与えてそれを形作った若者の、地域コミュニティに貢献し、声を聞いてもらえて、大切にされ、責任ある市民として扱われている、という声を。

（Children and Young People's Unit, 2000: 27）

はじめに

20世紀末に向かって、急速な経済的・社会的・技術的変化のもと、社会秩序が寸断されているという感覚が広まった。社会理論家は、「後期近代」（Giddens, 1990, 1991）や「リスク社会」（Beck, 1972）といった用語でこの変化の感覚を表現し、近代の社会生活をまとめあげていた諸制度が不安定化したのが原因であり、このことがアイデンティティや意味の基盤を変容させたと論じた。本章で、私は、「子ども」もまた、この不安定化の影響を受けていると論じたい。とりわけ、大人と子どもという、一度はモダニティの一つの特徴として堅固に確立された区別が、曖昧化しているように見える。言説やイメージにおける「子ども」の伝統的な表象は、新たに現れてきつつある「子ども」の形態を説明するのに、もはや適切ではないように思われる。子どもの新しい語り方、書き方、イメージの仕方は、子どもに対する新しい見方を提供しているし、そこで描かれる子どもたちは、20世紀の前半に定着したような、無垢で依存した生き物とは異なっている。これらの新しい表象が、子どもを、古い言説が認めてきたよりも能動的で、知識があり、社会に参加する存在として構築している。子どもはより扱いにくく、従順ではなく、その結果、より面倒でやっかいである（Prout, 2000a）。

本章で、私は表象におけるこの変化の源泉を探り、それを生み出し、それに影響を及ぼした社会的・経済的条件自体が重大な不安定化のときを迎えている中で、近代の「子ども」という観念が変化していると論じたい。このプロセスの中心には、「子ども」の多様性のますますの自覚がある。これらは、二つの理由で生じている。第一に、子どもたちが生活し成長する社会的・文化的・経済的条件が、ますます多様化しているということである。第二に、同様に重要なのは、コミュニケーションにおける多様な社会技術的発展が、この多様性のイメージを増殖させたということである。「子ども」の差異はより可視化された。このことは、「子ども」のローカルな構築を均質化すると同時に差異化し、その結果として、「子ども」とは何でどうあるべきかに関する、かつては安定的だった諸概念をばらばらにして掘り崩してしまうという、逆説的な効果を持ってきた。現代世界では相互依存性が増大しており、豊かな国においても貧しい国においても、「子ども」のローカルな社会的・経済的条件がグローバルな経済的・社会的・文化的・技術的プロセスに結びついている。

「子ども」とモダニティ

現代の「子ども」は変化しており、伝統的な表象ではなかなか新しいリアリティを捉えられない。本章の以下の部分で、私はこの理由のいくつかを探りたい。しかしながら、今後何が起きるかを理解するには、まず現代の「子ども」を歴史的文脈の中で検討することが必要である。この文脈は、18世紀以降のヨーロッパで起きた政治的・経済的・技術的・社会的・文化的変化に根差しており、そうした変化は、歴史がそれまでとは異なった「近代」に突入したという信念をもたらした。物質的実践と思考のモードとが複雑に絡み合ったこの一連の変化は、モダニティが何を意味しているのかを規定するようになった。政治的領域においては、モダニティは、領土として境界づけられた主権の単位としての国民国家の台頭と関連している。政治権力はその単位の中で、宗教的信仰ではなく、世俗化された信念によって正当化され、複雑な国家官僚機構によって行使されてきた。

経済的領域においては、資本主義――他の経済システムを徐々に追いやったり取り込んだりして国家的および国際的な経済生活を支配するようになった、私的所有と貨幣交換と資本蓄積とに基づいた大規模な市場商品の工業生産――の台頭と関連している。これと同時に、封建的序列のような伝統的な社会的ヒエラルキーが衰退し、新しい、より動的な社会的分業に取って変わられたり取り込まれたりした。国民国家と資本主義の台頭の帰結の一つとして、とりわけ中産階級や労働者階級といった新しい階層や地位集団が現れ始め、中心的重要性を帯びた。両性の間の伝統的な関係は変化し、新しい形のジェンダー的・性的関係が発達した。都会生活が新しい社会的・文化的可能性をもたらし、人々を社会統制の古い形態から自由にすることで、新たなアイデンティティが形成されては議論を呼んだ。「前近代」の社会編成においては、変化は、しばしば唐突で残虐であったものの、一般的にゆっくりと進んだ。それに対して、「モダニティ」は速いペースの予測不能な開かれた変化に慣れてしまい、その一つの帰結として、未来を志向するという新たなメンタリティが助長された。世俗的で実利的な信念が、伝統的で宗教的な信仰に挑戦し、合理主義や個人主義の発想や価値が浸透した文化的条件を形成した。啓蒙思想が科学的・合理的思考を擁護し、自然を理解可能でコントロール可能な資源として位置づけ直し、近代的技術が発展する道筋をつけた。

これが、「子ども」についての近代的概念が立ち現れてきた一般的な背景である。もちろん、このように手短に述べてしまうと、あたかもモダニティが何らかの同質的で、なだらかで、単一的な連続的変化を通して立ち現れたかのように聞こえてしまうことは、避けられない。実際には、モダニティは、異種混淆で、不均等で、偶有的で、議論含みのプロセスを通して立ち現れたのである。そのローカルな状況によって、モダニティは異なった形をとり、異なった経路をたどった。古い形態が完全に取って変わられたのではなく、取り込まれたような場所もある。たとえば、フランスは政治革命という激動を経験したが、イギリスは古い地主的支配階級の一部を産業資本主義の台頭に取り込んだ。様々な場所で、資本主義は他の生産様式に取って変わったのではなく、それを包み込んでしまい、その結果、たとえば、イギリス資本主義の登場がアメリカ大陸の奴隷制の拡大に緊密に結びついたりしたのである。一般に、諸集団が変化に抵抗して新たな敵意が形成され、巨大な社会的葛藤が生じた。イギリスはフランスが経験したような政治革命は回避したが、チャーチスト運動の形成や労働組合の登場、選挙権運動等によって、やはり強い社会的葛藤を経験した。さらに、変化の一般的な傾向や方向性は以上のように要約できるが、様々な領域（国家や経済など）における発展は、様々な時点で作用する多くの様々な要因の影響のもと、様々なタイミングで生じた。したがって、たとえ「最終的に」であっても、モダニティを、マルクス主義の歴史的発展段階論における生産様式や、実体的な「近代化のプロセス」の不可避の結果といった、何らかの単一の動因に還元できるとすることは誤りである。あらゆる場所における発展を下支えし、たとえ速さに違いがあっても、単一のあらかじめ予定された終着点へと不可避に導いていくような、単一の、根本的な近代化プロセスなどというものは存在しない。

特定のローカルな環境の中で長い時間をかけて不規則に形作られたこのプロセスの一部として、「子ども」に関する明らかに近代的な思想が登場した。このプロセスを理解しようとする場合、慣習としてまずアリエス（Ariès, 1962）の画期的な歴史の著作から手をつけることになっている。アリエスの議論は主にフランスの資料に基づいているが、彼が述べたプロセスは大半のヨーロッパ社会で共通していると広く解釈されてきた。アリエスは基本的に、15世紀から17世紀の間に子どもに関する新しい概念が現れ、そのことが子ども時代という近代的発想をもたらしたと論じている。中世において、幼児は弱いものとみなされたが、だいたい7歳か8歳くらいになった後は、子どもは「小さな大人《ミニチュアアダルト》」とみなされ、処遇されてきた。アリエスによれば、この変化には三つの源泉がある。第一は、家族の感情的エコノミーの変化であり、子どもはより大切にされ、保護されるようになった。第二に、その後、モラリストたちが子ども時代を未熟な時期とみなし、子どもにはより長期のしつけや訓練が必要であるとされた。第三に、学校が、年齢で区分された制度となり、子どもがすべからく所属すべき場所だと考えられるようになっていった。信念におけるこれらの変化と、それを具体化し実行する制度的配置が、すべての社会階層に徐々に広がった。その後の歴史家は、児童労働や少年犯罪や児童福祉を取り巻く多様な言説や実践を通して近代の「子ども」がいかにして形成されたかを見せることで、アリエスの基本的な発想を批判したり、修正したり、拡張したりした（Cunningham, 1991; Hendrick, 1997a; Heywood, 2001; Pollock, 1983）。カニンガムは、このプロセスを以下のように要約している。

> 17世紀後半から20世紀半ばまでの間に「子ども」の表象に広範で不可避の変化が生じ、世界中のすべての子どもが、「子ども」としてのある一定の共通要素と権利を与えられると考えられるまでになった。（Cunningham, 1991: 7）

しかしながら、アリエスの説明には、「子ども」の消滅を宣言する類の文献（次節末尾参照）に見られるのと同様の諸問題をもたらしうる、本質主義的傾向がある。アーチャー（Archard, 1993）は、それを「現在主義《プレゼンティズム》」の問題として論じている。彼は、過去における子どもの処遇が現代のそれと異なっているからといって、以前は「子ども」はいなかったと結論づけられるとみなしてはならないとする。そうではなく、モダニティは、以前の「子ども」とも今後あるかもしれない「子ども」とも何らかの重要な点で異なった、「子ども」の特定の様態を生み出したのである。この意味で、モダニティは、「子ども」を「発明」したのでも「発見」したのでもない。後の各章（特に第4章）で述べるように、「子ども」には生物学的側面があり、それが言説的次元へと翻訳され関連づけられることで、人間の発達ライフコースの初期を、ある種の長期化した未熟さ＝幼若性《ジュブニリティ》が特徴づけているという見方を裏書きしている。しかし、モダニティが「子ども」と遭遇することで、「子ども」の理解の仕方は確かに変容した。簡単に述べるならば、モダニティは子どもを「大人」の「文化的他者」（Christensen, 1994）として構成したと言えるだろう。特に、モダニティは、「子ども」と「大人」の間の強調され二分法化された対置関係を通して「子ども」を構成するような、意味の枠組みをもたらした。以下のような対は、なじみのあるものであろう。

「子ども」：	「大人」
私　：	公
自然　：	文化
非合理　：	合理
依存　：	自立
受動　：	能動
無能　：	有能
遊び　：	仕事

第2章で、私はこのような一連の対立項が、子ども研究の形成と発展においていかに用いられたかを論じたい。ただし、対立的二分法というテーマと、それらが明らかに、現代の「子ども」を理解する枠組み

をますます提供できなくなっていることについては、本書全体を通して繰り返し示される。私の議論の核心は、子ども研究が、今日の諸状況に必要な、開かれた学際的な探究形態に向かおうとするならば、近代主義的な発想から距離をとるべきだというものである。

「子ども」の表象

この議論の第一歩として、まず、現代の「子ども」がいかに変化したかを調べよう。現代がビジュアル表現をますます用いる世界であることから、絵画における「子ども」の表象から始めたい。ヒゴネット(Higonnet, 1998)はその重要な研究において、18世紀から現代までに、子どもがいかに描かれ、撮られてきたかを考察している。彼女は、レイノルズやゲインズバラ[2]の絵に見られるようなロマン主義的な「子ども」の表象が、「大人」との意味論的対置によっていかに構築されたかを示した。画家たちは、それが何でないかで定義される「子ども」の見方を作品に投影した。このようなイメージに表象される「子ども」は、無垢なものであった。というのは、怠慢による場合を除いても、大人世界の楽しみに触れていないからである。[4]これらの絵画は、大人の生活やそこに社会的差異があることについては何ら語っておらず、「子ども」を社会生活から抜きとってしまったとヒゴネットは論じている。階層やジェンダーを捨象し、社会から隔絶した理想化された子ども時代という「秘密の花園」における、無垢な子どもたちを描くのである。

これらのイメージは大衆化され、19世紀から20世紀の間に、芸術的方面の絵と商業的方面の絵の双方へと広く拡散していった。このようなイメージは、未だ私たちとともにある。20世紀のモダニズム芸術からは子どものイメージは事実上消えたが、ロマン主義的な遺産は、バースデーカードやビスケットの缶や、問題のない家族生活という感性を伝えようとするある種の広告のイメージの中に未だ生き続け、20世紀半ばの家族のスナップ写真の不可欠の雛形となっている。このような像は、「子ども」と「大人」の境界を維持することにつながっている。それは、ホランドが言うところの、「子ども」を「『大人』と異なっていると同時にそれと対になるものであり、『大人』が欲しつつも自身の一部としては持ち続けられないような、多くの大切な性質の保管庫」（Holland, 1992: 14）と見るような言説の一部である。このようなロマン主義的「子ども」のイメージは、「子ども」の自然状態――「子ども」は無垢で、配慮や責任から自由な時代である――という観念を投影し、ほのめかしている。

しかし、20世紀の最後の数十年までに、このセンチメンタルな理想像は挑戦を受けた。ドジソン牧師［ルイス・キャロル］[5]が作り出したようなビクトリア朝［1837-1901］やエドワード朝［1901-1910］の子どものイメージは、今となっては明らかなその性的な偏向ゆえに精査され（そして非難され）た。イギリスの有名な女性テレビアナウンサーは、写真処理施設の従業員に、自分の子どもたちの裸の写真を撮っていたと通報され、起訴されそうになった。アメリカでは、シンシナティ現代アートセンターのディレクターが、ロバート・メイプルソープ[6]の子どもの写真を含む論争的な展示を指揮し、「わいせつ行為の斡旋」で告訴された（のちに無罪となっている）。

これらは、巨大な氷山のうちの、大きく報道されたほんの一角にすぎない。そこまでセンセーショナルではないが、たぶん究極的にはるかに重要なのは、ヒゴネットが明らかにした新しい子どもの写真のスタイルである。

あらゆるメディアで、表向きは商業的であろうとも芸術的であろうとも、「子ども」の新しいイメージが現れてきている。これらの新しいイメージに表象される子どもは、私たちがなじんできたロマン主義的像よりも、身体的で挑戦的である。そのため、「子ども」のロマン主義的定義全体が問い直されている。（Higonnet, 1998: 107）

これらの現代のイメージにおいて、ジェンダーや階層、貧困、エスニシティ、家族生活といった問題系が注目され、（ときに）問い直されている。描かれた子どもたちは多様である。ときには被害者であり、同時に勝利者である。描かれた感情には幅がある。子どもは、［ロマン主義的な無垢のイメージとは異なり］能動的で、自覚的で、批判的で、複雑である。ヒゴネットが正しくも結論づけているように、ここで「子ども」の新しいバージョンが作り上げられつつある。それは一つの構築であって、「ベイビー・トーク」[7]のような（赤ん坊が文字通り「声を与えられ」[8]、社会的世界で生活をし、それに意見を述べる）映画を含む、大衆文化の多くの例で見つけられる。クリステンセンが述べているように、

これらの作品の中心的プロットは、子ども（や若者）の世界と大人の世界の間の対比を常に作り出すことである。〝子ども〟と〝大人〟の権力、統制、能力、責任といったテーマのまわりを回り、これらの二分法的な関係性の諸要素を誇張することで、日常の家族生活における伝統的な立場（対立）や、一般に認識されている

葛藤に焦点があてられている。このような描写はしばしば、困惑した弱くばかな大人を、生き生きとした賢く利口な子どもとの対比で描くか、子どもの巧みな力や、オルターナティブな世界観に直面したときの大人のダメさ加減を見せる。家族における戦いとその恣意的な解決という虚構的な表象は、大人より子どもに肩入れして、論理や権力といった性質を、通常の帰属先である大人から取り上げてしまう。[9]（Christensen, 1999: 6-7）

同様にクリステンセンが述べているように、これはたいてい一時的な転倒であり、物語は子どもと大人を伝統的な役割と地位に戻してしまう。[10] しかし、にもかかわらず、「こうした一時的な転倒によって」子どもと大人の間の関係性がずらされていく可能性は、劇的に開かれたのであった。

グローバルな「子ども」のイメージ

しかし、能動的で、抜け目なく、有能な子どもというイメージは、現代のマスメディアが伝える非常に多様な「子ども」表象の一つにすぎない。なかには、以前の感傷的なイメージを繰り返しているものもあるが、「子ども」表象の万華鏡の中には、理想の「子ども」は世界に不均等に分布しているということを、見る者に強制的に思い起こさせるものもある。苦しんでいる子どものイメージの消費者の大半は世界の豊かな地域に住んでおり、表象される子どもたちはそうではない。貧困や搾取、低栄養は、南米やアジアやアフリカ以外で発見されるにもかかわらず、飢え、消耗し、搾取されている不幸な子どもの写真を通して最も頻繁に表象されるのは、これらの場所である。

飢餓や自然災害、貧困、戦争、過重労働、残虐行為等の子どもの被害者というイメージは、多義的な効果をもたらす。その目的は、（相対的に）豊かな層に対して、経済的支援を感情的に強力にアピールすること、クレジットカードによる寄付を期待して良心に訴えることである。しかしながら、富裕層の同情を巻き起こす中で、こういったイメージは、同時に彼らの優越感をも強化してしまう。ＮＧＯなどが「援助疲れ」に対抗するキャンペーンを行っており、「ポジティブなイメージ」を強調し、子ども（や大人）が置かれた状況に、決断と知識とエネルギーを持って立ち向かっていることを見せようとしている。苦しむ子どもたちというイメージはまた、理想化された「子ども」言説の重要な要素を強調している。すなわち、「子ども」の自然状態だと考えられてきた脆弱性や依存性の実例となっている。と同時に、「子ども」の理想像と、世界の大半の子どもたちにとっての厳しい現実との間のギャップを、見る者に突きつけている。

ブラジルにおける貧しい子と豊かな子の大きな格差についての論考の中で、ゴールドステイン（Goldstein, 1998）は、ブラジルの子ども時代は豊かな層の特権であって、貧困層には事実上子ども時代は存在していないと述べている。ある意味では、これは真実である。豊かなブラジルの子どもたちは、先進国の多くの子どもたちと同じような経験を共有している。たとえば、彼らは学校に通っており（もしくは別の形の教育を受けている）、賃労働や家内労働には限定的にしか関わっていない。それに対して、多くの貧しいブラジルの子どもたちにとって、学校教育の機会は限られているか存在すらしないこともあり、家内労働や賃労働を通して家計に貢献することが期待されている。なかには、家族から切り離されて、「ストリートチルドレン」として暮らしている子どもたちもいる。ただ、こういった貧しい子どもたちが、子ども時代を享受していないと述べてしまうのは、非常に規範的な物言いである。それは、豊かな層の子ども時代を、「子ども」がとりうる唯一のありようとして自然化することになる。それとの対比で他のすべての「子ども」のありようが判断され、(たいていは) 何かが欠けていると診断されるような、「究極の基準」にしてしまう。つまり、「子ども」を本質化し、ある一つの社会的・歴史的に位置づけられる構築物にすぎないものを、「子ども」だとみなしてしまうのである。

こう言ったからといって、ブラジルや他の地域の貧しい子どもたちの社会的・経済的条件を急いで改善する必要があるということを否定するわけでは決してない。この子どもたちや彼らと生活を共有する大人たちが、ありとあらゆる厳しい剥奪に苦しんでいることは疑いない。しかしながら、「子ども」を何とか理解するためには、「子ども」とは何かという問いを開いたままにしておく必要があるということを、彼らの生活は私たちに教えてくれもするのである。もし、この問いがすぐ閉じられてしまったら、私たちは、世界の子どもの大半は「子ども時代を持たない」と結論づけるリスクを冒してしまう。それよりも有効なのは、グローバルな「子ども」というイメージが、何を強く述べているかを受け入れることである。すなわち、諸社会の中や間で、いかにして「子ども」が構成されているかには非常に多様性があり、社会生活を貫く差異によって、「大人」以上に影響を受けると考えるべきなのである。

「子ども」の消滅

同様の結論は、20世紀末の「子ども」の表象の危機の三つ目の例からも導き出される。豊かな北側諸国(とりわけアメリカ合衆国) において、20世紀の最後の数十年に、「子ども期の消滅」を宣言する書物が大量に生み出された (Elkind, 1981; Postman, 1983; Steinberg & Kincheloe, 1997; Winn, 1984)。著者たちは、新しく現れつつある「子ども」の形に、その存在論的地位を問うて噛みついている。彼らは、20世紀後半の「子ども」の変化を、社会制度としての「子ども」が単に変容しているのではなく、消滅しようとしていると解釈する。こういった論者たちは、「大人」と「子ども」の境界の崩壊に驚いて、テレビやインターネットなどの技術革新に非難の矛先を向ける。彼らによれば、こういった技術は、広範な情報を子どもにも手に入るようにすることで、子ども時代の消滅をもたらしているのだという。

子ども時代が消滅しつつあるという主張は、あらゆるタイプの国民的議論や関心において共感を呼んだ。たとえば、多くの子どもは、かつてなく幼いうちから学校教育制度の中で検査体制や試験に服し、成功せねばならないというプレッシャーにますますさらされており、多くの批判的論者にとって、子ども時代という秘密の花園が、促成栽培の温室に変わってきたかのように見えている。少なくとも親子関係をある程度まで開かれた民主的なものに変えた文化的変化は、それが大人による子どもの統制や監視を縮小させたという理由で、しばしば嘆かわしいものとされる。産業世界やポスト産業世界でよく見られる家族生活の不安定化は、多くの子どもたちの生活環境を変えたとしてしばしば非難される。このような理由で、『子ども』の消滅」という発想は、一定程度大衆受けするのである[1]。しかし、議論の別の側面に注目してみれば、大人／子どもの区分を掘り崩すとみなせるような、社会的、特に技術的変化を歓迎する論者もいる。こういった論者は、しかし、「電子世代」の出現を進歩の担い手として持ち上げ、世代間のヒエラルキーをあからさまに転倒し、子どもたちを時代遅れの社会形態から自由にするものとして、あらゆる情報技術を歓迎してしまう。

こういった新しい機械は、若者を洗練させるのみならず、文化やリテラシーとは何かについての彼らの観念を転換し、彼らを変容させる――子どもを互いに結びつけ、新しい政治的自我の感覚を供給する（…）子どもたちは初めて、息の詰まるような社会的慣習の境界を、何が子どものためかについての年長者たちの固定的な考えを、飛び超えうる。（Katz, 1997: 173-4）

子どもは、ここでは、新しいデジタル社会の先駆けとみなされている。

この両極の論者たちによって議論された諸点は、確かに「子ども」に重要な影響を及ぼしている（第5章参照）。しかし、両者が共有している、「子ども」は消滅しているという結論――それをどう評価するかという点では異なっているが――を、私は共有しない。むしろ、「『子ども』の死」論の過剰に対する、バッキンガム（Buckingham, 2000）の鋭い批判に賛同する。彼は、以下のように述べている。

両者の立場は、「子ども」や「若者」についての本質主義的見方と、メディアや技術の役割についての過度に決定論的な説明を採用している。ともに、子どもや若者に対するある種のセンチメンタリズムを反映しており、生きられた子ども期の経験が多様であることを捉え損なっている。（Backingham, 2000: 57）

この議論の一方の側には、変化を堕落（さらには消滅）と誤読する、根深い文化的保守主義の表出がある。このような思考のトレンドは、「子ども」が変わらない――というよりも、たいてい１９５０年代にそうであったと想像されている状態に留まる――ことへの、ノスタルジックな希求に満たされがちである。他方の側は、情報コミュニケーション技術の効果をひどく誇張して見積もっており、色々な問題がある。特に、異なった社会的・経済的環境にいる子どもたちの技術へのアクセスがいかに不均等に分布しているかを、端的に無視している。これらの見方は、技術恐怖症《テクノフォビア》か技術偏愛症《テクノフィリア》かのどちらかであり、どちらも、技術と社会関係の間の単線的で一方向的な影響関係を前提とする、粗雑な技術決定論になってしまっている。

グローバリゼーションと「子ども」

しかし、現代の「子ども」の特徴の変化は、表象上のものに留まらない。手に入る「子ども」の表象がどんどん不適切になっているように見えるのならば、それは、ある程度、表象の対象物もまた変化しているからである。以前支配的だった「子ども」のイメージを支え、イメージとその対象の間の緊張を成功裏に乗り切ってきた諸条件は、変化しつつある。「子ども」の近代的諸表象と、それらが反映していると考えられている移りゆく諸現象とを結びつけるのはますます難しくなっており、何らかの説得的な形で展開するのはもはや不可能である。

これらの問題は、ある意味、20世紀の最後の30～40年間に始まり、今も続く社会的・経済的激動の時代の産物である。この社会的変化のダイナミズムは、「グローバリゼーション」を形作ってきたプロセスに端を発する。この点をより詳細に追及する前に、グローバリゼーションという類の抽象概念を用いることの危険性に、警鐘を鳴らしておく必要がある。「近代化」と同様、「グローバリゼーション」を指摘しても、それ自体では社会的・経済的トレンドの説明にはならない。それは単に、単一の使い勝手のいい見出しのもとに、一連の現象を要約し集めているにすぎない。ひとたびグローバリゼーションが何によって構成され、どのようにして立ち現れたのかと問おうとしたら、グローバリゼーションは複雑で異種混淆の現象と見えてくる。この立場の帰結を最小限の方法で述べるために、グローバリゼーションは経済的側面と文化的側面の両方を伴うと述べることは可能である。経済面では、グローバリゼーションがまったく新しい現象というわけではないのは明らかである。15世紀ヨーロッパでその商業的形態をとって以来、資本主義は、新しい市場を探して国際的に拡大する傾向を伴っていた。その際、既存の非資本主義的経済へと浸透していった。18、19世紀には奴隷制と結びつき、20世紀には中国経済に浸透してそれと結びつき、中央集権化された政府統制と急速な市場化のハイブリッドを生み出した。しかし、一般的に、ひとたび資本主義的な経済関係がローカルな経済に入ってきたら、既存の生産システムや消費パターンに浸透し、ついには粉々にし、ますます国際化された関係性へと引きずり出してしまう。これが、世界市場が形成され確固たるものとなった、19、20世紀の大半の見取り図であった。

経済的グローバリゼーション

グローバリゼーション理論は、この傾向が今やもう一歩先へ進んでいると議論し、世界経済は一つの統合されたシステムになっているか、その途上であると主張する。このような提案は、政治的意見を二分する。一方の側は、反グローバリゼーション論者であり、多国籍企業が投企の機会を窺って世界中をさまよっているとか、スムーズな取引が国境を越えているとか、生産が「グローバルな組み立てライン」の上に組織されているとか、アメリカのような非常に豊かな国々に拠点を置く少数の企業の庇護にローカルな経済が従属しているとかいった見取り図を描き出す。もう一方の政治的な極では、国際通貨基金（ＩＭＦ）

や世界銀行が、グローバリゼーションのプロセスは痛みを伴うかもしれないが、すべての国を世界経済に引き入れることで、その生産のポテンシャルを解き放ち、よりいっそうの富と普遍的な繁栄へと導くと主張している。どちらの方向においても議論があることは疑いないが、どちらの立場も、単一のグローバル経済が現時点でどの程度成立しているかを誇張している。実際ところ、完全にグローバル化されたと言える経済活動は、金融部門のみである。貿易関係は高度に国際化しているとはいえ、スムーズな商業流通の見取り図を示せていない。むしろ、貿易圏（EUやNAFTAなど）が登場し、その内部でのみ貿易障壁を最小化し撤廃するようになったのを、私たちは目撃してきた。貿易圏間の障壁を下げろという長期にわたる圧力があるにもかかわらず、貿易圏は目下のライバルから自分たちを守ることを求め、不平等な条件で貿易せねばならない発展途上国に多大な困難を引き起こしている。

20世紀半ばの生産組織の趨勢は、ジェネラルモーターズやフィリップスエレクトロニクスグループのような多国籍企業の支配を増大させる方向へと向かった。これらの会社は多くの異なった国々の生産を組織化し、直接外国投資を行った。1980年代の末までに、同種のビジネスが2万程度存在すると推定されており、世界の市場経済の経済活動の4分の1以上を占めている。そのようなビジネスは、確かに未だに世界経済で非常に重要なものとなっている。しかし、一握りの豊かな国々に本拠地を置く少数の企業に世界経済が完全に支配されるようになる不可避のプロセスがあるかどうかは、まったく明らかではない。まず、多国籍ビジネスによる直接外国投資は、1980年代末から減少してきている。むしろ、20世紀末には多国籍企業の多様化と国際化が見られ、そのかなりの数が、今や石油産出国やアジアで誕生している。多国籍企業はまた、世界を股にかけた複雑な生産を管理する莫大なコストを避けようともしている。そのなっている。

戦略はだんだんと、ある地域に留まりながら他の地域を拠点とする企業と戦略的提携を結ぶといった形と

ただ、これらはどれも、多国籍企業の巨大な力や、世界中の普通の人々に及ぼす影響力を否定しているわけではない。そうではなく、世界経済が、少数のメガ企業によるグローバルな統合と支配への不可避の道をどの程度進んだのかという問いを投げかけている。実際、ヨーロッパやアメリカにおける産業生産のシェアは、1945年以来縮小している。これは一つには、産業生産が低開発国へと広がってきたからである。そのような国（とりわけ東南アジアやラテンアメリカの国々）の中には、「新興産業国（NICs）」として立ち現れ、ときに先進市場経済をいくつか追い越してしまうような富の量を持つものもある。しかし、これはまた、経済権力の集中がたとえば労働運動の勃興のような抵抗に遭遇するかや、世界レベルの経済活動を規制する手段が講じられるかに依存している。

「子ども」の不平等の傾斜

とはいえ、地球上の子どもの（そして大人の）生活の社会的・経済的条件には、巨大な格差が存在する。そして、それはグローバル経済の動向の帰結である。ユニセフによれば、世界の富の90％は世界の人口の10％によって所有されている。このグローバルな配分のダイナミズムは、世界で最も貧しい人々は実際にはどんどん貧しくなるというものである。これは、一つには、ここ20年ほど国際通貨基金や世界銀行が、1970年代の経済危機以降豊かな国が導入してきた自由市場経済政策を、アフリカやアジアや南米の経済に採用すべきであると主張してきたことの帰結である。この政策は、健康や福祉、教育への政府支出を

削減し、企業の国有を廃止し、自由貿易の障壁を取り除くか下げるというものである。このようなやり方は不均等な効果をもたらし、発展へと刺激された経済もあれば、経費削減や負債へとはまった経済もある。しかし、こういった政治が、世界の最も貧しい人々に深刻な影響を与えたことは疑いない。1988年から1993年の5年間に、世界の最も貧しい5%の実質所得は、4分の1以上も減少した（UNICEF, 1995）。1990年には高収入国の1人あたりの年間収入は低収入国の56倍であったが、1999年までに63倍になっていた（UNICEF, 2001）。1日に1ドル以下（絶対的貧困の国際基準）で生きるのに悪戦苦闘している人の数は、1990年代には毎年1千万人ずつ増加した。

こういった不平等は、通常、20世紀半ばの世界経済を特徴づける国際的分業に由来する二極化の裂け目とみなされる。植民地主義と結びついた経済プロセスの産物として、世界経済は、資本集約的で高い付加価値を伴う生産に基づいた、アメリカとヨーロッパという二つの中核的大都市経済と、労働集約的で付加価値をあまり伴わない周縁経済とに分割された。この構図は、近代と伝統、先進国と発展途上国、産業国と非産業国、第一世界と第三世界、北と南、マイノリティ世界とマジョリティ世界といった、移ろいやすい比較の語で考えられた。こういった二分化を表す語は、状況が不平等であることを表すものの、立ち現れつつある複雑で、気まぐれで、予測不可能な世界経済のパターンを捉えるには大雑把すぎる区分である。世界の諸地域の間には重大な差異があり続けているが、それは単一の二分法では捉えられない。すべての経済的トレンドが、最も豊かな層がそれ以外からどんどん分離していくことを特徴とするわけではない。1990年代には、ラテンアメリカやカリブ海諸国、中東、北アフリカでは平均所得が上昇した。1997年の経済恐慌までは、東アジアは急速に経済発展していたし、すぐ回復した国もある。中国は世界で最も急速に成長している経済であり、２００３年には８・５％の成長率を達成すると予測されている。これは、イギリスやフランスを抜き、２００５年末までに世界で４番目の巨大経済になることを意味している。中国の地方の人々は貧困線以下の所得水準だが、都市部——中国の13億人の５分の2が住む——の平均可処分所得は、２００３年の９月までに９％上昇した。対照的に、かつてのソビエト・東欧圏の国々は、市場経済へ移行したことによって高い失業率と大きな社会的混乱状況に陥り、社会的支出は減少し、社会的セーフティネットは蝕まれた。その記録的な経済成長にもかかわらず、インド亜大陸は不平等の拡大を経験している。最も不穏なのは、サハラ以南のアフリカの国のほとんどが所得の上昇をまったく経験せず、たいていは所得の縮小を見せているということである。

もちろん、世界経済の未来が何をもたらすかを予言することは難しいが、全体的に見れば、現在の構図は、経済の二極化というよりはグローバルな傾斜であろう。この傾斜は、子どもの健康や福祉、教育にも影響している。たとえば、５歳以下の子どもの死亡率は、国富に応じて傾斜している（上表）。

富の第１五分位数	1000 人中 159 人
富の第２五分位数	1000 人中 150 人
富の第３五分位数	1000 人中 131 人
富の第４五分位数	1000 人中 110 人
富の第５五分位数	1000 人中 76 人

（UNISEFF, 2001: 8）

しかし、１９８０年代以降の世界経済政策の影響で、この傾斜の背後では不平等が拡大している。世界で最も高い乳幼児死亡率をすでに経験しているサハラ以南の国々のうち、14か国中９か国で乳幼児死亡率が上昇している。

同様の傾斜は、子どもの初等教育への就学にも表れている。ユニセフは、この状況を、以下のように要約している。

東アジアと太平洋地域で、最も目立った進歩があった。大半の国で、純就学率も総就学率[12]もほぼ100%に近くなった。(…)カリブ海やラテンアメリカ諸国では、着実な社会の進歩によって非就学の子どもの数が減少した。アラブ諸国の子どもにも同様の進歩は起きているが、非就学の子どもの全体数は増加している。南アジアの就学率は、学齢の子どもの人口の増加と何とか歩調を合わせながら増加している。(…)進歩を最も経験しておらず、後退さえしている地域は、サハラ以南のアフリカである。戦争と強制立ち退き、低栄養、病気(特にHIV/AIDS)、経済危機が、多くの国々で教育サービスの質と供給量とを低下させている(UNICEF, 2001: 56-57)。

グローバル化する世界において、不平等は消滅しておらず、反対に増大している。かつて世界を豊かな都市国家と貧しい周縁国とに分離した経済システムは崩壊しつつあり、これによって、既存の不平等が強化されると同時に、貧困と富が新たな形で再配分されている。グローバリゼーションは、富裕層と貧困層の傾斜のどこにおいても、国民国家の規模を超越する効果をもたらしている。フロンズ(Frønes, 1993, 1997)は、グローバリゼーションの効果の一つは、欧米中産階級のそれに似た子ども期の数々が、世界中で生み出され、広まっていることだと述べている。それは、しばしば、発展途上国のエリートの保護された飛び地の中に現れ、ニューヨークとデリーの特権階級の子どもの子ども期が、それぞれの地域のマジョリティとよりも互いとの共通点を多く持っているというようなことが生じている。したがって、グローバルな規模で、子ども間の経済その他の不平等が両極で広がっていると結論づけられる。しかしまた、豊かな都市国家と貧しい周縁国との殺伐とした分断が、国、地域、世帯、個人が世界経済の新しい経済条件の中でどれだけうまくやっていけるかに応じて分配された傾斜に置き換わるにつれて、不平等は減少しているのである。

豊かな国々における子どもの貧困

このようなグローバル経済の趨勢は最も豊かな国々にも影響を与えており、国家経済の内部でより多くの富を生むと同時に不平等を増加させている。帝国主義形態の資本主義は、都市部の労働者階級地区を保護する条件を作り出した。ある面で、帝国主義は、都市国家における産業生産の集中によって成り立ち、雇用を創出していたが、そういった雇用は、今となっては低開発の新興産業国にかなり輸出されてしまっている。これは、1980、1990年代にヨーロッパや北米で目立ってきた、高い失業率と社会的衰退を特徴とする「錆びついた《ラスト》工業地帯《ベルト》」の飛び地を生み出すことにつながった。このこととその他の長期的な脱産業化傾向の帰結として、都市経済の雇用の大半はサービスセクターに集中している。しかし、すべてのサービスセクターの雇用が平等というわけではない。「知識経済」の高賃金の専門職や技術職から、「ハンバーガー返し」セクターの低賃金で不安定な単純労働者まで、傾斜がある。

都市部の労働者階級はまた、彼らが20世紀の間に確立しようとしてきた福祉国家の利益を享受してきた。福祉国家はさらに、市場経済のリスクに対する重要な利益と保護を提供してくれる。この福祉資本主義の形態は、国によって異なっている。エスピン＝アンデルセン（Esping-Andersen, 1990）は、福祉国家の三つの理念型——保守主義的コーポラティスト福祉国家（たとえばドイツ）、新自由主義的福祉国家（たとえばイギリス）、社会民主主義的福祉国家（たとえばスウェーデン）——を描き出すことで、異なったレジームを比較対照する基礎を提供してくれている。それぞれのレジームは福祉システムの特定の型を育み、その代わりに特定の階層パターンを支持してしまうような、社会的・政治的・経済的諸要素の布置として理解できる。エスピン＝アンデルセンの分析の核にあるのは、脱商品化の概念である。この概念は権利として与えられるサービスや利益を意味しており、それらによって人々は、市場に依存せずに暮らしを維持できる。したがって、脱商品化は、日常生活を形作る有力な力としての資本主義の中心性を、福祉国家がどの程度修正できるかを表している。

エスピン＝アンデルセンの分析は、いくつもの点で批判されてきた（Pringle, 1998 参照）。その分類のやや静態的な特徴は、福祉主義ダイナミズムを論じるには限定的な意義しか持たない。あらゆる分類がそうであるように、重要な点で異なったケースを一緒にグルーピングしてしまうのである。たとえば、デンマークはノルウェーではなく、イタリアとドイツには多くの社会的・文化的・経済的差異がある。世界の豊かな国々、特にヨーロッパや北米の「近代的」な社会に焦点をあてているにもかかわらず、その範囲ですら包括的ではない。ギリシャやポルトガルやアイルランド、旧社会主義圏のほとんどの国を見落としている。最初のケースをカバーするために、「原初的」福祉国家という論争含みのカテゴリーを加える論者もいたし、南米やアジアは言うまでもなく、東欧のどちらかといえば不確かで異質な傾向を分析しようという試みもなされてきた。

しかし、ここ数十年にわたり、あらゆる福祉国家の形態は、削減の圧力にますますさらされるようになってきた。エスピン＝アンデルセンは、以下のように述べている。

平等と雇用の間には一見、全面的なトレードオフ関係が存在しているように見える。そうした関係の根源は主として新しい世界秩序に求められるであろう。しかし、私たちの研究は、［それに対して］各国で非常に異なった反応があることを明らかにする。先進福祉国家のグループの中で、既存のシステムの規制を解除するか縮小する急進的な措置を講じている国はわずかである。しかし、すべての国が、給付をかろうじて引き下げるための、もしくはフレキシブル化のための慎重な措置を講じている。（…）よりラディカルな自由化戦略をとった国は、雇用の点では事態が好転しているが、不平等や貧困の点では高いコストを支払っている。対照的に、変化に穏やかに対応した国は、高い失業率という代償を払っている。とりわけ、大陸ヨーロッパ諸国がそうである。（Esping-Andersen, 1996: 25［=2003: 40 訳は改めた］）

これらはすべて、生活水準が一般的に上昇しているという状況で起きたことではあるが、拡大する富を最大限謳歌している人々と、最低の利益しか得られない人々との間の差異が、拡大しているという証拠がある。

このことは、子どもに特定のインパクトを及ぼしてきた。ＯＥＣＤのデータに基づく近年の調査では、子どもの間の所得の分布が産業国の中でより不平等になっているかを問うている。答えはイエスだと言える。調査対象となった17か国のうち12か国で、子どもの間の所得の不平等が拡大していた（Oxley et al., 2001: 378）。子どもの貧困傾向に関する国際比較は複雑な結果になり、方法論的にたくさんの困難がある。にもかかわらず、ルクセンブルグ所得調査データの最近の分析は、ここ四半世紀の間に対象となった20か国中11か国で、所得の中央値の50％以下の家庭に暮らす子どもの割合が増加したことを示している。オーストラリア、ベルギー、ドイツ、イタリア、オランダ、イギリス、アメリカ等である（Bradshaw, 2000: 240）。不平等の増加はあらゆる福祉レジームを通して見られるが、子どもの貧困が最も増加しているのは新自由主義レジームにおいてである。このことは、子どもの貧困は究極的には世界の経済的トレンドによるものだとはいえ、子どもを保護する福祉レジームや政治を構築してきた社会もあれば、程度の差はあれ、構築し損なった社会もあるということである。１９８０年から１９９５年のイギリスは、子どもに不均等に降りかかる貧困や不平等を全体として増加させてしまった国の、わかりやすい例である。

子どもの貧困の効果については、社会科学者によって、横断分析、縦断分析を通して研究されてきた。こういった研究は、通常、貧困の中で育つこととその後の人生における様々な帰結との関係を調査してきた。イギリスにおける近年の体系的な実証分析によれば、貧しい子どもたちは、死亡、病気、致命的事故、ネグレクト、身体的虐待、貧困な住宅事情やホームレス、十代の妊娠、喫煙、自殺、精神疾患を、より高い比率で経験することがわかっている（Bradshaw, 2001）。教育達成も同様に低い。別の近年の調査では、イギリスの国立児童発達調査（National Child Development Study: NCDS）の縦断データを分析し、「社会的排除」（貧困より少々広い概念である）が世代間移転するかを調査した（Hobcraft, 1998）。その全体的な結論は、以下である。

> 大人になってからの結果と、本稿で用いた子ども時代の要因とによって把握された社会的排除が、世代間で、またライフコースを通して移転されていることは、ほとんど疑いない。子どものときの経験の多くが、大人になるまではっきりと影響しているということも疑いない。（Hobcraft, 1998: 100）

この研究は、子ども時代の貧困が、親の教育への関心の低さと結びついて、学校での低成績や、大人になってからの低収入を生んでいるという、先行研究でなじみのあるストーリーを見せてくれる。［これに比べて］子ども自身の貧困経験や、それが彼らの子ども時代にどういう意味を持っていて、彼ら独特の世界の見方にどのように影響を与えているのかについての研究は、はるかに珍しい。しかし、リッジ（Ridge, 2002）はまさに、現代の（イングランドの）生活が、貧しい子どもたちの視点からどう見え、それが彼らの生活の多くの異なった、ときに予測できない側面にどう浸透しているのかを描き出してきた。リッジは、政策立案者は、彼らの声にもっと注意を払うべきだと主張している。

英米の社会科学において、ひとり親家庭で育つことが子どもの発達にもたらす影響について、答えのないままに延々となされている議論がある。これは、結婚と子育ての期待されたパターンに従わない女性に対するその社会のイデオロギー的強迫観念を、かなりの程度反映していると考えられるかもしれない。確かに、スカンジナビアの国々では異なった見方が普通であり、この問題についての研究関心はずっと控えめである。しかし、入手可能な証拠を解釈する際の多くの問題の一つは、「家族要因」を貧困要因から分離することが非常に難しいということである。たとえば、低所得は、離婚や別居の帰結でも前触れでもある。イギリスとアメリカのデータを分析した最近の研究は、これらの諸要因の独立した影響を探しあてた（Joshi et al. 1999）。同研究は、教育や行動上の結果が生じるのに、子どもの家族の形よりも、社会的弱者であるか否かが（特にそれが長く続いているところでは）大きいと結論づけている。この領域は、未だ議論の余地のあるところだが、研究の結論がどのようなものであっても、経済的不平等のみならず、現代の

「子ども」が家族の変化によっても形成されているということを、私たちに思い起こさせてくれる。

後期近代における家族

エスピン＝アンデルセンの分類に対する、フェミニスト批評（たとえば Lewis, 1992）は、脱商品化という概念の出発点を批判し、それが賃労働と階級関係という「公」領域に由来する明らかな男性視点を体現していると論じている。それによって、家族や家内労働といった「私」領域、つまり、すでに脱商品化された活動の巨大領域を無視してしまっているという。これに基づいて、フェミニストは、福祉国家を「男性稼ぎ主」モデル社会の前提に対する関係を示すものとして見るという、別の見方について論じてきた。福祉レジームは、たいてい女性が担っている無償のケアワークの存在をどの程度まで前提とするかや、それが保育のようなサービスで「代替」されているか否かによって、バリエーションがある。たとえば、クレイトン（Creighton, 1999）は、こういった観点からイギリスを論じており、その福祉レジームは、無償のケアワークを前提とするレジームからそのようなサービスが広く手に入るレジームへと、部分的に移行しつつあるにすぎないと論じている。たとえば、「イギリスの」保育サービスは配偶者同士が働いている家族をサポートするには十分ではなく、北欧諸国では保育のはるかに広範なネットワークが存在するのとは、対照的な状況であるという。

すでに述べてきたように、１９７０年代以降の経済政策が規制緩和やフレキシブルな労働市場を強調し、それに伴って失業や非正規雇用や職の不安定性が増大してきた。欧米の経済は、工業部門からサービスセクターへと雇用を転換し、労働市場への女性のいっそうの参画を伴う趨勢となった。このような労働人口におけるジェンダー構成の変化は20世紀半ば以降の経済変化の鍵であり、家族の主たる稼ぎ主は父＝夫であり、母＝妻は家を守るという、第二次世界大戦以前は広く受け入れられていた前提はかなり消滅した。このことは、家族の経済状況や所得パターンに影響するのみならず、毎日の家族生活の手触りを変えていった。これは子どもの経験を変え、今や家を「行ったり来たり」する場所と経験するようになってきた（Christensen et al., 2000）。親子が一緒に過ごす時間が減っているという主張を裏づける証拠はないにもかかわらず、両者とも「時間を絞り出す」経験をしていることもまた（少なくともイギリスでは）事実である（Christensen, 2002）。現代の家族は、大人と子ども両方のそれぞれのメンバーの活動を調整するために、非常に複雑なタイムテーブルを組まねばならなくなっている。実際、子どもを能動的で社会に参加する存在と見ようという主張は、子どもが日々の家族のタイムテーブル管理において明らかに優先されているという点にも起因すると指摘されてきた（Prout, 2003）。

つまり、生産のフレキシブル化や雇用の旧来のパターンの凋落と新しいパターンの登場といった経済的な変化は、子どもたちが所属する家族に影響を及ぼしてきているようである。しかしながら、これらはより広範な変容の一部にすぎず、経済が牽引する変化は、広範な関係性や領域――階級、ジェンダー、エスニシティ、アイデンティティ、エコロジーやリスクの自覚、市民社会と政治における諸実践――に影響を与える、多面的な社会的・文化的変化を伴っている。その結果、20世紀の大半で産業社会を特徴づけていたモダニティの核となる諸制度は、「脱埋め込み」され「空洞化」した（Giddens, 1990, 1991）。このことの鍵となる一例は家族の形の崩壊であり、特に家族の変化が貧困を伴うとき、子どもが育つ環境を大いに多様化させてきた。19世紀から20世紀初期にかけて産業社会で確立された世帯の形成・維持のパターンは打ち砕かれ、新しい多元主義に取って変わられてきた。相違点もあるが、全体的な傾向や一般的な方向性は、アメリカでもヨーロッパでも同じである（Clarke, 1996; Ruxton, 1996; US Department of Health and Human Resourcec, 1998）。両地域とも、核家族における着実な人口学的減少が見られる。このこと自体が、人口と世帯構成で連動して起こる数多の趨勢の産物である。他には、婚姻数の減少、離婚数の上昇、同棲の増加、婚外子の増加、ステップファミリーやひとり親家庭の増加といった傾向が見られる。

人口学者や社会学者は、この過程で現れたこれらの複雑な新しい家族形態を分類することが、ますます難しくなっていると考えている。一般の人々もこの点は共有しており、家族の変化がもたらす複雑な新しい親族関係や疑似親族関係をどう名づけ、どう順応するか、格闘している。たとえば、シロタ（Sirota, 2001）は、フランスの子どもの誕生日パーティーの継続研究を行っている。この研究は、誰をパーティーに招待する（しない）かという、（しばしば複数回の）離婚と再婚によって作られた新しい関係性の入り組んだネットワークの結果生じた問題について、家族が実践とルールをどうやりくりしているかを見せてくれる。シンプソン（Simpson, 1998）は、これを核家族《ニュークリアー・ファミリー》から「不透明家族《アンクリアー・ファミリー》」への変化と呼び、20世紀半ばには家族の安定性は頂点を迎えたかもしれないが、現代はおそらく、不安定性の時代に入ったと述べている（Seccombe, 1993 も参照のこと）。シンプソンは主に、関係する大人の離婚や別居で引き起こされた結果を記録している。しかし、同時に、不透明家族が、「大人」と「子ども」の境界にいかにして問題を突きつけたかにも言及している。

それぞれの親が、親であることや行為者能力《エイジェンシー》にまつわる多様な構築物を持ち込むので、〈子ども《ザ・チャイルド》〉は、もはやライフサイクルにおける一つの位置を占めるものではなく、多様な位置を同時に管理するようなものとなるだろう（…）適切な条件が与えられれば、子どもは、伝統的な家族状況では到達することが難しい、社会的・実践的に有能なレベルに到達可能である。子どもたちは、多様な社会状況を何とか操る能力を発達させ、親に対する交渉術や秘密保持能力、思慮や機転を発達させる必要があるのだ。（Simpson, 1998: 76-7）

変化する家族形態のこれらの例が経済的・社会的・文化的力の相互作用を反映している一方で、経済グローバリゼーションは、家族生活のいくつかのありようにより直接的に入り込んでもくる。金融はある程度自由に国境を越えて流通しているが、労働は具体的な物的な形をとりつつ移動せねばならない。ホックシールド（Hochschild, 2001）は、最近、これが、保育を行うために豊かな者が貧しい者を雇う、世界をつなぐ「グローバルなケアの連鎖」を形成していると論じている。彼女はこの連鎖の一つのよくある形を、以下のように述べている。

（引用者注：グローバルなケアの連鎖は）しばしば3種類のケア担当者を結びつける――まず、移民の子どもを家で世話する人がいる。次に、移民の子どものケアをしている女性の子どもの世話をする人がいる。そして、移民の母親自身は、第一世界の専門職の子どもを世話している。貧しい女性が豊かな女性のために子どもを育て、さらに貧しい――ないし高齢か地方の――女性が彼女らの子どもを育てている。（Hochschild, 2001: 136）

ホックシールドは、ビッキー・ディアスというある母親の例をパレナス（Parrenas, 2001）の研究から引用している。ディアスは、教師や旅行代理店勤務を経て、ビバリーヒルズの裕福な家族の乳母として働くためにアメリカに移住した。彼女は、自分の子どもが学校に通うのに必要なお金を稼ぐために働いた。子どもたちは、彼女に家に戻るように常に説得しており、彼女が自分の子どもを世話できずにアメリカの子どもを世話せねばならないということが、強烈な感情的緊張を生んでいた。

「子ども」の人口学的傾向

ヨーロッパや北アメリカにおける家族形成のパターン、家内生活、仕事のパターンの変化は、出生率の低下とも関係している。EU諸国を合算しても、出生率は世代間の人口置換の閾値を下回っている。その結果、ヨーロッパでは２０２５年までに、０～19歳の年齢集団の人数は、10％超減少すると推計されている（European Commission, 1996）。アメリカ合衆国の出生率は、ヨーロッパより一般的に高いが、ここでも、低出生率へと向かう一般的傾向が見られる。出生率は、１９６０年から１９８０年代にかけて劇的に低下し、わずかな揺らぎを含むものの、あるレベルでおおむね安定している（Ruxton, 1990; US Department of Health and Human Resources, 1998: 27）。この傾向の結果、ヨーロッパでもアメリカでも、人口に子どもの占める割合が低下していることになる。これが子どもたちにとって何を意味するかは、未だ明らかではない。しかしながら、子どもから高齢者への社会的資源の再分配が行われてきたし、今後もさらに行われるだろうと論じている社会政策学者もいる。これは、世代間の資源の分配において、いかにして正義が実現され、維持されうるのかという重要な問題を提起している（Sigritta, 1994: 361; Thompson, 1989）。

だが、出生率の低下が世界的な現象だとしても、国によって人口分布のパターンには大きな差異がある。およそ2億人の（15歳以下の）子どもが地球上にいると推計されている（Population Reference Bureau, 2003）。全体としては、子どもは世界の人口の30％を占めている。しかし、この割合は、国や地域によって大きく異なっている。両極を見れば、西部・南部アフリカでは子どもは人口の45％である一方、南ヨーロッパの国々では歴史的に低い出生率を経験しており、子どもは人口の17％でしかなく、すでに高齢者の人口比率に追い抜かれている。これらの両極の間に、他の地域や国々が傾斜を形作っている。大々的に報道された世界の「人口爆発」は、実際にはアフリカやアジア、ラテンアメリカの発展途上国に限られた現象であり、これらの地域が世界で人口増加を見せる地域の97％を占めている。この拡大は、着実に減少する死亡率、とりわけ乳児死亡率によって引き起こされている。にもかかわらず、人口のこの成長の背後には、世界的だが不均等な出生率の低下がある。標準的な人口学的仮定によれば、教育水準が上昇して人々が都市化され、避妊が利用しやすくなって実践されれば、発展途上国における出生率は減少し続けるだろう。とはいえこれは全体的な傾向の話で、実際には国によって大きく異なっている。ウガンダのように、出生率が低下し始めていないところもある。バングラデシュのように、低下はしたが比較的高い水準で安定したところもある。イランにおいては、出生率低下は素早く劇的だった。出生率が低下するかどうか、いつどの程度までどのくらい早くといったことを予測するのは、簡単なことではないのである。

トランスナショナルな移民

もう一つの多様性の源泉は移民である。これは、しばしば現代のグローバリゼーションの特徴だと思われているが、実際のところ、大量の人口移動は、資本主義の初期の勃興と密接に結びついて行われてきた。移民の大半は、大西洋を横断しての奴隷貿易という形の強制移民であった。後の波には、19世紀後半や20世紀前半の、ヨーロッパからアメリカへの移民や、英国植民地、特にオーストラレシアへの定住が含まれる。1970年代までに移民管理が厳しくなり、世界の移民の流れがゆるやかになったが、国際統計がこういった流れを適切に把握しているとは言い難いものの、移民は再び増加しているようである。国連によれば、1965年から1990年の間に、先進国における移民の全数は9倍になった（ILO, 2003: 26）。世界の移民数の増加ペースも、1965年から1975年の1・2％から、1985年から1995年の2・6％へと増加した（ILO, 2003: 26）。これらの大半は、メキシコからアメリカ合衆国へといった非合法の経済移民であり、個人の決断が、それを規制しようとする国民国家の堅固な企てさえも凌駕しているということである。

そのような移民は、低開発の結果のみならず、多くの新興産業経済で現在生じている経済発展の結果でもある（Massey, 1998）。貧しいコミュニティから男性が移民することがローカルな産業における女性の職業機会を作り出し、それが今度は、別の人が豊かな国へと旅をする経済的な可能性を作り出すというサイクルが発生している。しかし、実際のところ、世界の移民の多くは女性である。たとえば、ホックシールドによると（Hochschild, 2001: 131）、メキシコからアメリカへの合法移民の半分が女性であり、その年齢の中央値は29歳である。これは、グローバルなケアの連鎖に巻き込まれた人々のプロフィールと合致している。ホックシールドが述べているように、1945年以降の豊かな国における女性の労働市場への参入と、先述したグローバルなケアの連鎖との間には関係がある。

移民は、「子ども」の多様化にも直接的な影響を及ぼす。鎖の片端の貧しい国々では、子どもたちは労働、ワーキングプア、両親不在、不安定、戦争、災害、人種差別を経験している。鎖の逆の端では、新しいホスト国で、移民の子どもが特有のしばしば困難な経験をしている。イギリスにおける難民の子どもに関する最近の研究では、子ども自身の説明に基づいて、彼らが、社会的排除につながりうる、明白な人種差別や、彼らの文化的価値への関心の欠如のようなより微妙な過程を経験していることを報告している(Rutter & Candappa, 1998)。同研究はまた、難民の子どもの日常生活の比較を行い、他の子どもたちとの違いに焦点をあてている。たとえば、難民の子どもは他の家族のための通訳者、媒介者としてふるまっており、家の仕事により貢献しており、そして脱出してきた国に親戚を残してきたことから、広い親戚づきあいをしていることは少なかった。この研究は、しかし、子どもたちが戦争、逃亡、強制退去を忍耐強く堪え、勇気と回復力を見せてくれることも指摘している。

移民は、ヨーロッパでもアメリカでも、子どもの間の人種やエスニシティの多様性を増大させてもおり、この傾向は今後数十年続くだろう(Commission of the European community, 2001; Federal Interagency Forum on Child and Family Statistics, 1999: 5)。この傾向は、「子ども」の多様性、子どもたちの生きられた経験、彼らのアイデンティティ形成に密接に関係する(Connolly, 1998)。おそらくエスニシティが社会的・政治的に重要であり、公正と社会階級の問題と重っているため、アメリカの子ども研究は、子どものエスニシティの問題により注意を払ってきた。たとえば、ガルシア＝コールら(García-Coll et al., 2005)は、幼いときからエスニックカテゴリーの自覚が非常に高いこと、そして、子どもが自分の複雑なアイデンティティを位置づけるのに、いかに洗練された巧妙で創造的な方法を発展させてきたかを示している。「トランスナショナルな多様な子ども期」について、ソーンらカリフォルニアの研究者たちが行った研究は、この複雑性と移動性がローカルにはどのような含意を持つかを示している（Thorne, 2005; Orellane et al., 1998, 2001）。それによると、たとえば、なかには国境を日常的に行き来している子もおり、アメリカと他国の両方で、世帯を形成したり再形成したり、くっついたり離れたりしている。また、ローカルな文脈では、エスニックな差異を子どもたちがどう経験するかは、子ども自身の作り出す実践を通して予測不能な形で現出している。

「子ども」と文化的グローバリゼーション

エスニックなアイデンティティ形成プロセスに子どもが関わっているということは、グローバル化する世界を特徴づける、より広範なアイデンティティの断片化が起きていることを示している。後期近代において、社会的多様性の源泉は拡大し、複雑化した。モダニティが政党や国家の次元で組織化された社会階級やその政治に公に関係していたとするならば、後期近代はその他のいくつもの差異の次元を付け加えてきた。ジェンダーやエスニシティ、障害、家族構造、性的志向、世代的位置、ライフコースの軌道、ライフスタイル、消費といったすべてがアイデンティティを形成し、その社会的・政治的相関物を実践させるような多様な材料を提供している。

先述のように、完全にグローバル化された世界経済は未だに存在しないにもかかわらず、真に統合された世界システムの中で生じる経済活動はいくつか存在する。それらは象徴の生産や交換に関係する経済領域に集中している。たとえば、世界の金融システムは、世界経済のほぼ完全にグローバル化された部門である。これは主として、コミュニケーションの新しい社会－技術システムが発達し、資金の瞬間的な送金が可能になったことによる。その帰結でもあり可能性の条件であるものとして、金融資本は象徴的な形態をとりうる。送金は伝統的な金属や紙の形の現金の移動ではなく、回路上の電子の流れの形をとっている。

これは、ラッシュとアーリ（Lash & Urry, 1994）が、生産の「脱物質化」と名づけたものと軌を一にしている。一つには、この現象は、象徴的製品のいっそうの生産と関係している。これらのイメージや表象は、テレビや映画やインターネットのようなマスメディア製品を含む多様な形態をとる。この点で、脱物質化という用語は不適切かもしれない。というのは、電源装置や配電網、光ファイバー、電子、衛星、モニター、コンピューターによって成り立つ回路は、本や新聞といった以前のものに劣らず物質的だからである。異なっているのは流れが物質的か否かではなく、コミュニケーションのスピードや簡便さであり、それが時空間に圧縮をもたらすということである。こういった効果を通して、膨大な量のイメージや情報、アイディアや価値が、高速でグローバルな規模で広がり、コミュニケーションされている。

このようなグローバルな製品とコミュニケーションのプロセスは、文化的な均質化と差異化という矛盾する効果をもたらしている。それらは、ローカルなものとグローバルなものを結びつけ、同一の信念や価値、たとえばリベラルデモクラシーや原理主義的信仰といったものをどこでも手に入るようにした。それによって、あらゆるローカルな場所にいる個人が、彼らのローカルな意味を生産するのに受け入れたり関わったりできるものの可能性が増大した。また、アイデンティティや意味が文化的に混合したりハイブリッド化したりする可能性も広がった。複数性がもたらされ、相対主義が育ち、信仰の一つの共同体に他者の存在を知らしめた。しかし、この認識は、寛容のみならず、対立や憎悪を引き起こしうる。たとえば、原理主義的アメリカキリスト教福音主義とイスラムの攻撃的精神は、ともにグローバルコミュニケーションのしくみを利用している。どちらも（ある面では）、グローバルカルチャーが最も離れた地域にさえももたらした相対主義に対する反動と同様に、でっち上げられたものと理解できる。

これはすべて私たちに、社会をはっきりとした境界のある実在とみなす20世紀的観念が衰退しているということを思い起こさせてくれる。文化的グローバリゼーションのプロセスは、諸社会が、そのますます多孔化する浸透的な境界を固定できなくなってきているということを意味している。諸社会はますます低次の防御策を採用し、社会を貫く人々、情報、製品の強力な新たな流れを、単に規制したり中和したりしようとしている（Urry, 2000）。このようなトランスナショナルな移動には、多くの子どもが日常的に様々に触れる情報、価値、イメージが含まれており（Buckingham, 2000）、文化的グローバリゼーションから予想される矛盾した諸効果を子どもに及ぼしている。グローバルな視点から見れば、おもちゃやゲームや洋服といった同じ製品がどこでも手に入るようになるにつれて、子ども時代の文化はどんどん均質化されている。しかし、何らかの特定の地点をとれば、製品の範囲が拡大し、新しい文化的なニッチを生み、新しい産業の台頭をもたらしていることから、子ども時代の経験はより多様になっている。

このようなトランスナショナルな流れは、子どもの社会化に深い影響を及ぼしている。実際、現代の社会科学はここのところ、幼い子どもが家族から離れて――学校や放課後子どもクラブや保育施設で――日常生活の大半を送るようになったことで、社会化プロセスがますます複雑化していることを認識してきた。北欧諸国では、第二次世界大戦後こういった新しい施設がどんどん増え、「二重の社会化」という発想を生み出した。しかし、ドイツの教育学者ギーゼッケ（Giesecke, 1985）は、私たちは今や、子どもが大人同様に多元化した社会に生活していることを理解する必要があると述べている。両親、学校、メディア、消費社会、仲間関係からの、競合したり、補完しあったり、齟齬があったりする幅広い諸価値や諸視角が、彼らを取り囲んでいる。ギーゼッケは、親や教師やその他の子どものケアに責任を持つ人々は、こういった様々な要因を全体として統制し操縦する力をなくしてきていると述べている。したがって、個人的にであれ集合的にであれ、子どもが自分たちが生活している世界について一貫性を発見し、理解しようとしていると認めることが、重要になっている。

「子ども」と個人化

「ニューチャイルド」、すなわち、自己管理ができ、能動的で、社会参加型の子どもの登場の背後にあるのは、このようなプロセスなのであろうか。これはまさに、ドイツの社会学者ウルリッヒ・ベックの結論である。ベックは以下のように述べている。

> （引用者注：若者は）もはや個人化されない。彼らは自らを個人化するのである。若者の「自伝化」とは、能動的になり、自分自身の人生を格闘しながら設計しているということを意味している。（Beck, 1998: 78）

このように若者が「自分自身の生活」を持つとみなされるプロセスが続くと、より伝統的な「子ども」の外枠はますます軋んでいく。ベックによれば、彼が「個人化」と名づけたプロセスの論理は、権威や忠誠といったものが常に再交渉、再構築され獲得されるような、新しいタイプの制度を必要としている。子どもの価値観に関する近年の調査によれば、若者の側に、まさにそのような態度が見られる。

権威は、正当な権力――それ自体で説明したり自己防御したりする必要のない権力――として叙述されてきた。若者から見て、両親や家族以外に、そのような権威を主張できるような人物や制度はほとんどない。むしろ、権威は獲得され交渉されねばならない。若者は「互酬の倫理」を加速させ、自分の尊敬は自分を尊敬してくれた誰かに向けられるものと考えている（…）彼らは、伝統や習慣や力に基づいて権威や尊敬を求めることに、非常に慎重な傾向がある。（Holland & Thompson, 1999: 3）

子どもの権利

文化的グローバリゼーションのプロセスは、均質化と差異化の双方をもたらす、と先に述べた。このことは、グローバルな子どもの権利運動の台頭の中にもはっきりと表れている。１９２４年、国際連盟は、子どもの普遍的な処遇を知らせる諸原則を提示する最初の国際協定を公布した。このジュネーブ宣言がその基底に持つ〈子ども〉なるもののイメージは、徹頭徹尾、近代主義的な「子ども」概念が浸み込んだものであった。特に、子どもは不完全で非社会的で弱く依存的であるとみなされていた。したがって、この宣言は、大人の子どもへの義務を強調していた。１９８９年に採択された国連子どもの権利条約[13]は、その条項を批准国政府に対して法的拘束力をあるものにすることで、ジュネーブ宣言を一段先に進めた。２００３年までに、その対象は、アメリカを除く世界のすべての政府に及んでいる。しかし、子どもの権利条約は、子どもを文化的他者と見る近代主義的な像を超え出るものであった。条約は、子どもの社会的参加を、保護や付与と同等の目標に掲げた[14]。子どもの参加は、子どもの権利擁護の国際的な結集点となった。この概念は、世界中の子どもの生活の社会的・文化的・経済的条件の違いを超越することができるとみなされたのである（Davie, Upton & Varma, 1996; Flekkoy & Kaufman, 1997; Franklin, 1995; Hart, 1992; Lansdown, 1995）。

ある観点から見ると、子どもの権利条約は、啓蒙と人道的な基準をすべての子どもに与えようという穏当な試みを象徴している。そのように使われてきたし、そのような前提で熱心な支持を取りつけ、一定の熱狂さえ喚起してきたのである。また、レトリックは高度だが、強度はないという特徴もある。この意味で、この条約は、それによって高尚な原則の宣言がなされるものの実践ではほとんどすべきことがないような、非常によくできた道具なのである。しかしながら、子どもの権利のロビー活動は、よかれあしかれ〈子ども〉についての諸規範のグローバルな展開の最先端であることもまた事実である。ボイデンによれば、このような努力には、植民地主義における「文明化の使命[15]」という前史がある。

> 20世紀が進むにつれ、高度に選択的でステレオタイプ化された「子ども」認識――無垢な被害者か若い逸脱者かといったような――が、産業世界から南側諸国へと輸出されてきた（…）こういった規範に基づいた、〈子ども〉のための諸権利の普遍的システムを国際法に結晶化させることが、子どもの権利の専門家たちの明らかな目標であった。（Boyden, 1997: 197）

この効果は常にポジティブなものだったわけではないと、ボイデンは述べている。権利というのは、究極的には文化的価値と結びついた概念である。それが成功裏に履行されるには、それと矛盾しない意味の枠組みと社会的・経済的サポートといったインフラの存在が欠かせない。たとえば、保護を受ける権利は、警察のような機関が法をきちんと順守するのであれば、うまく実践へと読み替えられていく。もし、そういった機関が疑いの余地のないほど腐敗していたら、それは抑圧への道である。さらに、国連子どもの権利条約に含まれる「子ども」概念には、多くの国が享受できていないような、一定水準の経済的豊かさがないと実現できないものもある。社会政策が子どもの権利の採択を要請しているそのときに、先に見てきたように、国際的な経済政策によって、貧困や不健康や不平等が深刻化してしまった国もある。

これは、子どもの権利条約が巻き込まれた微妙なプロセスを、過小評価しているかもしれない。条約（あるいはその一部である第12条［意見表明権］[16]）は様々な解釈が可能であり、そのことが、いかに文化的グローバリゼーションが多様性と同質性をもたらしているかをよく表している。リー（Lee, 1999）が指摘するように、これは曖昧だからこそ有効性を持つ文書なのである。ローカルな解釈の余地を大量に残すように、一般原則が構成されているのである。実際、これを起草した人々の中にも意見の相違があり、こうするのが、「子ども」に関する異なった文化的伝統を持つ広い範囲の国々に受け入れられるようにする、唯一の方法だったのである。リーは以下のように述べている。

もし条約が子どもの立場をはっきりさせようとしたならば、その負荷でつぶれてしまっただろうが、条約はむしろ別の形で機能している。「子ども」なるものを曖昧なものとして描き出すことで、その曖昧さを何とか

する責任を、締結国の立法府と政策立案者に押しつけてしまったのである。(Lee, 2001a: 95-6)

国連子どもの権利条約における「子ども」の表象は、それ以前の宣言よりも複雑で曖昧なものとなった。条約の保護と付与の条項は、未だ子どもには大人のサポートが必要だと強調しているが、同時に、特に第12条を通して、子どもは社会的行為者《アクター》として、社会の外ではなく中にいる、受け身の受容者ではなく能動的な参加者として描かれている。

子どもたちを規制する

しかし、グローバリゼーションの矛盾する効果が、すべて自己表現や権利という方向に流れていったわけではない。別の観点から見れば、20世紀には、子どもへの制度的統制の水準が顕著に上昇した。義務教育の導入や賃労働からの子どもの公的な排除は、子どもがますます、特別に指定された隔離状況で専門家に監督され、年齢と能力によって構造化されて、棲み分けさせられるという歴史的趨勢を表している。ネスマン (Näsman, 1994) は、このプロセスを、「子ども」の制度化と呼んでいる。20世紀を通して、学校教育は徐々に「上」に拡大し (たとえば、義務教育の卒業年齢の上昇に向けての歩み)、就学前教育や幼稚園教育のますますの強調という形で「下」にも広がった (Moss et al., 2000)。

スポーツや音楽のような活動も、ますます制度化された状況で行われるようになっており、多くの子どもにとって、余暇でさえもしばしばこのような形で構成されている。それは、子どもの活動を大人の目の届くところで組織化し規制し、発達上健康で生産的な状態へと水路づけようとする、放課後クラブや休日クラブが提供されていることにも表れている。このような現象は、ヨーロッパ社会を通して見られる。たとえば、ドイツの社会学者たちは、子どもが街路やその他の公共空間からどんどん放逐され、特別な保護された空間へと囲い込まれていく様子を表すのに、「家内化＝飼いならし《ドメスティケーション》」という言葉を用いてきた。彼らは、子どもがまちを自律的に動き回る度合いが減少し、子どもたちが行き来する「子ども」の特別な「島々」が作られる様子を表すために、「島国化」という言葉を用いている（Zeiher, 2001, 2002）。

このような制度には国の政策によって大きなバリエーションがあるが、子どもたちの規制を強め、活動の成果をより確固たるものとしようとする格闘を見つけることができる。学校教育はこのよい例である。20世紀の最後の数十年に、東南アジアの「タイガー経済」諸国における道具的な学校教育体制は経済効率性を生むモデルだと持ち上げられ、ヨーロッパの教育制度の変化に広く影響を与えた。私は、他のところで、この現象は、子どもを通して未来を統制しようというモダニティの衝動が、再度注目されてきたことの表れだと述べたことがある（Prout, 2000a）。このように子どもへの統制が強化されたのは、世界経済からの競争圧力の高まりに伴って、経済統制の他のメカニズムへの信頼が低下してきたことによる。グローバルな競争が強調され、各国経済が入り組んだネットワークが作られ、国家が自国の経済活動を統制する能力を侵食している。そのような状況の中で、子どもを将来の労働力として形成することは、ますます重要な選択肢と見られている。結局、これがまさにサプライサイドの経済学なのだが、子どもたちに関する限りでは、しばしば何をどう学ぶかを規制し、標準化する試みへとつながっていく。[17]

結　論

本章は、子ども研究の現代的な文脈を提示してきた。「子ども」は現代の社会的・技術的・経済的変化に巻き込まれ、影響され、不安定化していると述べてきた。まず、「子ども」のまわりで起きた表象の危機から論じた。これは、現実の多様な「子ども」を構成すると同時に、それにフィードバックを与え、モダニティが設定した「子ども」と「大人」の境界を曖昧化してきた。「子ども」について、グローバルな認識が共有されている一方で、多様性がますます自覚されるという傾向が、同時に見られる。これは、普遍的な諸概念を広めつつ、「子ども」のローカルな諸世界を互いに可視化する、グローバルなコミュニケーションの力による。と同時に、リアルで生きられた物質的現象としての「子ども」の多様性も増大している。経済的グローバリゼーションは、子どもが育つ社会的・経済的環境を変化させ、断片化させている。これらのプロセスが、子どもを社会的世界に参加している能動的な存在として位置づける、新しい「子ども」の構築を生み出している。これは「子ども」と「大人」の境界を侵食するが、完全には解体しない。「子ども」が消滅しつつあるという主張は、このような状況に対する理解可能な反応と言えなくもない。しかし、こういった論は、「子ども」を静態的なものと自明視する点で、現代の社会変化のプロセスを誤読している。「子ども」は、社会、歴史、経済に──つまり生活に──多面的で複雑な形で統合されており、変化の諸パターンに不可避に巻き込まれている。

本書の中心的なテーマは、「子ども」を理解するのに対立的二分法がいかに不適切かである。現代社会とそこでの「子ども」は、これらの対立項を時代遅れのものと変えてしまうような形で変化している。本章で論じた「子ども」の表象の危機の三つの側面は、それぞれ、このような対立項の機能不全によって特徴づけられる。続く各章では、このような対立項にまたがって現れてきた実践や形式をいくつか探ってみたい。しかし、さしあたり、モダニティが実体的な時期区分として打ち立てて保持した「子ども」と「大人」の境界が曖昧化しつつあり、あらゆる曖昧さや不確かさをもたらしているということを指摘しておけば十分である。これが、「子ども」の「消滅」についての不安が育つ土壌であり、現代の「子ども」は、新しい理解や分析を求めている。とりわけ、子ども研究は、「子ども」を作り上げるプロセスや素材を検討せねばならないし、変化し、複雑で、曖昧な世界の中で、「子ども」の未来として何が現れつつあるかを理解しようと努めなければならない。しかし、もし子ども研究がこの課題に適切なものでありたければ、まず、既存の研究がいかにしてこの課題にアプローチしてきたかを批判的に検討せねばならない。したがって、次章では、子ども研究がどのように立ち現れたかを分析し、子ども研究が現代のリアリティや趨勢に立ち向かおうとするのならば目指すべき方向性について、何が学べるかを引き出したい。

第2章　子ども研究とモダンの心性

（…）私たちは社会関係を相互排他的に見るのをやめ、非人間行為項《アクタン》、すなわち、社会を永続する全体として維持できるようにする行為項を含む、網の目へと織り込まねばならない。（Latour, 1991: 103）

はじめに

モダニティにおいて重要なのは、「子ども」の誕生ではなく、「子ども」が「大人」とはっきりと区別された、ある特定の形態をとったということである。子ども研究は、この「子ども」という近代概念の一環として登場した。「子ども」は「大人」とは異なっているという信念は、「子ども」を学術研究の特別な領域として構成する可能性の条件であり結果であった。大人／子どもの二分法は、「子ども」を、「大人」とは完全に区別された固有の状態《ビーイング》であると同時に、叙述され、探究され、位置づけられ、説明されるべき

尾したい。

大人になる《ビカミング》プロセスとして構成した。本章では、私は、ダーウィンから現在に至る子ども研究の発展を追

近代的「子ども」は、多くの異なった領域が分業する中で登場した。これは、ある面では、第1章で述べた対立的二元論による「子ども」の表象を通して実現したが、同様に、物質的実践や学校や病院といった諸制度において、空間が具体的に組織されていったことによる面もある。一つの重要な焦点となるのは、欧米の子どもがほとんどフルタイムの賃労働から排除され、義務教育に包摂された、長期的プロセスである（Cunningham, 1991; Cunningham & Viazzo, 1996; Hendrick, 1997a; Heywood, 2001; Lavalette, 1994）。

このプロセスは、アリエスが述べた一連の出来事の延長線上で、19世紀の大半と20世紀の一部にわたって達成された。19世紀の末まで、子どもは無垢で、無知で、依存的で、脆弱で、総じて無能であり、保護され、しつけられる必要があるという観念が広がっていた。大まかに言えば、20世紀の初頭までに、これらの発想は、近代社会の様々な社会階層や集団の大半へと普及していった。そして、学校や家族を子どもにとって「適切な場所」にしようとする努力を支え、その努力によって強化された。こういった趨勢は、多くの異なった戦略や実践の、意図的ないし非意図的な効果として浮かび上がってきた。たとえば、初期の産業労働運動は、労働時間の短縮と子ども（と女性）の労働の制限を含む工場改革に力を入れた。こういった運動がとった形の一つは、就労していない妻と子どもを養える水準の家族賃金を（男性労働者に）支払えというものであった（Montanari, 2000）。19世紀末までに、生活水準を向上させるような経済的変化が生じ、工場生産のテクノロジーが変容して子どもには困難な熟練技術を要求するようになったことも、同様の方向性へと後押ししていった。同時に、広範囲に及ぶ社会改良家たちが、子どもの生活条件を改善

するために動き、道徳改良家たちは、子どもの魂を傷つけると彼らが信じるところの環境から、子どもを「救う」ために運動した[18](Pearson, 1983; Platt, 1977)。ここでいう環境には、たとえば、産業主義で拡大する中心市街地に見られる、子どもだけの世帯といった現象も含まれていた。子どもを往来から追い払い、家庭や学校やスカウトや少年団といった青年組織へと囲い込む努力もなされた。

これらの実践の全体的な効果として、子どもは公共空間にいてはならないという発想が確立された。20世紀には、近代化の一部として、この発想は世界中に輸出され、広がっていった。就学と賃労働からの放逐は、「子ども」の普遍的理想の一部となった。それらは、今日では、国家の発展の指標として広く認識されている。ユニセフのような国際機関の明示的な目標であり、経済を発展させ、国家アイデンティティを創造するための不可欠な道筋とみなされている。

こういった努力を通して、西洋その他での子どもの生活は疑いなく、ときに劇的に、改善された。しかしながら、近代的「子ども」の形成は、一義的に歓迎されたものでもない。たとえば、労働者階級の親子が義務教育に抵抗した歴史は、改革者たちが子どもたちにとって望ましいと考えた手段が、必ずしも万人に賛同されたわけではないことを教えてくれる。これは現代においても起こっていることであり、「子ども」に関する近代的理想を強制することは、しばしば負の帰結をもたらしている。たとえば、アメリカでは、1993年に上院議員ハーキンによって、児童労働によって入手された鉱物や生産された工業製品をアメリカ合衆国へ輸入することを禁止するという法案が導入された。その結果、バングラデシュの衣料産業では何万もの女性年少労働者が解雇された。解雇された子どもたちのサンプリング調査によれば、多くの場合より危険な他の活動へと職替えし、誰ひとりとして学校へと戻らなかった（Boyden et al., 1998）。

これは、ある意味では、運動家たちが、理想化された感傷的な「子ども」観に基づいて支配されて、より正確な情報に基づく意見を聞き入れなかったから起きたものである。とりわけ彼らは、児童労働者たちの、自分たちを仕事から追放することに反対し、自分たちが望むのは教育と労働の組み合わせなのだと主張する声を無視してしまった。子どもたちは、自分たちの仕事は家族やコミュニティにとって不可欠なものであり、それがなくなれば状況は悪くなるだけだということを知っていたのである。

この例は、子どもは聞く価値のある意見を持つには無知すぎるとか、彼らの利益は大人が最善に表明することができるとかいった思い込みで彼らを公共領域から排除することが、いかに大変問題のある帰結をもたらすかを明確に示している。同様の問題は、国家に保護された子どもたちに性的虐待が蔓延した背後にも立ちはだかっている（Kendrick, 1998）。これは、バーナードス［児童支援団体］に保護された子どもたちが、当人の意志を無視してオーストラリアに送られたという（Buti, 2002）残酷と無視の物語の一部である[19]。理想的な「子ども」という支配的アイデンティティの下に置かれることは、依存と公的世界からの排除を伴い、大いなる犠牲をもたらしうるものだったのである。

しかし、実際のところ、「子ども」の「大人」からの分離が完全に達成された場所などなかった。多くの抵抗の証拠がある。上述のように、19世紀ヨーロッパにおいて、労働者階級の親の多くが、子どもは家計に貢献する所得を稼ぐのではなく、学校に行かねばならないという発想に抵抗した。子どもの就学は、就学奨励官と裁判所の努力による強制と、学校が長い目で見た彼らの発達にとって最善で最も適切な場所であるという考え方への説得とが混ざり合ってもたらされたものであった。今日、この近代の理想は、たとえ文化的・政治的に合意されたとしても、経済的・社会的理由によって世界の多くの場所で達成されていない。

しかしながら、第1章で示したように、近代の理想としての「子ども」がグローバルに普及するのに伴って、子どもと大人の境界が曖昧化し、不安定化している兆候がある。このような事態に際して、子どもを適切な場所に確実に留めることで、大人との分離を維持したり更新したりする多くの試みが行われている。世界中の教育制度は、よりいっそう手段的な試験を行い、子どもの監視を強化する傾向を見せている(Goldstein & Heath, 2000)。子どもの不満の広がりに学校が悪戦苦闘するにつれ、「不登校」が社会政策のトピックとして再び立ち現れてきた。就学に断固抵抗する子どもと親を強制したり説得したりする、より厳しい手段が考案されている[20](Social Exclusion Unit, 1998)。南米では、いかなる理由にせよ親族ネットワークから切り離されてしまったストリートチルドレンたちは、悪意に満ちた偏見や、彼らを追い出そうとする半公式の殺人キャンペーンにさらされている[21](Scheper-Hughes & Hoffman, 1998)。イギリスとアメリカにおいては、青少年の外出禁止令が、彼らを公共空間から放逐する手段として急増している[22][23](Hemmens & Bennett, 1999)。

モダンの心性

近代的な形態の「子ども」が作られたことが、子ども研究の出現を歴史的に準備した。モダニティを構成する諸実践が子ども研究をも形作ったのであり、その系譜学は、それらの実践と重なりあっている。この関係性をさらに照らし出すには、まずモダニティをどのように特徴づけるかという問いを、第1章で始めた議論を拡張して再び問う必要がある。事実、ほとんどすべてのモダニティについての説明が自明としているもの――モダニティが、何らかの根本的な形で、それ以前とは断絶しているという主張――を問い直すことが必要である。この前提は、近代人が自分たちに対して持っている信念をおおむね反映しており、社会批評家たちすらも共有してしまっている。たとえば、マルクスとエンゲルスが、1848年に書かれた有名な［共産党宣言の］一節において、資本主義の革命的な力を絶賛しているのは、断絶説の例であろう。

ブルジョワジーは、生産用具、それゆえ生産関係、さらに前社会関係を常に大改革することなしには、存在できない。(…) 生産手段の継続的変革、あらゆる社会条件の絶え間ない変動、果てなき不確実性と動揺は、ブルジョワ時代をそれ以前のあらゆる時代から区別している。あらゆる固定し凍りついた関係と、それに伴う古式ゆかしい時代がかった偏見や意見はすべて消し去られる。新しく形成される関係もすべて、固まる前に時代遅れとなっていく。あらゆる固いものは空中に解け、あらゆる神聖なものは貶められる。(Marx & Engels, 1848［複数の邦訳を参照した］)

これは、力強い調子の一文であり、叙事詩であり、彼らの時代のみならず、私たちの時代をも特徴づける、社会変化の速さを予知するものである。しかし、私たちは、彼らの語りをすべて信じるべきであろうか。最も単純なレベルでは、過去からの連続性もないのかと問うことができよう。近代は前近代と同じものによって作られてはいないのだろうか。もしくは、少なくとも、新しい方法で組み合わさったり協力したりした、似たようなものはないのか。結局、モダニティが「ビッグバン」によって誕生したなどと論じる人はほとんどいない。その文化的・政治的・技術的・経済的側面は、不均一、かつ多様な系譜を伴って発達したのであり、したがってモダニティの時代区分はやっかいなのである。このプロセスには、断絶と同様に連続がある。理解しようとするまさにそのプロセスに私たち自身が囚われたり、私たち自身がその産物かもしれなかったりする中で、人間存在の他の局面と自分たちとの差異を誇張してしまいがちなのである。モダニティが新奇なものであるという主張や、しばしば暗黙裡にそれに付随する、モダニティは他の社会形態より優れているという主張と利害関係があるときは、特にそうなりがちである。

では、私たちは、いかにしてモダニティを自称新奇性や優位性の前提なしに理解できるだろうか。いかにしてこの問いを開いたままにしておけるだろうか。私が本書で提唱するアプローチは、「子ども」を含む社会は異種混淆の連なりであるという発想から始まる。モダニティと呼ばれるものは、多くの多様な物質や観念や実践を通して立ち現れた。その一部は物質的である（産業革命に関係する発明や、病院や学校や監獄や兵舎といった建物）。一部は表象的である（世界を眺め分類する方法）。言説的であり、言語的であり、象徴的である。しかし、異種混淆性という視点から見れば、物質的なものと表象的なものをこのように区別するのは極めて不適切である。モダニティに住まうものの大半は、物質的・表象的プロセス双方の産物であり、互いを別々に分離しようにも実に苦戦を強いられるだろう。

しかし、表象的なものと物質的なものの相互連関という問題に戻る前に、さしあたり、モダニティと関係する思考と表象のモードについて考察したい。バウマンによれば、モダニティの基本プロジェクトは、秩序の追求、純粋さ、アンビバレンスを排除する衝動である。

混合への恐怖は、分離することへの強迫と表裏一体である（…）近代の知と近代の実践の双方の中心枠組みは、対立項、より正確に言えば二分法である。(Bauman, 1991: 14)。

近代主義的思考は、このような二分法の増殖によって特徴づけられる。第1章で論じたような「子ども」と「大人」の区分や、それと様々な性質の結びつきは、この一例である。近代主義的な社会理論によっても、これはよく描かれている。それらは、社会的世界を反対項との関係でそれぞれに設定される、分離した諸特徴へと振り分けていくことによって展開していく。構造／行為体《エイジェンシー》[24]、ローカル／グローバル、同一性《アイデンティティ》／差異、連続性／変化…といった。しかし、このうちの一つ、自然と文化の二元論は、近代主義的思考の非常に重要な軸であるのみならず、近代において子ども研究がたどった軌道にとって特別重要であるということを示したい。

文化と自然[25]

文化／自然の二分法、すなわち、世界を二種類の相互排他的なものへと分けることが啓蒙主義以降の思考の特徴であるということは、広く受け入れられている。これは、宗教的信仰（より具体的に言えばカトリック教会）が公式に示す社会と自然の見方に挑戦する効果をもたらした。この科学という発想を下支えする合理主義と経験論が混ざり合い、普遍的知識という考えを主張した。科学はどこにでも適用でき、文化的文脈にかかわらずどこにいっても真理であるような知識を生むことができると期待された。

ラトゥール（Latour, 1993）は、その著書『私たちは近代だったことはない［邦題：虚構の近代］』の中で、この観点からモダニティを論じている。彼は、自然／文化の区分の登場をこの普遍的知識の主張の産物だと見て、それが登場したときの例を通して論じていった。取り上げられた例は、17世紀の、科学者であり空気ポンプの発明家であるボイルと哲学者トマス・ホッブズとの間で交わされた、実在の、しかしほとんど見過ごされてきた議論である（Schapin & Scheffer, 1985 参照）。彼らの議論の核は、独立した市民の集まりが事実について結論に達すること、言い換えれば知識を生み出すことが、正当性を持つかどうかにあった。経験科学者であるボイルにとって、実験室における実践とは、自然理論に挑む経験的試験を行う機械（彼の空気ポンプが好例）を組み立てることのみならず、ある種ドラマチックな社会的な集まりをも含むものであった。彼の実験において、まともで善良な人々が、知識の主張や証明のための公開デモンストレーションを観察していた。この公の場において、人々は実験手順の正確性や結果の事実性を追認したり疑ったりできた。君主制主義の哲学者であるホッブズにとって、実験を公開イベントとして行うなどということは呪わしいものであった。彼の議論において、近代国家とは、中央権力、すなわち立憲君主制が権威を持って語ることを、市民が受け入れたときにのみ可能なのであった。君主の声は、すべての市民の、仮に彼らに声が与えられたらそう語るであろう声だった。ホッブズ主義的な見方によれば、知識と権力は分割不可能なものであった。市民が独立に真実を語るべきだという考えは受け入れられず、非立憲的で秩序転覆的な知をもたらすとして、ホッブズはボイルの経験的で実験的な科学ショーに反対した。

ここまでのところでは、読者には、これが啓蒙と偏見をめぐる話と見えるかもしれない。しかし、ラトゥールの議論の重要な点は、ボイルとホッブズが、議論の落としどころにたどり着いたというところにある。ホッブズは、経験科学の対象である自然が、社会ときちんと分離されて科学者の領域となる限りにおいて、経験科学の可能性を受け入れることとなった。その鏡像として、ボイルは自然を、社会や文化や政治の不確実性に汚染されないものとして構成された科学へと振り分けることに同意でき、モダニティの公的で可視化された言説はこの二元論に基づいて成立し、[26]その後の西洋的言説のエピステーメーとなっていった。この議論の本質は、モダニズムと呼ばれてきたものが、二重の実践によって成り立っているということである。一方で、自然と文化の領域が分離され、自然は「科学」に割り当てられ、文化から自由だと考えられ、真理を生む社会的に中立的な実践だとされた。他方で、モダニティは、文化と自然のハイブリッドを、こっそりと知られないように、しかし決定的な形で、量産していった。それはたとえばモダニティの技術、装置、機械、技法、知識――前近代の社会とは異なっているという主張のまさに基盤となっているもの――である。これらは、自然現象（化学的反作用、力の相互作用、電子の衝突など）に依存しているが自然なものではなく、文化と自然のハイブリッドなのである。科学、技術、経済、教育、知識といった社会的・文化的諸制度なしには存在できない。したがって、このような技術がモダンな社会の構成要素を作り出しているのに、同時に、そのハイブリッドな性質が、モダニティの文化と自然の分離によって見えなくされ、否定されているのである。

純化と媒介

自然と文化を分離しつつ、こっそりとそれをハイブリッド化するという二重の運動は、2種類の異なった知的な働きを要求する。一つは「媒介の働き《ワーク・オブ・メディエーション》」であり、近代社会における実験室や作業場で行われ、それによって（私が本書を書いているパソコンのような）文化と自然のハイブリッドが生み出されていく。もう一つは、「純化の働き《ワーク・オブ・ピュリフィケーション》」であり、自然領域と文化・社会領域の区別を生み出し、維持する実践である。近代主義的言説は、近年まで切り分けることが難しかった、度を越えて強力に絡み合った一連の概念によって成り立っている。ラトゥールは、この心性は、一連の逆説的な像を併存させることを可能にしていると論じている。

・自然は超越的であり、人類はその法則に対して何もできない。
・自然は科学実践内在的であり、人類に究極の可能性を授ける
・社会は内在的であり、人類は望みのままにそれを構築できる
・社会は超越的であり、人類はその法則に対して何もできない

これらに見られるように、近代主義的思考は逃げ道を塞ぎ、あらゆる可能性を包含しているようである。しかし、ラトゥールの説明によれば、何か別のことが同時に起こっている。モダニズムは自然と文化を分離しつつ、同時にハイブリッドを量産する。あらゆる装置、機械、技術は、純粋な自然でも純粋な文化でもなく、ネットワーク化されたものの集まりであり、純粋な自然も文化も存在しない。そういった技術や機械は、ハイブリッドな社会的・技術的ネットワークなのである。これらは今や壮大な規模で増殖し、モダニズムの一大体系は自らを支えられなくなっている。一つの明らかな例は、世界中の環境運動家によって急に知らされ、今や重大問題と広く認識されるようになった、環境問題であろう。この問題は、私たち

が技術と呼ぶ、自然から作り出されたものが、当の自然から切り離すことができないことによって生じる。フロンガスはオゾンホールを作り出し、内燃機関は温室効果を増大し、トロール漁船は魚を減らしてしまう。また別の衝撃的な例は、第5章で今一度取り上げる予定であるが、ヒトゲノムプロジェクトである。ここでは、自然と文化は完全に重なりあってしまっている。

もちろん、こういった傾向を指摘する理論家はラトゥールのみではない。ハラウェイは、「サイボーグ宣言」(Haraway, 1991)において、人類と技術があからさまに混ざり合っている時代のフェミニズムの政治を理解するのに「サイボーグイメージ」が重要だと呼びかけている。[27] われわれ人類が社会技術的・生物学的ネットワークの中で作り出され、それと不可分であるということを理解することなしに、近代社会を理解することはできないと彼女は言う。同様に、マリリン・ストラザーン(Strathern, 1991)は、メラネシアにおける人類学的研究によって、自然と文化を分離しようとすることは、人類の思想において、普遍的なものではないと教えてくれる。精霊の顔が柱を上下する儀式のような人工物について議論する中で、彼女はそれがメラネシアのサイボーグだと述べる。しかし、彼女は以下のように指摘する。

> メラネシアのサイボーグと、ハラウェイにおける半人間/半機械との相違は、メラネシアのサイボーグの構成要素が、同じ素材から概念的に「切り取られて」いるという点にある。紐に連ねられた貝殻と母系リネージのあいだ、男と竹竿のあいだ、ヤムイモと精霊のあいだに差異はない。(Strathern, 1991: 118 [=2015: 281])

この視点からは、しかし、近代と前近代の境界が、近代主義者が想定するよりも曖昧なものとなってしまう。前近代とモダニティには、自然と文化をハイブリッド化しているという点で違いがない。モダニティの特質は、モダニティも自然と文化を混ぜ合わせ結びつけていることを、科学技術の作用によって否定するというところである。モダニティは、少なくとも最近まで、純化の働きに巨大な知的労力を払ってきた。

ラトゥールによれば、実際、こういった労力の一般的な形を見て取ることができる。文化と自然の分離は、カントによる公式の定式化から、[28]ハイパーリアリティや浮遊するシニフィアン、深く見通せない筆舌に尽くし難いほど脱中心化された病的なコミュニケーションコードといった、ポストモダニストの絶望的で、虚無的で、自殺的な先入観に至るまでたどることができる。[29]近代主義者の思考の一般的パターンとして、自然と文化の分離は、両者をそれぞれの領域に留めようとする思考のカテゴリーの構築によって、いっそう拡大していくと考えられていた。この二分法は、たとえば、カントの客体（自然）と主体（人間の文化）の区別において定式化された。両者の距離は、ヘーゲル派の矛盾概念によって拡大された。さらに、ハーバーマスが、近代世界において発言の自由を持つ人間主体は、合理的で道具的な科学技術によって生み出されたもの（客体）に脅かされると宣言したとき、この溝はさらに押し広げられた。[30]文化と自然の区別を維持しようとする試みは、ポストモダニズムが（文化的）人間主体と生活の物質的条件をほぼ完璧に区別したとき、ばかばかしいまでに頂点に達した。典型は、テレビの中のハイパーリアルな幻想以外に湾岸戦争は起こらなかったという、ボードリヤールのあの悪名高い主張である。

近代主義的思考の軌跡が、ポストモダニズムとしばしば呼ばれるこの地点に達するに至って、自然／文化の二元性の文化的側面（シンボルや表象、言説、主体性）がある種の記号的自律性を獲得した（と主張された）。文化の領域と自然の領域のあらゆる関係は棄却された。近代の実践の到達点を確固として形作っていた、シンボルと物質、人間と非人間の錯綜したネットワークは、括弧に入れられた。文化と自然の間には関係がないと宣言され、それらを媒介したりつないだりするものは何もないとされた。社会的・文化的なものは、あたかも自律的な領域であるかのように取り扱われた。

自然と文化を分離しようとする、このかつてないほどの必死の努力に直面して、ラトゥールは、殺伐とした、ラディカルな代案を提案する。彼によれば、私たちは、このかつてないほどばかげた方向へと歩んでいくのをやめるべきである。近代的な「自然／文化」が研究の対象となるまでの道のりをたどる作業をこそ、すべきである。それによって、モダニティがいかに文化と自然を分離し、同時に、徹底的にハイブリッド化していったかを理解できる。文化と自然、客体と主体、人間と非人間、表象と指示対象等々は、異なった種類のものではなく、複雑な混合物と見えてくるだろう。モダニティの自然／文化は、文化人類学者が前近代社会でそれらを理解してきたのとほとんど同じやり方で、理解可能になるだろう。前近代社会同様、近代社会も、自然と文化を混ぜ合わせている。大きく違うのは、近代社会は、そうしていることを一貫して否定してきたということだけである。しかし、自然と文化の媒介の働き（結びつきやネットワーキング）と純化の働き（切り離しや分離）の両方に注目して初めて、人々や物、動物、環境、身体、理論、信仰、精霊を同じ次元で語る文化人類学的な習慣が近代社会を対象として可能となる地点まで、前近代と近代社会の隔たりが縮むのである。つまり、モダニティがそれ以前のいかなる人間社会とも根本的な断絶があるとはもはやみなせないという意味で、「私たちは近代だったことはない」のである。

子ども研究の歴史

ここまでで、読者はこういった議論が子ども研究とどう関係するのかと思っているかもしれない。これらのやや抽象的な議論と「子ども」研究の間には、距離があるように見えるかもしれない――実際に子どもであることとの間の距離は、よりいっそうであろう。しかし、実際には、その距離はずっと短い。「子どもとは何か」という根本的な疑問を口にしてみれば、このことは明らかになろう。実際、モダニティがこの疑問に答えるには多くの問題を抱えている。ハラウェイ（Haraway, 1991）は、子どもは、モダニティが（ある水準で）打ち立てた自然／文化の二分法を逃れるカテゴリーの一つだと述べている。子どもは二項の間をうろうろしているように見える。私は、本書の残りで、子ども研究の未来は、「子ども」を「自然かつ文化」として捉える方法を探すことにかかっていると論じたい。「子ども」が、文化と自然という、いかなる場合にも簡単には分離できない異種混淆の要素によって、いかに構築されているかを理解することによってのみ、この分野を前進させることが可能であると論じたい。ラトゥールは「社会的なものの異種混淆のネットワーク」というフレーズを、文化と自然の複雑な媒介セットを通して人間社会が作り出されている、という発想を表現するのに用いている。彼は、印象的な言い回しで、このようなネットワークを次のように述べている。

自然のように実体的で、同時に、言説のように語られるものであり、社会のように集合的なものである。

（Latour, 1993: 6［=2008: 20］）

これは子ども研究に何ともそぐう格言であり、後の章でこの点に立ち戻りたい。しかしひとまず、子ども研究が自然／文化の関係をどのように取り扱ってきたのかを検討したい。子ども研究の歴史は、この自然／文化の関係性に由来する軌跡を描く。子ども研究は、文化と自然を分離する近代主義的思考の場の中で作動してきたため、この二項対立の両翼を、「子ども」を今度は生物学的な側に置き、今度は社会的な側に置きと、ジグザグに進んできた。ときには両者を含む居心地の悪い妥協に至ったりもしたが、相互排他的な自然と文化の定義によって常に不安定化されるため、これでは安定しないことが明らかになってきた。子ども研究が「子ども」を生物学的な視点で探究すれば、それが自然の純粋な領域には収まらないと発見してしまう。実際、後述のように、「子ども」は、生物学を通過して社会的なものとなった。より最近では、子ども研究は、純粋に社会的な「子ども」像に向かっているが、それは、生物学的な面を文化から分離し、括弧に入れ、ときには否定することによって可能となっている。

ダーウィンと児童研究運動

近代的な子ども研究の始まりは、チャールズ・ダーウィンの研究だとしばしば主張される。確かにダーウィンが子どもの発達に魅せられ、その理解に非常に貢献したというのは事実であるが、自身がこの関心の起源だという彼の主張には疑問の余地がある。たとえば、ダーウィンの祖父がこういった問題について書いているし、ドイツの哲学者ティードマン（Tiedeman）が、１７８７年に同様の関心を述べている

(Denis, 1972)。また、ステッドマン (Steadman, 1982) は、イギリスの多くの地方図書館のアーカイブには、母親たちが子どもについて書いた未刊行の観察記録が山のように残されていると報告している。子どもとそのありようというのは、太古の昔から好奇心あふれる大人の不断の関心の的であったと見るのが妥当であろう。

しかし、いくつかの重要な意味で、ダーウィンは確かに近代的な子どもの研究の歴史の重要な始まりを象徴している。19世紀と20世紀初期にこのテーマが生物学的普遍性という観念であふれかえるに至ったのは、彼の関心を通してなのである。しかし、実際のところ、ダーウィン自身は、この屈折がここまで強くなることを意図していなかったかもしれない。彼は、進化論の重要な着想を得た、あの有名なビーグル号に乗船した後、1839年に生まれた長男のウィリアムの観察記録を8年間つけていた。ウィリアムに関する記録は大量で広範囲にわたり、たとえば何が本能的なもので、何が学習されたものかといった、多くの興味深い推論を含んでいる。ダーウィンは、これらの観察を後の2冊の著作、『人及び動物の表情について』(1872) と『ある幼児の生物学的スケッチ』(1877) に用いている。これらのテクストで彼が論じたことの一つは、人間の子どもが養育者を理解する能力をすぐ獲得するということである。これは、言語を理解する能力を獲得するよりも前に生じる。養育者たちによって伝えようとされているものの意味を見つけ出す能力は、顔の表情や言葉のイントネーションを読むことで獲得されているようであった。ダーウィンはここから、人間の能力は、動物の祖先が行使していた能力から徐々に進化したと考えた。しかし、彼が論文に用いたのが、かつての記録のごく一部であったということが興味深い。彼の目的は、全体としては、人類の発達における生物学的プロセスの役割に焦点をあてることであった。これは、彼の進化論が宗教秩序にもたらした大騒動を考えれば、理解可能であろう。にもかかわらず、このことは、彼の関心の的が、記録における幅広くヒューマニスティックな観察と比べたとき、狭くなっているということを意味している。たとえば、彼は高度な精神的な過程には相対的にわずかな関心しか払っておらず、これは、彼が（誠実にというかその反対にというか）公に述べたように、そのような研究に食指が動かないという事実によるものである。

にもかかわらず、ダーウィンの論文は、いわゆる児童研究運動[31]という形で、子どもの発達への関心の波を引き起こした。この活動の盛り上がりは１８８０年代から１９１０年代まで続き、その影響はさらに長く続くことになった。そのアプローチは、次の２点に特徴づけられる。まず、科学であることが主張される。ジェームズ・サリー（James Sully）が、１８９５年に以下のように記している。

> 私たちは科学の時代に生きており、科学は幼児に探究の目を向けている。（…）私たちは今、科学的観察に習熟した者による、子どもの本性についての慎重で方法論的な検討の幕開けを語っているのだ。（Woodhead, 2003 より重引）

19世紀の思想家たちにとって、科学という魅力は軽視できない。保守主義者も革命主義者もおしなべて、その威信を求めた。しかし、彼らが自らの思考を根拠づけたのは、徹底して19世紀的な科学の諸観念であった。彼らにとって、科学とは普遍的法則を発見して提示することであり、それは理論の考案を通して発見されるべきであり、理論とは、そこから予測が導き出され、観察と実験によって試されるものだと信じていた。20世紀の発達心理学の（すべてとは言わないまでも）大半が、このアプローチに基づいている。このような科学観は未だ根強いものの、20世紀には、これとは異なった主張をする新しい科学へのアプローチも登場した。確かに、後の章で論じるように、多くの自然現象や社会現象に対する最近の理解は、それらには複雑で非線形という特徴がある――したがって、決定論的な予測といった道具立てでは理解できない――というものである。

しかし、ダーウィンの遺産は、かなりの程度、子ども研究をその初期において、「子ども」についての生物学的な見方につなぎとめることとなった。ヘンドリックはこの状況を、以下のようにまとめている。

> 事実上、児童研究は、子どもを「自然な生き物」と見ることで、子どもらについての自然史研究のテクニックを広める手助けをした。影響力のある論者たちの講義や文献や実践によって、子どもの思考は大人のそれとは異なるという見方、正常な精神発達には区切られた段階が存在するという見方、そして子どもと未開人たちの精神世界には類似点が存在するという見方を大衆化した。[32]（Hendrick, 1997b: 48）

この引用が示唆するように、このアプローチが大衆化した理由は、単に議論に知的な力があったからとか、ダーウィンが科学の巨人であったからといった点からのみでは説明できない。〈子ども〉を自然な原始人とみなすことは、19世紀、20世紀的な帝国と人種への関心においても見られる。〈子ども〉《ザ・チャイルド》は、〈大文字の他者《ジ・アザー》〉の例であり、あらゆるそのような「原始人」の同類であり、そして「文明人」と「非文明人」を分ける巨大な隔たりの実例となった。この区分は、国内においては社会的区分、すなわち19世紀から20

世紀の社会政策における「やっかいな階級」をいかに処遇するかについての継続的関心へと、国外においては〈他者〉、すなわち人種的に劣位と宿命づけられた帝国支配の従属者へと適用された。しかし、このような発想とイデオロギー的に近いとはいえ、児童研究運動を、19世紀の別の重要な展開の一部と見ることも可能である。すなわち、〈国民〉《ザ・ネーション》と関係するものとして子どもを構築するという動きである。ヨーロッパや北米の産業社会における義務教育の出現は、社会集団としての子どもをかつてないほど可視化した。国際的な軍事・経済競争の国家的資源とみなされるようになったものの身体的・精神的状態についての研究や議論を通して、フーコーの用語を用いれば、さらなる「生権力」的関心が生まれた。子どもは投資の対象となり、「国家の子ども」（Hendrick, 1997b: 49）とみなされた。

児童研究運動それ自体は、20世紀初頭の10年間に衰退していった。だが、その遺産は20世紀後半まで子ども研究のメインストリームにおいて真剣に疑問視されることなく、行動の生物学的起源を強調し、〈19世紀的〉科学知の発想を好むところに引き続き残っている。しかし、逆説的にも、その起源を〈子ども〉の生物学的概念化に持つにもかかわらず、この運動は、「子ども」がもはや自然に立ち現れるものとはみなされない状況を作り出していくのを手助けした。つまり、子ども期は専門家の注意と介入を必要とするという考えを、促進することとなったのである。この道筋が開かれたことで、第二次世界大戦前後の数十年における、子どもに関する研究の発展の多くが説明できる。「子ども」を自然な現象に位置づけようとする、本質的に生物学的なプロジェクトとして始まったものが、「子ども」の社会的な側面への関心の高まりを帰結したのである。子ども研究はこうして、社会的要素を徐々に増していく、不均等な軌道を描き始めたのである。

小児医学

子ども研究に貢献した学問分野のうち、「生物学的なもの」に「社会的なもの」が付着していくのを経験することになったものの一つは、興隆しつつあった小児医学であった。このプロセスを追尾しながら、アームストロング（Armstrong, 1983）は、医学解剖図に見られる身体の表象が、18世紀末から、フーコーが「パノプティコン」と名づけて新しい監視の技術を伴うとしたような、新しい規律権力の形態を通して構築されるようになったと述べている。こういった表象は、（病人、とりわけ貧しい病人が家から連れて来られる先である）病院の診察と（体の内的な働きが可視化される）解剖台のプロセスを中心とする。病人とその身体は、医者の集中した微視的で入念なまなざしにさらされ、その症状は記録され、説明され、分類される。ある状態の原因が身体の特定の場所にあると突き止められると、解剖図と病理学が召喚される。しかしながら、このような観察と測定は何万回も繰り返されるが、それによって構築される身体なるものは、個人的で生物学的なものである。その痕跡かつ保管先はその個人の症例記録であるため、この状況は長らく変わることがなかった。これは、未だ社会的なものへと自らを投影する術を持たない身体である。

この状況を変化させたのは、19世紀末にかけての、町の診療所の発展である。アームストロングが描いたエジンバラの診療所において、主な仕事は、外来で結核患者を処置し、ニーズが測定され、生活水準が明らかになった患者を往診することであった。外来がコミュニティに入り込んで拡大していく様は、パノプティコン的実践の巨大な新領域を作り出した。

診療所はこの（引用者注：医学的）まなざし、分析の技術を洗練させ、諸個人の体ではなく、社会の裂け目へと定着させた。すなわち、これは、身体の空間的配置にその関係の社会的布置を重ねる権力のメカニズムであり（…）何よりも、絶え間ない監視に対して、人々と正常と異常の間の相互作用を可視化し、身体間の物理的空間を、権力に貫かれた社会的空間に変容させる装置であった。20世紀初頭、〈社会的なもの《ザ・ソーシャル》〉が、自律的領域として誕生した。（Armstrong, 1983: 9-10）

アームストロングが、規律社会の誕生という説明をフーコーから借りる先駆けだったわけではない。ドンズロ（Donzelot, 1979）は、フランスにおける家族の監視との関係で、ほとんど同じことを主張している。彼が指摘するように、子どもはフランスの家族を監視するアクセスポイントであり、プライバシー侵害を認める重大な道徳的理由となった。アメリカ合衆国においても、児童保護は、影響のある重要な社会運動となった（Platt, 1977）。

子どももはまた、大衆教育を通して行使され、医療的権力とも重なりあう、別のパノプティコン的権力の網の目にも組み入れられた。子ども期の病気を医学の特別で独立した分派として理解するという動きは、近代的な「子ども」の理想を、ますます幅広い社会階級のよりいっそう多くの子どもに拡大していく動きと並行して現れた。「子ども」についての教育レジームと医学レジームが交差するところで、「子ども」が予防医学の新しい実践の主要ターゲットの一つとなり、たとえば、幼い子を持つ母親たちに牛乳を提供する倉庫などを通して実践された。毎週そこに来ることで子どもは体重を測られ、成長を定期的に記録する保健師が家を訪れた。この監視は、１９０８年に学校における定期衛生調査が導入されて拡大した。１９

01年に児童病理学会が、1928年には英国小児医学会が設立された。20世紀最初の四半世紀には、イギリスではしくみが定まり、他国もそれに並行した。これを通して、子どもの健康は、それ自体で一つのテーマとなり、システマティックに測定され、モニタリングされるものとなった。

しかし、小児医学が「子ども」の社会的側面を完全に洗練させるパノプティコン的な装置を見つけたのは、第二次世界大戦になってからであった。装置とは、子どもの健康調査である。イギリスにおいて、調査の歴史は19世紀までさかのぼる。ラウントリーとブースの研究[33]がすぐ念頭に浮かぶだろう。医学領域においては、戦間期に発達した。子どもの発達に関する研究は、1920年代にアメリカにおいてゲゼル[34]によって行われたが、未だ比較的小さなサンプルに基づいた、たいてい、子どもが生活する地域や環境ではなく、特別な観察ドームにおいて実施されるものであった。ただ、イギリスにおける調査の最盛期は、縦断調査制度ができた戦後である。1946年、1958年、1970年、2000年に四つのイギリス調査がそれぞれ始まった[35]。これらの研究は、子どものコホートとその子孫を追跡調査し続けている。たとえば、1958年調査は、今は調査開始時に生まれた人たちの孫を追跡している。これらの縦断調査と同様の調査は世界の国々で行われており[36]、また、子どもの成長や発達、子育ての多様な側面を見る、多くの横断的分析もそこに加わってきた。20世紀後半には、少なくとも産業諸国で育つ子どもに関しては、重要な身体的・行動的・情動的成長パターンの多くについての膨大な量のデータが確立された。何十万もの個々の測定の産物である正常な発達と成長なるものが、異常な子どもを特定するためのテンプレートとして使われた。

このような研究において、国を代表する子どものサンプルの発達と成長が、時間をかけて追跡された。

これを通して構築されたものは、戦前期に量産された個別の子どもの病理学ではなく、「正常な子ども」の見取り図を描くことであった。小児科に医学の独自領域としての特徴を与えたのは、このような発達的視点を伴う〈正常〉なるものの強調であった。これを通して、小児医学の傘の下に「発達の生化学的、免疫学的、知的、感情的、そして社会的な多様な諸側面」を結びつけることができたのである（Apley, Armstrong, 1983: 59 より重引）。

この幅広い多面的な視点は、社会科学者によってただちに裏書きされた。たとえば、ともにマンチェスター大学の社会医学と社会人類学の上級講師であるサッサーとワトソン（Susser & Watoson, 1962）は、その著作『医学における社会学』において、社会的要素が病気を理解する重要な構成要素であるということを示そうと、これらの視点を結びつけて、以下のように述べている。

あらゆる社会において、子どもたちは社会的成熟のプロセスの三つの主要な段階を通る。これらの段階は、身体的・精神的成長における主要な変化と対応している。第一段階は、誕生からおよそ7歳くらいまでの社会的な幼児期、第二段階は、7歳から思春期の入り口までの子ども期、第三段階は、思春期から大人として社会に受け入れられるまでの青年期である。それぞれの段階の長さは、それに適切と考えられる行動同様に、社会によって異なっている。それはおそらく、一つには、食べ物や住む場所が身体的な発達率に影響するからであり、一つには、それぞれの段階の子どもに期待されている行動が社会的に決まっているからである。したがって、それぞれの段階の子どもの行動は、生理学的・社会的・文化的力の相互作用の結果である。（Susser & Watson, 1962）

この記述は、子ども研究の一形態としての小児医学がそれまで通ってきた、生物学的なものから社会的なものへの道行きを示している。小児医学は、生物学的なものと社会的なものが結合される地点へとたどり着いたのだ。両者は、どちらのカテゴリーも詳細に検討されないうちは共存できる。しかしながら、このような状況は、次に見るようにやや不安定なものであった。

児童心理学

次いで20世紀に登場した分野であり、児童研究運動の衣鉢を最も直接的に継いだのは、児童心理学であった。20世紀における児童心理学の歴史は、非常に込み入った問題であり、この限られた紙幅においては、簡単に要約をするくらいしかできない。その初期の歴史は、ここまで述べてきた小児医学の発達と重なりあっている。たとえば、英国小児学会は、１９４４年に児童心理学の部会を作り、身体障害と精神障害の堅固すぎる境界に挑もうとした。イリングワースの画期的な小児医学の教科書『ノーマルチャイルド』(Illingworth, 1986) は、身体的発達とともに心理的発達に関心を寄せ、それが発達とその相関物のパターンを確立するための相次ぐ調査へとつながっていった。

児童心理学は、大量の異なった学派を発展させてきた。スキナーの行動主義に関連した、学習の刺激反応理論に基づく学派があるかと思えば、フロイトの研究に由来する精神分析の多様な学派は、本能や幼児期の経験、後には言語における感情の複雑さといったものを扱った。子どもがいかにして言語を獲得するか――たとえば、模倣によるのか、脳に文法構造があらかじめプログラムされて発話するようになっているのか――といった点に関心を向けている人々もいる。しかし愛着理論のような他の学派は、初期の感情生活や母子の絆に関心を持っている。こういった中で最も影響力を持ったのは、ピアジェの認知能力の発達、特に形式推論能力に関する研究であったろう。

個々のアプローチがいかなるものであろうとも、心理学は、現代においても、「子ども」に関わる支配的学問的分野であり続けている。個々の子どもに関する心理学の関心は、20世紀初期に現れた社会科学の中でも覇権的地位を占めていた。ローズ（Rose, 1989）は、子どもに関するそういった幅広いトピックやアプローチを「心理複合体」と名づけ、それが、立ち現れつつあった子どもにまつわる健康や福祉の政策や実践と緊密に絡み合ったと指摘した。これらはまた、国家等が正常を定義し規制しようとする生権力の一形態でもあったという。心理学者は、機能や行動の「正常」な範囲を定義するために、子どもを検査しテストするようになった。その過程で、彼らは何が異常で病的で介入が必要かを構成した。この過程は、子どもの生活の主要な現場をまたぐものであったが、とりわけ保育所や学校へと集中していた。彼らの介入の対象はしばしば家族であり、多くの人が述べてきたように、子どもは、国家やその他の機関が家族に介入するきっかけになったのである。1920年代以降、現代に至るまで、子どもたちの異常性を特定し、何らかの形でそれに寄り添うことを旨とする専門職――児童相談所、教育心理学サービス、長期欠席生徒調査官など――が増殖した。こういった実践は、また、その遺産としての書籍や文書の山、何十もの専門協会や研究機関といったものに表れているように、児童研究に対する巨大なまでの関心があったことを示している。

このような〈子ども〉についての心理学的諸言説は、より一般的な人々にも関心を持たれるようになった。20世紀半ばまで、トゥルービー・キング[37]からベンジャミン・スポック博士[38]といった大衆的書物が、適切な養育のために子どもに何が必要かについての最新の心理学を反映していた。こういった書物を通して、児童心理学の用語が日常の会話や実践に入り込んだ。「トイレットトレーニング」や「発達段階」、「心の絆」といった単語が、子育ての日常にあふれた。専門家が親にアドバイスし、その相談内容を幅広い範囲の雑誌やテレビ番組で広め、心理学を、子ども期を知識の対象として位置づけるのに「自然」な場所として、確固たるものにしていった。

しかし、20世紀末にかけて、心理学の「子ども」の捉え方への批判が高まっていった。批判は、学問分野としての心理学の内外から起こった。アリエス以降の知的風土においては、生物学的にであれ、文化的にであれ、「子ども」を普遍的な定数とみなすのではなく、変数であり、変わりうるものだとみなすことが可能となった。社会・文化人類学の知見が、このような洞察の可能性を補強し強化した。心理学もこれらの議論から距離をとってはいられなくなり、同様の議論が様々に論じられた。１９７０年代までに、行動の社会的文脈により敏感な批判心理学が現れた。たとえば、この新しい心理学の思考において重要で影響力を持った主張は、リチャーズ編（Richards eds., 1974）やリチャーズとライト（Richards & Light, 1986）の書に見出せる。２冊目の論集において、彼らは以下のように述べている。

> 前著の中心テーマは、あらゆる社会、あらゆる時代において有効とされた普遍的法則に基づいた心理学を批判することであった。〈母親《ザ・マザー》〉や〈子ども《ザ・チャイルド》〉といった大文字の用語が、無意味な一般化を含意してしまうのみならず、個人と社会的世界の関係性を誤って表象し、社会の編制をあたかもそれが自然の固定的な法則である

かのように描き出してしまったと論じた。(Richards & Light, 1986: 3)

間違いなく、大陸ヨーロッパの伝統においてはそれほどではなかったが、英米の伝統においては社会的文脈は隅に押しやられてきた。そうであったとしても、批判的思考は、決して1980年代までに多数派になることはなかったとはいえ、勢力を増していった。この批判的アプローチの中心には、子どもはそれぞれの社会的文脈の中で形作られるのであり、この事実は心理学的説明から捨象されてよいものではないという考えがある。

このような影響力のある発言の一つは、ブロンフェンブレンナー(Bronfenbrenner, 1979)であろう。彼のいわゆる発達の「生態学的モデル」は、同心円で図示される、多重の社会システムを描いた。生態環境の最も内側の円はミクロシステムと呼ばれ、家庭、学校、地域といった、子どもと家族にとっての日々の直接的リアリティを示している。このシステムの中にいる個人は、動態的で常に発達するものとみなされている。行動場面(家庭、学校、職場、地域)の間のつながりや相互関係は、メゾシステムと呼ばれる。それとは別の円はエクソシステムとされ、直接人々を巻き込んではいないが影響しているような、一つ以上の行動場面のことを指す。たとえば、親の職場やその子どもへの間接的な影響、互いに支えあう友人のコミュニティネットワークなどである。最も外側の円=システムは、マクロシステムと呼ばれる。マクロシステムは、広範な互いに関連しあった信念や態度、経済やメディアや移民や公共政策決定といった社会システムを表している。この社会生態学アプローチは、発達とは相互作用と調整によるライフサイクルにまたがる互酬的なプロセスであり、個人をますます大きな文脈へと巻き込んでいくものだという前提を掲げている。別々の円として描かれたものの、このアプローチを使う場合は、個人とその多様な環境の間の互酬と相互作用を引き起こすものとしてそれらを捉えるように促される。

さらにもっとラディカルなのは、ロシアの心理学者、L・S・ヴィゴツキーのアプローチである（Vigotsky, 1962, 1978）。その発想は1920年代のソビエト連邦で形成され、1960年代以降、西側の心理学者たちに取り上げられるようになった。ヴィゴツキーは、マルクス主義的な弁証法的唯物論に自らの発想を位置づけ、子どもの認知的発達における社会的・文化的生活の役割を強調した。彼のアプローチの根底には、社会的関心と生物学的関心を包含する心理学を確立したいという関心があった。この頃には、心理学は、個別の独立した実在としての人間の意識を研究対象とする研究者と、心理プロセスを生物学と生理学の付帯現象と見る研究者とに分離していた。ヴィゴツキーは、この二元論を「媒介された行為」という観念で超越しようとした。この観念は、社会化過程で、子どもは、他の人間たちとの共同活動に参加することを通して、文化の一部になる手段を内面化するというものである。このプロセスで彼らが獲得するものには、言語や信念、規範、事実、人工物、行動様式などがある。ヴィゴツキーによれば、社会は物質的・言語的双方の象徴的ツールを供給し、それが思考の発達を形成していく。したがって、認知とは、子どもが育つ生活の諸条件や実践から分離されたものではありえない。つまり、思考は個人の頭の中にあるのではなく、物質的活動であり、共同活動を通して集合的に構成され、歴史的に状況づけられた文化と個人との間で起こる相互作用の中にあるとみなされる。[39]

社会的なものの上昇

1980年代までに、子ども研究は、生物学的存在としての子どもを扱う中で、小児医学と心理学の双方において、社会と文化が重要だと十分理解される地点に至った。これは決して、社会的なものの組み込まれ方が適切であったと言いたいわけではない。第一に、社会生活は常に、生物学的現象を扱う際に使われてきた客観的で価値自由な事実の産出が重要だという主張とともに、科学的方法の名の下に、医学的・心理学的思考の中に取り込まれてきた。これらの学問分野の外縁部では、科学が普遍的に適用可能なものか否かという疑問が提起されてきているものの、社会生活は自然と同じ用語系の知とみなされた。第二に、「子ども」について思考する際に社会的側面に注目すると言っても、それが一様に起こったわけではない。このプロセスは系譜学的であり、ある分派や実践家が新しいより社会を考慮した一団を作り出し、他の流派には触れずにほぼ放置した。見えてくるのは、生物学的・心理学的なものに社会的なものを加えたモザイクである。社会的側面が生き生きと受け入れられた場面もあれば、考慮されないままの場面もある。もちろん、これは通常の知の発展の仕方である。

おそらく、こういう具合になるのは、一般に（西側諸国の思考においてつい最近認知されたヴィゴツキーのようなパイオニアを除けば）、方法論というものは古いものに新しいものが追加されていくものだからであろう。近代主義的思考方法において、自然と文化は、二つの多かれ少なかれ等価だが異なった原則だと考えられた。鍵となるのは、混合物を構成する際に、それぞれが「どの程度の割合で」見られるかという問いであった。この付加型のアプローチにおいて暗黙に前提とされているのは、自然と文化に対する二元論である。これは、コール（Cole, 1998）の、彼が20世紀の子どもの発達に関する支配的理論と見る、自然と文化の三つの二元論モデルについての議論によく捉えられている。それぞれのモデルは、生物学と文化の相互作用を捉えている。一つ目は、ゲゼル（Gesell）である。彼は、生物学も文化も重要だと認識しつつ、内生的な生物学的成長のプロセスを最重要視している。この見方では、社会的環境は、発達の強度やタイミングに影響しうるものの、その基本的な方向性には影響を与えられない。それは、生まれつきの成熟メカニズムによって決まるのである。このような基本的図式は、心理学的思考の第二の流派、行動主義においても同様である。ただ、こちらにおいては、割合が逆に見積もられている。生物学的なものは、社会的環境に根差した自発的な条件づけ行動によって整形・造形される、粘土の塊のようなものとされる。ピアジェに代表される第三のモデルは、どこかより洗練はされているが、依然として二元論的な説明図式である。ここにおいて、生物学的要因と社会環境的要因とには同等の重みが与えられ、互いに相互作用するものとして描かれる。ただし、ピアジェは、個人はまた、自らの発達の道筋を形成する能動的な要素であると頑なに信じていた。個人は、環境に合わせて調整する作業に関わるからである。

社会構築主義

このような二元論的見方は不適切であったものの、それぞれに、子どもを異種混淆のもの、どこか生物学的でもあり、社会的でもあると見ることができている。［しかし］このような立場は、20世紀末に劇的に脅かされた。一つの原因は、社会生物学周辺で、１９７０、１９８０年代に自然／文化についての議論が政治化したことである。これについては、第4章で紙幅を割いて言及するが、ここでは、社会生物学的発想の第一波は、社会生活を生物学的な形態へと還元してしまう傾向ゆえに、多くの社会科学者に反発されたということにのみ触れておけばよいだろう。さらに、この議論における「社会的」側面と「生物学的」側面は政治化され、社会生物学の提唱者たちは右翼的発想と結びつけられ、反対者たちは左翼と結びつけられた。この事態は議論を二極化し、生物と文化の結びつきがいかなるものかを探究するのが難しいムードを作り出した。

社会生活が異種混淆の素材で構築されるという方向への探究を弱体化させた二つ目の原因は、社会生物学の還元論への反動であった。後に「社会構築主義」として知られるようになる、影響力のある考え方の登場である。その最も一般的な意味において、この用語は、社会学的伝統において公理とも言うべきものを指している。すなわち、現実とは特定の社会状況において形作られ、歴史や文化に応じて変化し、意図的であれ意図せざるものであれ、変化に開かれている、というものである。この立場もまた、自然と文化を二元論的に捉えている。社会構築主義がもたらすのは、社会分析の領域を作り出すために、「社会的」なものを「生物学的」なものから分離するということである。そのため、社会的なものの領域を可能な限り広くとり、生物学的なものの領域から可能な限り奪い、可能ならばそれを残余とみなすという傾向があった。たとえば、「子ども」に直接関係ない例だが、性別の問題で言えば、社会構築主義者の立場は、ほとんどの重要な現象を「ジェンダー」の問題、すなわち、歴史的・文化的現象とみなし、「性別」（通常は生物学に残された残余領域である）との間に境界線を引くことである。これは後に、ハラウェイ（Haraway, 1991: 134）のようなフェミニスト批評家に、現代のフェミニズムは自然／文化の二項対立的論理を一貫して拒否し続けねばならず、それは性別／ジェンダーの区別に拡大されるべきであると論じさせることになる。

しかしながら、社会構築主義者の立場は、20世紀末に向けて発展していくにつれ、自然を文化と対置させるだけだったときより、はるかにましになっている。社会理論で「言語論的転回」として知られる、社会解釈学とポスト構造主義言語学の融合の影響を受けたのである。ウェーバー以来、社会学者は、社会的行為と相互行為には意味があり、社会生活は解釈学的な性質を持つと議論してきた。社会生活はテクストのように解釈して読むことができるし、ある意味、そのように読まれねばならない。構造主義およびポスト構造主義的な言語理論は、まず文学研究において、そしてカルチュラルスタディーズの到来を告げる一連の発想の網の目の中で、強力に発展した。しかし、これらの発想は、社会科学において影響を持ち続けている。最も重要なことに、言語論的転回は、社会は言語を通して構築され、その意味でテクストのように取り扱えるのみならず、それ自体がテクストであるという発想を推し進めた。意味はテクストの外部の指示対象によってではなく、テクストの用語間の関係性の構造によって生成されているのである。この立場を強調することは、言語を単なる指示対象の反映ではなく、それを作り出す権力を持つものとみなすという言語観を支持していることになる。表象を作り出す留め具の構造がより可視化されれば、産出されるものが、表象された「現実」の安定的で固定的な鏡像ではないということが、より明らかになる。表象は、額面通りに受け取れない。「同じ」対象についての、異なった視点や社会的利害を反映した、異なった表象が産出されることもありえるのである。

しかし、言語論的転回の問題は、ラトゥールによれば次のようなものである。

＋ これらの哲学の大いなる弱点は、彼らが暫定的だとしたもの、棚上げしたものを、自律化した言説に繋ぎ留めるのが極めて困難だということである。棚上げしたものとはもちろん、自然の側にある指示対象と社会／主体の側にある話者である。（…）自然は認識論者の手に、社会は社会学者の手に委ね、そして言説は自動化するとなれば、これら三つの材料を一つに縫い合わせることなど到底できはしないのである。（Latour, 1993: 63-4 [=2008: 113-114]）

自然・社会・言説は、行きすぎた純化の働きにより、多かれ少なかれ互いから分離してしまった。それらを縫い合わせる媒介、ネットワーキング、ハイブリッド化といった点は、無視されてきた。そして、この動きにおいて、それらを通して私たちの世界が実際に構築される、異種混淆の素材や多様なプロセスは見えなくされた。

子ども研究への社会構築主義者の参入は、そのような効果をもたらしてきた。「子ども」が歴史的・社会的・文化的現象として理解されるべきという合意は広範に存在し、「子ども」は自然なものだという観念に対置されている。この立場を示す『「子ども」を構築／再構築する（*Constructing and Reconstructing Childhood*）』の以下の箇所は、非常に頻繁に引用される。

子どもの未熟さは生物学的な事実であるが、その未熟さがいかに理解され、いかなる意味を与えられるかは、文化の問題である。（Prout & James, 1990: 7）

字義通りにとれば、ここでは自然と文化を通約不可能な領域として設定している。社会的・文化的なものとしての「子ども」というのは、言説の効果として理解される。このような視点をより強く打ち出したのが、レックス＆ウェンディ・ステイントン＝ロジャーズである。

> 根底にある理論は（…）非常にシンプルである。私たちは、物語によって産出される世界に生きている。聞かされた物語、語った物語、生み出した物語によって。(Stainton-Rogers & Stainton-Rogers, 1992: 6-7)

この「子ども」についての社会構築主義的視点の記述の示すところは、はっきりと書かれている。「私たちは『子ども』を語りによって構築されたものとみなす（…）存在するのは『子ども』についての物語と語り手のみである」(Stainton-Rogers & Stainton-Rogers, 1992: 12)。

もちろん、「子ども」は（ある部分）言説的に構築されているという洞察は、非常に重要である。ここから派生した大変価値のある啓発的な分析はたくさんある。社会的に位置づけられた言説実践がいかにして異なった「子ども」の側面を理解し作り出すのかを見せることは、非常にやりがいのあることである。しかし、従来「自然」と書かれていたところに「社会」と書くだけの、単なる言説の反転に陥る危険もある。第4章で見るように、「子ども」についての構築主義的説明は、しばしばこれ以上に曖昧なごまかしに堕している。そこでは、生物学的要素は括弧に入れられ、ほとんど注目されないか、可能性の条件を限定する「最後の一要素」の役割を与えられる。

同様に、このような立場は世界を自然なものと、社会的・文化的なものとに二分せねばならないため、実際に子どもが育つ世界の性質を捉え損なっている。たとえば、次のような言明を考えてみよう。

「子ども」は社会的な現象である（…）子ども期の文脈や社会的実践は社会的に構築されている。子どもが育ち、時間を過ごす環境で、「自然」なものは多くはない。西洋社会における子どもは、家と教室と遊び場、バスその他の交通機関、ショッピングモールやディスコに集まっているのである。これらは、子どもの生活を規制する人類の創造物である。（Maybin & Woodhead, 2003）

「子ども」の文化は大いに社会的なものである。西洋社会における子どもにとって、それらは無数の共通の活動を通して表現されたものである。同輩集団の遊びや文化、服装や行動のスタイル、話し方、電話や携帯、携帯メール、チャット、商業的おもちゃ、テレビ、コンピューターゲームその他のメディアの消費形式を通して。（Kehily & Swann, 2003）

この二つの文章は、「子ども」の社会構築主義的見方を唱えている。そこにおいて、車や電話やテレビといった人工物を、「子ども」の「社会的」性質の証拠として捉えるように求めている。それらは「自然」なものではないと言われている。一瞬でも考えれば、これはおかしいとわかるだろう。実際、このような語りは、自然と文化を分離し、すべてのものをどちらかに帰属させようとしているときにのみ意味を持つ。実際には、技術的人工物には、（すべてではないにしても）たくさんの「自然」なものがあり、（すべてではないにしても）たくさんの「社会的」なものがある。それらは、まさに自然と文化のハイブリッドなのである。

結論

　ここまで議論してきたように、子ども研究におけるダーウィンの遺産は、それを生物学と結びつけたことある。20世紀を通して、そこにさらに「子ども」の社会的次元を付け加える傾向があったが、社会的なものを生物学的なものに対置させようとしたため、両者の分離を主張するに留まった。20世紀後半には、社会構築主義が、人間の生物学的未熟さは普遍的なものだと認めつつも、「子ども」を、多かれ少なかれ純粋に社会的で文化的な現象で、空間的・歴史的に変化するものとみなそうとした。この新しい思考が、生物学的な側面にほとんど注目を払わず、むしろ括弧に入れようとしたのは驚くことではない。したがって、社会構築主義的な「子ども」の説明への動きは、社会と生物学の根本的な分離を引き起こした。本書を通して、私は、このような二元論的な対立項は究極的には役に立たず、子ども研究を先に進める持続的な道筋を示してくれるものではないと主張したい。後の章では、いかに「子ども」が異種混淆の連なりとみなせるか、そこにおいて「子ども」の社会的・技術的・生物学的側面がすでに「純粋でない」かを考えたい。しかし、その前に、次章では「子ども」の研究における現代社会学の貢献について、もう少し詳しく見てみたい。

第3章　社会的なものにまつわる二元性

私たちは、構造のはびこる世界に暮らしている。歴史的に形作られ、固められた、諸素材の集積にほかならない、地理的・生物学的・社会的・言語学的構築物の複雑な複合体の中に。この複合体の中にさらされることで、私たちは自分たちを取り巻く他の歴史的な構築物と様々に関わらざるを得ず、このような相互作用を通して、私たちは新しい組み合わせを生み出し、その中には創発的な特徴を持ったものも出てくる。これらの相乗的な組み合わせが、人間由来のものであろうともなかろうとも、今度は、さらなる混合の原材料となっていく。新しい素材が混合に取り入れられると、新しい形態が次から次へと自生的に増殖するため、このようにして、この惑星に存在する諸構造は、豊かな多様性を獲得してきたのである。(De Landa, 1997: 25)

はじめに

文化と自然の二分法的対立項のまわりで子ども研究がいかに構築されたかが、第2章の中心的テーマであった。本章では、子ども研究に近年生じた社会学的転回を批判的に振り返りたい。この展開が作り出した問題を考察し、私がこの分野を先に進めると信じる新しいテーマや方向性をいくつか示したい。ここで論じる中心的な問題は、前章からすでに見てきたものである。社会学の中に「子ども」の場所を作り出す作業は、近代主義的社会学が前提とした対立的二分法を再生産することを通して達成されてきた。そういった二分法の中には、自然と文化の対立も含まれているが、本章ではさらに、構造と行為体《エイジェンシー》、個人と社会、存在《ビーイング》と生成《ビカミング》を指摘したい。これから述べようとしているポイントは、子ども研究はこれらの二分法を乗り越え、二元論的ではない分析資源を展開していく必要があるということである。

子ども社会学

1980年代と1990年代における子ども社会学の登場は、単に子ども研究の「社会的転回」の一部にすぎなかったとしても、何かが結晶した瞬間であった。[40] 国際的に、子ども社会学は急激に発展し、その問題設定は、社会学的アジェンダの中に、まじめに、そしてかつてないほどの水準の関心を伴って、位置づけられた。社会化という概念が、子どもを受動的なものとみなしているとか、個人に焦点をあてすぎているとして批判された。社会化論は、大人になってからの結果に照準しているため、成長のプロセスを周縁化し、子ども自身の行為や文化を脇に追いやってしまっている。心理学的子ども言説で支配的な発達主義は、合理性の基準としての「大人」を設定し、発達の推定される諸段階を自然なものとみなし、歴史的・社会的・文化的研究が否定する「子ども」の普遍性を仮定したとして批判された。プラウトとジェームズ（Prout & James, 1990/1997）は、多様な批判的要素を、「子ども社会学の新しいパラダイム」のためのスローガンとしてまとめた。その6点を、そのまま引用しよう。

1 「子ども」は社会的構築物として理解される。そのようなものとして、「子ども」は、人間生活の初期を文脈化する解釈枠組みを与えてくれる。「子ども」とは、生物学的な未熟さとは区別されるもので、人間集団の自然な特徴でも普遍的な特徴でもなく、多くの社会の特定の構造的・文化的な構成要素として立ち現れるものである。

2 「子ども」は、社会分析の変数である。階級やジェンダー、エスニシティといった他の社会変数と分離することはできない。比較分析や異文化間分析によって、唯一普遍の現象ではない、多様な複数形の「子ども」が明らかになるだろう。

3 子どもの社会関係は、大人の視点や関心とは独立に、それ自体で研究される価値がある。

4 子どもは、自分たちの社会生活、身の回りの生活、自分たちの暮らす社会の構築や決定に際し、能動的とみなされねばならない。子どもは、社会構造や社会過程の単なる受動的な従属物ではない。

5 エスノグラフィーが、「子ども」の研究にとって特に役立つ方法論である。エスノグラフィーでは、実験やサーベイ型の研究で通常可能な以上に、子どもたちにより直接的な声を与え、社会学的データの産出に参加してもらうことができる。

6 「子ども」とは、社会科学の二重の解釈学が非常によくあてはまるような現象である（Giddens, 1976 参照）。つまり、子ども社会学の新しいパラダイムを宣言するためには、社会における「子ども」を再構築するプロセスに参与し、それに応答していかねばならないということである。

（Prout & James, 1990: 8）

この「新しいパラダイム」の前提にあってそれを特徴づけるのは、かつて「子ども」の社会的性格に焦点をあてようとした社会学者たちが考案した、多くの理論的資源である。第一に、１９７０年代に、主としてアメリカで発達した、相互作用論の影響がある。この立場は、社会化概念を、子どもたちを非常に受動的に描いてしまうとして問題視してきた（たとえば Dreizel, 1973 参照）。第二に、１９９０年代に、主としてヨーロッパで、「子ども」を社会構造上の永続的な特徴と見る、構造主義社会学の再興があった（たとえば Qvortrup et al., 1994 参照）。第三に、１９８０年代にヨーロッパとアメリカの双方で、社会構築主義が、「子ども」という自明だった概念を問題化して揺さぶり、相対主義的視線にさらしていった。この立場は、様々な子ども期が歴史的・一時的に特有なものだと主張し、それらが言説によって構築される様に焦点をあてた（たとえば Jenks, 1982, 1990 参照）。最後に、メイヨール（Mayall, 1994）のような論者が、子どもを大人の抑圧に服するマイノリティグループとして描くために、フェミニズム研究を援用していった。

近代主義的社会学

「子ども」の新しい社会学的アプローチを作り出す仕事は、第1章で論じたような激しい社会変化を背景として登場してきた。以前の「子ども」表象は、「子ども」の多様化や不安定化を含む社会的・経済的変化の中で、不適切なものとなった。しかし、このように社会生活が複雑で、乱雑で、無秩序なものとなったことが、近代主義的社会学全般をも掘り崩し、後期近代には不適切なものにしてしまった。近代主義的社会学の中心プロジェクトは、社会秩序の原則を探すことであった。社会学者たちは、何百万もの個人が一貫して、安定的で、構造化された社会全体を作るのをいったい何が可能としているのかを問うた。答えは幅広い。マルクス主義社会学において、答えは、社会的・文化的生活を（もちろん最終的に）形作る、階級システムと階級闘争を生み出す生産様式の弁証法的展開にあると考えられた。デュルケーム学派の答えは、共有規範と道徳的価値に根差した社会的連帯であった。ウェーバー学派は、企業や国家や軍隊において近代組織を作り出した、道具的合理化のプロセスを強調した。しかし、大まかに一般化すれば、これらはどれも、「社会」を大きな、それぞれの好みの原理によって秩序づけられた（たいていは国民国家によってまとめあげられた）、何らかの安定した塊と見た。このように社会生活を描き出す努力において、矛盾は極力排除される必要があった。こういった主張を、二分法的な対立項の組み合わせを通して理論化する傾向があった。バウマンの主張を繰り返せば、このことが「分離することへの強迫」を作り出してきた。「近代の知と近代の実践の双方の中心枠組みは、対立項――より正確に言えば二分法である」（Bauman,

1991: 14)。

近代主義的社会学は、社会的世界を別個のトピックに振り分けていく二分法の増殖によって特徴づけられる。構造／行為体《エイジェンシー》、ローカル／グローバル、同一性《アイデンティティ》／差異、連続性／変化などの。しかし、著しく無秩序で、混ざり合い、ハイブリッドで、複雑で、不純で、矛盾に満ち、移りゆく、流動的で、ネットワーク的な現象があふれかえった諸社会に直面して、社会理論は分析の新しい用語を探さねばならなくなった。いかなる概念が作られようとも、それらは皆、モダニティが懸命に目指したように対立項を整然と分離するのは、もはや現代の社会生活を理解するのに適切ではないという感覚を言い表そうとしていた。現代の子ども社会学が登場したのは、このような時点、つまり、社会生活の特徴の変化のただ中であり、社会理論の危機の最中であった。それは、すでに自己懐疑と不安定化と問題化の時期に入った、社会学的伝統と理論的装置に結びついて登場した。1980年代や1990年代、社会学はいわば、20世紀の大半にわたって社会学に知をもたらしてきた近代主義的前提を掘り崩す一連の複雑な社会変化に、必死に追いつこうとしていた。これに伴う問題は、近代主義的な社会理論に「子ども」を取り扱う余地があまりなかったということである。そのため、子ども社会学は二重の課題を頂戴することになった。第一に、「子ども」の場所を社会学的言説の中に作ること、第二に、現代の不安定化する現象の一つとしての、「子ども」の複雑さと曖昧さとに向き合うことである。

これには例外があり、図式を誇張しすぎているかもしれないが、私の見るところでは、全体としては、新しい子ども社会学は、この課題の第二の部分には、現在ようやく取り組み始めたところにすぎない。むしろ、今までの努力の大半が、近代主義的社会学の中に「子ども」の場所を空けるほうに費やされてきたし、その努力自体が、近代主義的社会学の枠内でなされてきた。つまり、一連の二分法化された対立項の内部で達成されてきたのである。たとえば、新しい子ども社会学の二つの鍵要素、子どもの行為者能力《エイジェンシー》と、社会構造の形式としての「子ども」という発想[41]は、近代主義的社会学から、ほぼ修正されない形で直接的に導き出されたものである。このことが、いくつかの奇妙なパラドックスをもたらしてきた。社会理論が、主体を脱中心化することで、後期近代と折り合いをつけようとしているまさにそのときに、子ども社会学は、子どもたちの主体性を認めようとしていた。また、社会学が、移動性や流動性や複雑性といったメタファーを探しているときに、子ども社会学は、構造としての「子ども」という大建造物を打ち立てようとしていた。子ども社会学は、まさにモダニティで進行している変化に適合した社会理論が構成されようとしているときに、モダニティの入り口に到達したのである。そして、近代主義的社会理論それ自体が、その概念範囲を超え出たり、それを無にしたりする社会変化によって破壊されつつあるときに、近代主義的社会理論に追いつくべく駆けこまねばならなかったのである。つまり要約すると、社会学の「子ども」との邂逅は、後期近代によって特徴づけられる。ただ、その邂逅は皮肉な形であった。モダニティに関する社会学的諸前提が侵食されようとしているまさにそのときに、その諸前提が遅まきに「子ども」に到達したのである。

子ども社会学の二分法

子ども社会学は、近代主義的社会学の対立的二分法の内部で、それを超えない範囲で、立ち上がったのである。第2章では、この議論を、自然と文化の対立という観点から見た。この点は、第4章で「子ども」の生物学的側面を見るときに再び取り上げられることになる。しかし、議論の現段階では、自然／文化の二分法にうまくアプローチするには、社会的構築物としての「子ども」を批判的に検討するのがよいだろう。知識社会学同様に、社会構築主義は共存し、重なりあい、衝突しあう、「子ども」の複数性を強調する。その強みは、すべての現象が関係論的に産出される方法に関心を向けるところにある。たとえば、「大人」も「子ども」も、言説行為の中で産出される効果として扱われる。社会構築主義はまた、行為体《エイジェンシー》も構造も同様に——言説内で産出される効果として——扱う。それらがいかなる条件下で、いかにして互いを産出するかを知りたいと、両者を脱中心化する。この子ども研究のジャンルは、ポスト構造主義的な論考を利用するため、近代主義的社会理論の二元論に直接挑戦しており、この意味で、子ども社会学の中での二元論の支配から逃れる方向性を示している。

しかしながら、そうすることとの代償は大きい。つまり、言説（語り、表象、象徴化…）に、社会生活、そして「子ども」を構築する際の媒体としての、独占的地位を認めてしまうのである。社会的に構築された子どもという説明は、常に言説を特権的なものとして扱ってしまう。なかには、明らかに「子ども」に対して理想主義的すぎるものもあるし、単に社会生活の物質的な構成要素について語らないものもある。せいぜい、自然、身体、技術、人工物、建築のどれに対してであろうとも、物質性に対する曖昧で居心地の悪い回避的態度があるだけである。

先述のとおり、ラトゥール（Latour, 1993）は、モダニティにおける二元性が、彼が「自然科学」を作り出す歴史的条件と見ている、文化と自然の根本的分離からもたらされたと論じた。この知の配置においいて、「科学」は文化の外部にあると考えられている「自然」をその対象とし、自然の外部にあると考えられている「文化」と「社会」は、「社会科学」なるものへと委ねられた。アーリが述べるように、「最近まで、このような自然的事実の世界と社会的事実の世界に基づく学問的区分は疑う余地もないものであった(…)自然と社会との間には亀裂が存在すると考えられていたのである」(Urry, 2000: 10 [=2011: 9])。

このことは、子ども社会学に直接関係している。社会学によって「子ども」が長いこと無視されてきた一つの理由は、「子ども」が自然と文化の区分に挑むものとみなされてきたことにある。一部自然で一部社会的という「子ども」のハイブリッドな特徴は、諸現象を二分法化することに関心を持つ近代主義者のメンタリティには、明らかに居心地の悪いものである。見出された不完全な解決策――「子ども」を自然へと(つまり、生物学や医学やそれらの延長へと)譲渡するという解決策――は、20世紀後半まで維持されてきた。これは、社会学において、社会化(社会的になる social-*ization*)という発想へと変換された。子どもは、社会的なものの一部になるまでは、自然の一部だとされたのである。「子ども」は社会的構築物だという発想に基づく子ども社会学の確立は、この観点から見ると、言説を反転させたすぎないことを露呈する。これは生物学的還元主義を反転させ、社会学的還元主義に置き換えるものである。「子ども」を自然と見る生物学的還元主義への対抗としては有益であるが、究極的には言い過ぎである。必要とされているのは、「子ども」のハイブリッド性を取り扱うことができ、二分法が要求するような「純化」にあわてて陥ってしまわずに曖昧さに耐えられるような、「子ども」の語り方だろう。しかし、自然/文化の分化は、「子ども」の社会学的分析に用いられる唯一の二分法的な対立項ではない。しばしば用いられる他のものには、行為者《エイジェント》と構造、個人と社会、存在《ビーイング》と生成《ビカミング》である。

構造とエイジェンシー

あたかも両者の分離を増幅するかのように、「子ども」を社会構造の特徴と見るアプローチと、子どもの行為者能力《エイジェンシー》を強調する人々とは、しばしば前者は子ども期《チャイルドフッド》の社会学、後者は子どもたち《チルドレン》の社会学と呼ばれる。片方だけ取り上げるならば、両方とも多くのすばらしい考え方をしている。社会構造としての「子ども」というアプローチは、ある既存の社会における、「子ども」なるものの大規模かつ永続的な様式に関心を寄せている。それを理解するために、子どもに注がれる資源配分の推移に注目する。この考え方によれば、原因と結果の長期的連鎖を考えることができ、ある社会の「子ども」の形が、そこから空間的・時間的に隔たった諸現象によって形作られるとみなせる。しかし、問題のほうに目を向けると、このようなアプローチはたいてい、最も一般には国民国家という意味で安定的で境界のあるものを維持するのに何が必要かや、それらの内部ないし間の「子ども」の比較パターンにどのようなバリエーションがあるかに関心を寄せている。このアプローチは、国家と同義とされた諸社会の間の境界が変化することや、境界を横断する流れがあることには、どちらかと言えば関心を持っていない。境界を取り締まる国民国家の権力の相対的な低下には悩まされず、自明とされた境界の内部の「子ども」の形を均質と見る傾向がある。それがいかにして産出され構築されたかよりもパターンに焦点をあてるというような、ある種の数学的形式主義に陥る傾向があり、その結果として、いかにして規模や安定性が達成されたのかを軽視する傾向がある。このアプローチは、ある活動のパターンがいかにしてその規模の大きさに到達したのかや、まさに「構造」というメタファーで表されるような安定性をいかに獲得したのかを理解しようとするのではなく、大規模なパターンが個人ないし集合的行為主体の行為を説明できるとみなしている（Canon & Latour,

1981）。

子どもを行為主体《エイジェント》と見る研究は、このアプローチの鏡像である。「子ども」――ここでは、たとえ一国民国家内部の話だったとしても、単数形ではなく複数形である――は、人間の行為主体間の反復的相互作用を通して、より多様かつローカルに構築されるものとみなされている。社会生活は総じてより偶有的でもろく、継続的に働きかけ、維持し、修復されるべきものとされる。大規模なパターンは認識されているが、「外部の」構造が提供するとされている資源や制約に言及することで、どちらかと言えば認識している素振りをするといった体である。これがいかにして達成されたかは、めったに詳しく説明されない。子どもの行為者としての能力《エイジェンシー》は、しばしばもっともらしく言及され、多くの説明を要さない人間の本質的で自然発生的とも言うべき特徴と捉えられている。このアプローチの実質的な目新しさは、子どもはとにかく行為者能力《エイジェンシー》を持っているかもしれないと見て、研究者にそれを認識したり書き留めたりするように命じるところにある。これは実際、うまくなされてきた。

個人と社会

これは、「子ども」をめぐる多くのアリーナにおける議論を通して、こだまし続ける問いである。それは、一つには、学際的な作業の問題を呼び起こし、増幅させるからであろう。とりわけこれは、心理学と社会学の思考の癖の違いを反映している。心理学者は、「個人としての」子どもなるものを中心に置き、社会を理念上の〈子ども〉《ザ・チャイルド》の発達の文脈にしてしまう傾向がある。社会学者は、「社会」を中心に置き、それを個人とは別だが個人に影響を与える客体とみなす傾向がある。次に論じる存在《ビーイング》と生成《ビカミング》のような二分法化された対立項のように、個人と社会的なものの分離は、その先に別個の系列の問いを走らせる、二つの別々の道を作ってしまった。学際的な作業を実のあるものにするには、明らかにこれ以上の何かが必要である。

第2章で論じたブロンフェンブレンナー（Bronfenbrenner, 1979）の子どもの発達の生態学的モデルは、この問題への回答として作られたものである。そこでは、〈子ども〉は、多重のシステムの中心に描かれていた。これらは、「ミクロ」（家庭や学校）から「メゾ」（地域）を通って「マクロ」（経済やメディア）へと移行していく。このアプローチは広範囲に採用されており、主として、「レベル」の問題という、社会科学では広く知られている論点を解決してくれそうに見えるために、よく使われる。多様な学問分野ごとの言語において、異なった説明がなされているものの（たとえば、社会学では「ミクロ」と「マクロ」という用語で説明されている）、これは、社会現象は、その行為の直接的な近さにあるものとの関係だけでは、ほとんど理解できないという事実を示している。その場所から遠いものが、そこで起こることを作り出し、それに影響を与えるとき、いわば、「遠隔作用」のようなものがあるのである。ブロンフェンブレンナーは、この問題を扱うシンプルで、図式的で、柔軟な方法に言及したのである。手短に述べるならば、社会生態学アプローチは、発達とは、個人をますます広範な文脈へと巻き込んでいく、ライフサイクルを通じた相互作用と適応の互酬的プロセスであると想定している。このアプローチを使えば、別々の円として描かれているものの、諸個人とその多重的な環境の間の必要な互酬や相互作用として、発達を捉えたくなるのである。

しかし、各レベルの相互作用を検証するように促されても、ほとんどの社会科学は、子どもを一つのレベルのみに照準して取り扱ってきた。たとえば、「ミクロ」に多くの関心が寄せられ、それ以外のものは、どこか不変の「文脈」として扱われる。逆に、広い文脈が研究されるものの、これと地域の状況や実践とのつながりがどうなっているのかは、検討されないで自明視される場合もある。よく出てくるのは、（クロスレベルではなく）「マルチレベル」リサーチと名づけられてきたものである。そこでは、テクストと文脈、前景と背景は、それらの動的な関わりをこそ見ねばならないのに、あたかも別々の領域かのように扱われる（Shinn & Rapkin, 2000）。したがって、レベル間の双方向的な互酬関係に注目することが推奨される一方で、それらはしばしば、実際には概念化されず、分析もされないのである。分析されたときには、文脈が、人口学的変数のような客観的で、静態的で、相対的に粗雑な指標へと、矮小化されるような形でなされていることがしばしばである（Linney, 2000）。

このような理由で、私は、生態学的アプローチは、本質的な疑問をいくつか提起したという点で進んでいるものの、文脈の問題を適切に取り扱えていないと考えている。問題に対するよい図解とはなっているが、解決のための図解ではないと言ってもいいかもしれない。このアプローチは、異なった領域（「レベル」と呼ぶのは誤解を招きやすいと個人的には思っている）の相互作用や媒介を見る必要性を強調するが、そのための概念的な道具立ては提供してくれない。その焦点は、社会生活の異なった領域を何がつないでいるか、もしくは、それらがいかにして別個のものとして構成されているかではなく、領域（「レベル」）それ自体にある。このことが、領域をやや静態的なものにしてしまうのみならず、これらの領域の存在を、特定の歴史的に限定された条件の中で実践を通して生み出されるものではなく、与件と捉えてしまうことにつながっている。

存在《ビーイング》と生成《ビカミング》

「生成者＝になるもの《ビカミングス》」としての子どもと「存在者＝であるもの《ビーイングス》」としての子どもという二分法は、最近の子ども社会学の議論の中心であった。新しい子ども社会学の論者の一部にとっては、これは、子どもを存在者であり生成者でもあるとは決してみなせないような対立項であり、しばしばドグマ的に主張されてきた。それ以外の論者にとっても、これは、いつもやっかいな［排他的］対立項であった。たとえば、クリステンセン（Christensen, 1994）は、存在／生成の区別は、子どもの「存在」が、記憶された過去と予期された未来を伴った時間の中で生きられたものと理解される場合に限って、有益だと指摘した。彼女によれば、存在は時間性を欠いてはありえない。同様に、ニック・リー（Lee, 2001a）は最近、子ども社会学は、存在と生成の両方を認識せねばならないと論じており、これは私の心に決定的に響いた。第一に、彼は、この対立項は、近代主義的社会の観点から理解可能であったとしても、雇用や家族における最近の変化に直面して、維持するのが困難なものになってきたと述べている。第1章で論じた趨勢は、「大人」をも変容させてきた。もはや、大人は必ず生涯結婚し、退職までキャリアを追求するとは、想定できない。私たちは、「再構築された家族」や「生涯教育」や「再訓練」の時代を生きている。これらの変化は、子どもの生同様に、大人の生もまた未完であるということを可視化してきた。大人も子どもも、今を生きる存在者《ビーイングス》・人としての立場に敬意を払われるべきだということを脅かされることなく、未来に開かれた生成者《ビカミングス》と見られるべきである。第二に、新しい子ども社会学は、子どもは「一人前の存在になる前段階ではなく」「それ自体で」現代社会を生きる存在者《ビーイングス》であると強調することで、相互依存の複雑な網の中に属することなく人間でありえるとでもいうような、自律的で自立した人という神話を是認するというリスクを冒してきた。そのため、リーは、新しい子ども社会学を、存在者としての子どもという発想に、一方的に基づいていると批判している。むしろ、子どもも大人もともに、皆が不完全で依存的な多様な生成者として見られるべきなのである。[42]

包摂された《インクルーディッド》中間部《ミドル》に向けての戦略[43]

これらの例は、二分法的対立項が、子ども社会学でいかに繰り返し問題を孕みながら用いられているかを描き出している。さらに、二元論的な定式にあてはめていく思考は、そこに問題があると認識されてもなお、変化に激しく抵抗する。ギデンズやエリアスやブルデューといった脱構築的な社会学が、構造とエイジェンシーの分化を乗り越えようと努力し、部分的に成功した。しかし、子ども社会学者の実践や成果には、二元論が繰り返し舞い戻ってしまう。同様に、心理学でも、マルチレベルアプローチは、いかに「マクロ」が「ミクロ」の一部に入り込んでしまうかを追跡することに成功していない。子ども社会学者は、子ども「存在《ビーイング》」に立脚するが、「大人」と「子ども」の区分がより曖昧になっているため、その前提が足元から崩れつつあることに気づいている。なかでも、自然／文化の二分法は、現代の世界のますますハイブリッド化する性格に、まったく不適切なものとなっている。

　これは、対立項に基づいた研究が洞察を生んでいないと言っているわけではない。まったく逆で、子ども社会学は生産的な試みであり、多くの新しい問いを開き、何百もの経験的研究を生み、他の学問分野の子どもの見方に影響を及ぼしてきた。しかし、「新しいパラダイム」で示されたプログラムがいかにうまくいくものであったとしても、今となっては、その可能性の限界にぶつかっていると私は考えている。かなりの子ども社会学者が、こういった問題に気づいている。ソーンは、反省と再生の必要性を指摘し、新しい子ども社会学は今やもう中年になってしまったと述べている（Thorne, 2000）。ドイツの子ども社会学者たちは、2002年のベルリンの会議で、子ども社会的研究を生き返らせる方法について議論を尽くしたが、それはその領域が行き詰まり、道を見失ってしまっていると感じているからである。同時に、批判的な声が、内部からも（たとえば Alanen, 2001a; Lee, 2001a）、外部からも（たとえば Buckingham, 2000）上がってきた。そして、新しい理論的・方法論的・経験的洞察を生んだ非常に生産的な20年を経て、新しい子ども社会学はますます問題含みとなっている。

問題とはまず、理論的なものである。子ども社会学者たちが使ってきた分析カテゴリーは、往々にして二分法的である。実際にはむしろ「子ども」が曖昧で多様になっているように思えるときに、子ども社会学は、相互排他的なロジックや、その片方で構築されている。経験的に生み出された「子ども」の多様でハイブリッドな性格と、「子ども」と「大人」の変容する境界線とを括弧に入れるのは、ますます難しくなっている。「子ども」や「大人」なるものをつかむのに使われる理論用語が相互排他性に立脚しているうちは、経験的な手触りを見つけることがますます難しくなっている。分析の際の両極の単語は互いが互いの領域の外部と定義されているため（また、自らの言説上のロジックにおいても、自分の側をそのように定義しているため）、その間のつながりを見つけるのは難しい。分析用語は、意味あるものであるために純粋でなければならず、純粋化するための不断の努力は、両極を媒介するものを消し去り、それを両極のどちらかに割り振ってどちらかの領分に属させてしまう。こうして、分析語が打ち立てた対立物の媒介やつながりから注意が逸らされる。この意味で、対立項は、両項の下ないし間にあるあらゆるものを排除し、相互依存の痕跡を消し去り、現代の様々な「子ども」が構築される様相の重要な特徴を覆い隠してしまう。

では、こういった問題を克服し、研究領域を前に進めていくためには、どのような戦略が要求されるのであろうか。二つの方法が先行研究では示されているが、どちらも適切とは言い難い。一つは、「平和的共存」とでも言うべきものである（これはもちろん、冷戦の言い換えである）。このような戦略がうまくいっているときは、二分法の別々の極に位置する多様な子ども社会学が、両者を橋渡しする領域を探究する努力は最小限に、別々の路線を走り続けることを許容できた。このやり方の問題は、論点を棚上げする以外の解決策がないということである。クヴェルトルプが書いているのは、この問題系に関するものである。自ら「マクロ構造的」アプローチと呼ぶものの主張者として、彼は「ミクロ視点」も重要だと認識している。理想的には、両者は一致するべきなのである。しかし、彼はこう続ける。

> ミクロレベルとマクロレベルのアプローチのどちらが最高かを論じる、適切な理由などない。皆がそれぞれに自身の研究上すべてのレベルをつかむことも、要求されていない。選択は、どこか個人的性向および／または気分でなされている。（Qvortrup, 2000: 93）

大きなことが小さなことより重要だなどと論じるのは、実りがないのは間違いない。しかし、世の中にミクロかマクロかの二つの尺度しかないと、受け入れる必要はあるだろうか。このように世界が見えるようにするには、私たちは傾斜を、ものが存在する際の多様な規模を、二分法に押し込めねばならない。そうすることで、私たちは、両者を媒介するものを消し去りがちとなり、小さいものが大きくなり、大きいものが小さくなるプロセスを見失う。

二つ目の戦略は、「問題発見的戯れ」と呼ばれるものである。これはジェームズらによって示されたアプローチである（James et al. 1998）。『「子ども」を理論化する（*Theorizing Childhood*）』の中で、私たちは子ども社会学の様々なアプローチを、社会学理論のメインストリームからとってきた、行為体《エイジェンシー》／構造、同一性《アイデンティティ》／差異、連続性／変化、ローカル／グローバルといった二元論のセットの中に位置づけてみた。子ども研究者がいかにしてこういった二元論を選び、検討し、展開するかが、子ども研究の四つの主要ジャンルと見るものを形作ったと論じた。[44] そうすることで、見た目とは反対に、「私たちの目的は、分離主義的な分類を生み出すことではない（…）私たちは、新しい子ども社会研究を強固にし、発展への示唆を提供する分析枠組みを提供することに関心がある」（James et al., 1998: 206）と主張せねばならないことに、私たちは気づいた。ジャンルの分離をこのように定式化したうえで、私たちは、子ども社会学者にこれと戯れ、それらをつなぎ、交錯させる新しいポイントを探すように呼びかけた。この戦略もまた、生産的でないことはなかった。理論的可能性と戯れるというのは、複雑な現実に直面したときに、多くの非常によい経験的研究が行っていることである。しかし、私たちの主要参照点を社会学の二元論的言説に焦点をあてたものにしたことは、子ども社会学をその中に押し留め、この分野が前に進んでいくときの前提を限定してしまうリスクを冒してしまった。

包摂《インクルーディッド》された中間部《ミドル》のための資源

これらの二つのアプローチが不適切であるとしたら、新しい思考を築き、探究せねばならないと述べたい。このような思考は、対立的に形作られた二分法の排除《エクスクルーディッド》された中間部《ミドル》に関心を向け、それを包摂しようとするのを助けてくれるようなものでなければならない。言い換えれば、その分野の一連の二分法があらかじめ刷り込まれたようなものではならず、「子ども」を、分離された二極のどちらか一方の極に簡単に還元できない、複雑な現象と見るべきである。私は、ここで「中庸」を称揚しているわけではない。私が念頭に置いているアプローチは、「包摂《インクルーディッド》された中間部《ミドル》」について述べているイタリアのノルベルト・ボッビオのそれと似ている。

［それは］対立する二項の間に自分の空間を探り、そこに押し入ることであって、二項を排除するのではない（…）［それによって、対立する二項は］同時に両方を見ることができないコインの裏表のように、互いに排除しあう二つであることをやめるのだ。（Bobbio 1996: 7［=1998: 11 訳は改めた］）

現代社会が私たちに突きつける、「子ども」の多様で移りゆく秩序について語るときに、いかなる類の分析言語が使えるであろうか。ここまでですでに示してきたように、子ども社会学は、現在のところでは、三つの問題含みの選択肢を提示している。一つは、大規模性や安定性、決定主義を強調する、「構造としての『子ども』」「システム」「秩序」といった一連のメタファーである。もう一つは、相互作用論に由来する、ローカルな交渉によって成り立つ秩序としての「子ども」というものである。この見方は、行為主体の働きを強調するが、しばしば主意主義に傾く傾向がある。さらなる選択肢は、ポストモダニズムによって提起された、安定性という観念を避け、流動性や絶え間ない変化だけを見るというものである。これは、特に言説の役割など、社会生活の重要な側面に目を向けているものの、控えめに言って、物質性の問題をうまく扱えない。しかし、「子ども」の社会研究が直面した諸問題は、この分野に特有のものではない。実際、その経験的焦点が何であろうとも、何らかの社会分析をしようと思えば、こういった問題が散らばっている。現代の社会生活が境界の揺らぎと曖昧さの高まりに特徴づけられるのはより一般的な傾向であり、それに対する反応として、モダニティ後の世界を理解する新しい枠組みが考案され続けている。これらを利用することで、私は、子ども研究が次の段階に進めると考えている。

アクターネットワーク理論

アクターネットワーク理論（ANT）が、その一つの可能性を提供してくれる。ANTは関係論的唯物論《マテリアリズム》＝物質主義の一形態である。社会生活を生み出す物質や、それらが互いの関係性をつないでいくプロセスに関心を寄せている。これらの物質や手段が何なのかというアプリオリな前提を持たないようにするため、アクターネットワーク理論は多くの常識的に用いられてきた社会学的説明、特に、「権力」や「組織」といった既成の抽象物を動員しようとするものに、懐疑的である。アクターネットワークの視点から見れば、これらは説明ではなく、説明されるべき現象なのである。

> 権力や組織のメカニズムを理解したいならば、説明したいものが何であれ、それらを前提とすることから始めないことが重要である。（…）もしそうするならば、権力や組織の起源についての興味深い問いの大半を閉ざしてしまう。（…）［代わりに］私たちは、ある種の相互作用がいかにしてそれを安定させ再生産するのに成功しているのかを問うだろう――それらが、いかに抵抗を乗り越え、「マクロ社会」的なものになったように見えるのか。権力や、名声、規模や、射程、組織といった、われわれ皆がなじんでいる効果を生んだように見えるのか。（Law, 1992: 380）

このアプローチは、社会生活の関係論的で、構築された、プロセス的な性格を強調するような社会学的分析と、多くを共有している。したがって、アクターネットワークは、記号論や社会構築主義やシンボリック相互作用論を参照しているが、もちろん、いくつかの決定的な点で明らかに距離がある。一つの重要な違いは、言説の重要性は受け入れるものの、アクターネットワークは徹底して唯物論＝物質主義《マテリアリスト》的だという点である。もう一つは、社会は人間の行為と意味のみによって構成されるという前提を拒否している点である。「社会」は、異種混淆の素材のパターン化されたネットワークの中で／を通して、産出されるものとみなされている。「社会」は、人間と非人間の幅広い多様な移りゆくつながり（とその解消）によって、構成されている。確かに、人間とそれ以外の物質世界との間のつながりはどこにでもあるので、あらゆるものはハイブリッド――ラトゥールが「準モノ」「準主体」と名づけたもの（Latour, 1993）――と見ることができる。そこでは、人間と非人間の境界は変容し、交渉可能で、経験的なものである。したがって、社会生活は、「純粋に」人間的にも、「純粋に」技術的（あるいは動物、野菜、鉱物、抽象物…）にも、還元されない。人間も技術も、その組み合わせによって生じたパターンや秩序の全体を決定することはできない。どちらかですべてを説明しようとするようなアプローチは、還元論に陥ってしまう。

このような立場の系譜は、技術社会研究の発展に沿ってたどることができ、アクターネットワーク理論はそこから現れたものである。この系譜は、技術は社会に「インパクトを与える」とみなせるという観念、すなわち、技術／社会の今となっては維持できない二元論に依拠する立場から始まる。これに対抗するものとして、技術は社会関係によって形作られるという立場があり、こちらも二元論を維持している（たとえば、MacKenzie & Wajcman, 1985 参照）。こういった先行研究が発展してくるにつれて、「社会関係」と「技術」の間に、いかなる動かし難い区別も作りえないことが明らかになった。たとえば、研究室や企画部門がすでに、その内部では「技術」と「社会関係」が互いを構成し、切り離せないような、ハイブリッドな現象である。互いが互いにいわば「埋め込まれて」おり、それぞれがそれぞれを構成し、形成しているのである（Bijker & Law, 1994; Callon, 1986）。この洞察から、アクターネットワーク理論と呼ばれる、より厳格に一元論的な思考の糸が発展したのである。それは、人間も非人間も参加する記号論という説明形式を提案する。その目的は、それによって／それを通して、社会生活に巻き込まれた人間と非人間が互いに関係するプロセスを探究することである。

ＡＮＴは科学技術社会学から始まったものの、その非二元論的なアプローチは、より幅広い経験的現象を見るのにも有益だと証明されてきた（たとえば、Law, 1994 や Law & Hassard, 1999 参照）。「ネットワーク」というメタファーを用いることで、「子ども」を、様々な、ときに競合したり葛藤したりする、異種混淆の秩序であると見ることが可能になる。このような秩序は不安定かもしれないが、安定し、広がり、大規模になることもありえる。ネットワークは、近代主義的社会理論の両極的な対立項の間にある秩序を語る言葉を与えてくれるように見える。たとえば、ANTならば、行為体《エイジェンシー》と構造の対立項を避けることができる。まず、ANTは、アクターとは、多くの異なった種類でありえる――子どもや大人といった人間のみならず、組織や人工物、技術といった非人間アクターもありえる――と主張する。これらはすべて、つながったり離れたりするネットワークを通して産出される、文化と自然のハイブリッドとして扱われる。第二に、これはつまり、アクターは、ひとりひとりの子どものような小さなものから、国家やメディア企業などの大きなものまで、あらゆる大きさでありえるということを意味する。というのは、すべてのアクターは、たとえ点として現れたり行動したりしているかもしれなくとも、ネットワークとして理解されるからである。個々の子どもであろうと、国家やメディア企業であろうと、すべてのアクターの背後には、複雑で、大なり小なり結合した、人々と物のネットワークがある。安定化した「アクターネットワーク」は、近代主義的社会学が「構造」や「システム」と呼ぶ固体のように見える。しかし、そのような明らかに耐久的なネットワークでももろくなりうるし、いつも不完全で解除可能である。新しいネットワークが現れることもありえるし、それが途中でダメになる可能性も、安定化して大規模になる可能性もある。言い換えれば、新しい一連のネットワーク結合――たとえば子どもたちとテレビやインターネットのような技術との間の――ができたとき、「子ども」の新しい形が立ち上がるのである。このような新しいネットワークは、古いネットワークと重なったり共存したりするかもしれないが、衝突するかもしれない。したがって、鍵となるのは、特定の子ども時代や「子ども」を生み出すネットワークがいかに構築されているかを問うことである。

複雑性と非線形システム

社会学者が、「子ども」を社会構造の永久的な特徴だと述べるとき（もしくは、以下に見るように、「子ども」を「世代秩序」なるものの一部と考えるとき）、「子ども」の社会制度としての安定性を指摘しようとしている。その心は、「子ども」は一時的な現象ではなく、安定的で耐久的であるから（そうであるときのみ?）、真剣な研究対象たりえるというものである。このような言い方は、自然科学において、「原子構造」や「ソーラーシステム」のような言葉が同様の働きをしているのと似ている。しかし、自然科学において、構造やシステムといった観念は、この40年間で発想の大変革を迫られている。このような発想は、「複雑性理論」の名の下に結集された。さらに、複雑性理論は自然科学で始まったものだが、社会科学においても取り入れられてきた（たとえば Byrne, 1998; Eve et al., 1997 参照）。社会科学者にとって複雑性理論が魅力的なのは、この理論が「非線形システム」を理解するのを助けるように設計されていることである。非線形とは、個人からグローバル社会に至るまで、あらゆる社会生活の鍵となる特徴である。

複雑性理論の出発点は、1960年代に、物理化学システムについて科学者たちが作り上げてきた前提が不適切だと、熱力学法則において表明されたときにさかのぼる。化学者イリヤ・プリゴジン[45]が、エネルギーの流れに関する古典物理学の説明は、これらのシステムが閉鎖系であることを前提としていると指摘した（彼の思想については、University of Texas, 2003 を参照のこと）。そこでは、システムからの「漏れ」はなく、外部からのインプットもないと仮定されている。そのような閉じたシステムにおいて、エネルギーの総量は保存され、平衡へと向かっていく。そのようなシステムは、静態的状態ではないとはいえ、恒常的である。生じるあらゆる変化は鎮められ、システムを基本ないし基底状態へと戻していく傾向がある。そのようなシステムには、そこからはみ出ないような一線が存在する。

しかし、ひとたびシステムが開放系かもしれないと認めるならば、言い換えれば、システムに出入りするエネルギーの流れがあるかもしれないとするならば、新しい可能性の組み合わせがありえる。複雑性理論とは、そのようなシステムの研究に与えられた名前である。このようなシステムは、必ずしも均衡状態に落ち着かず、「位相空間」として知られている異なった状態の間を移行しうる。この概念は、経時的なシステム全体の挙動を説明しており、システムの長期挙動の図表や地図のようなものとみなせる。「散逸系」は、その名のとおり、取り入れられたエネルギー（情報）をその内的構造に統合したり、環境へと転化したりすることで、保持することができる。これらのプロセスは、システムを本質的・劇的に変容させる。システムは、その内的構造が不断の成長を遂げ、自らが環境との動的な関係性にあることにより、不可避に変化する。このようなシステムは、したがって、いつでも経時的に理解されねばならない。ここでの私の議論の範囲を超える様々な理由により、この経時的な発展は不可逆的なものとして生起する。それは、単なる変化というよりも、複雑で進化するが目的を持たない歴史として捉えることが必要であろう。おそらく最も議論されたのは、地球規模気候システムであるが、たとえば、生物学的進化や動植物の生態系、経済システム、社会生活の多様な側面など、射程は幅広い[46]。

事実、複雑性理論は、このようなプロセスの共通の結果として、４種類の位相を集中的に論じてきた。第一の可能性として、長期的安定性を持つシステムが示される。これは、均衡点に引きつけられ、定常状態へと落ち着いていく傾向がある。第二は、これとは大きく異なっている。そこでは、システムは二つの状態を一定期間にあちらからこちらへと揺れ動く。第三は、そのシステムが、何らかのより複雑なリズムに従って、自らを再現するというものであり、第四は、そのシステムが「カオス」になる――その発達の軌跡が突飛で予測不可能なものになるというものである。

このようなシステムは、多くの重要な性質を持っていると考えられている。その第一は、それらが非線形であるというものである。熱力学の古典法則が、線形モデルの好例であろう。あるシステム（たとえば圧力鍋や蒸気タービン）における圧力と体積と温度という変数の関係は、原因と結果の関係にあるというのが、その基本的発想である。これらの変数がいかにして互いに影響するかを理解することは、そのシステムのある側面における変化の一単位（たとえば圧力）が、他の二つをいかに変化させるかを見つけるということを意味していた。実験を行うことによって、あるシステムにおける原因と結果がいかに生起するかを予測することが可能となる。ここで特筆されるべきは、システムはひとたび動き出したら同じ予測可能な軌道をチクタク動くという、ニュートン的な「時計仕掛けの宇宙」が見せる一般的見取り図である。

多くの現象は、このように作用している。橋に必要な材料の強度を決定する計算といった、私たちの身の回りの構築環境の大半は、このような予測可能性に依拠している。しかし、このような見取り図を、世界を理解する普遍的な方法だとみなすと、多くの自然・社会システムはこれほど単純に線形的には動いていないという問題に行きつく。何より、そこでは大量の異なった変数が合わさって作用している。上述のように、気象システムは非常に多くの要素に影響されている。原則として、もしこれらがすべて同定され、あらゆる要素の間のあらゆる線形関係が測定できたとして、結果を予測することは可能に見える。しかし、もう一つ、より重要な問題がある。それは、その天気を構成する要素のそれぞれが、他のすべての要素に影響されるということである。諸変数は、常に動的に相互作用する。異なった要素間のフィードバック／フィードフォワードループがあり、フィードバックループ間のいわゆる「二次的《セカンドオーダー》」のフィードバックループがあり、無限の複雑性の再帰へと展開していく。したがって、無力な気象予報士は、地球上で最もよいコンピューターを持っているにもかかわらず、翌日の天気を完璧な精度で予測できないのである。気象予報士の横では、それよりはるかに無力な社会科学者が、たぶんはるかにずっと複雑な「子ども」の複雑な現象に立ち向かっている。

複雑系［システム］の二つ目の重要な特徴は、わずかな違いが大きな結果をもたらしうるという点である。特に、システムの経時的な軌道は、その初期状態のわずかな変化に大変敏感なのである。ある時点におけるわずかな違いや、システムの歴史の一時点における変化が、結果の大きな変化を生み出しうる。この拡大効果は、同じ初期条件のシステムですら、後に劇的に異なったものになりうるということを意味している。このような軌道は、動作中のシステムが摂動状態に入り、分岐する結果になりうるということを意味している。分岐は、システムが不可逆的な臨界閾値を超えたときに起きる。システムは、ある位相空間から別の位相空間へと移行する。この観念は、火山爆発や、新種の発生や、多重に剥奪された地区と相対的に豊かな地区の分化などといった、多様な現象を理解するのに使われてきた。最後の例として、バーン（Byrne, 1998）は、システムの鍵となるパラメータ（たとえば近隣の例だと、失業の度合いなど）が、システムを安定的に維持するのに必要な度合いを超えて変化すると、システムはカオス的な位相に入るとしている。この状況において、非常に小さな差異が大きな変化をもたらしうる。そのようなシステムにおけるフィードバックは、変化の方向性を鎮めるのではなく、強化するという意味でポジティブである。まちのある地域が下降スパイラルに入っているときに、別の非常に似た地区が無傷で生き残ったりするのである。

複雑系は自己組織的であり、創発的な特質を持つ。複雑系の（その位相空間における）全般的な形成は、そのシステムに外部からもたらされるのではなく、システム内の諸要素の相互作用や、システムと環境の相互作用によって創発するのである。システムとは、内部や広範な環境との間で進行する相互作用の上位にあり、それらを圧迫する実体ではない。むしろ、そのシステム的な性質は、こういった相互作用から創発する。このことが、複雑性理論のシステム概念を、決定論的なそれと異なったものとしている。たとえば、社会学における構造機能主義的アプローチは、社会的行為を構造の効果として――つまり、構造を決定的な原因として――提示するとして大いに批判されてきた。それによって、「社会」が人々の行動を決定し、変化を抑圧するという、やや保守的な説明がなされてきた。

これに対して、複雑性理論におけるシステムという発想は、これよりも潜在的にはるかに開かれたものである。まず、システム（すなわちその位相空間）の全般的な形成は予想可能であるが、そのいかなる与えられた一部分（原子であれ動物であれ人間であれ）もその軌跡は非常に異なりうるもので、予測が不可能である。第二に、システムは、単なる一つのありうる基底状態ではなく、諸状態間を移行しうる。あるシステムにおいて、その内部で作用しているすべての要素が平等な重みを持っているわけではないことがわかっている。制御パラメータと呼ばれるこれらのある一つが臨界値を超えたとき、全体システムに変化をもたらすのである。制御パラメータは、外的な環境が変わったり、環境とシステムの内的特徴との相互作用があったりして、変化するのである。そのような分岐点（システムが自身の形態を変化させる時点）に近づくにつれ、システムは小さな変化に非常に敏感になる。これは、このような条件において、システム内の相互作用は、ポジティブ・フィードバックループを通して小さな変化を増幅させうるからである。そして、パラメータの変化は、システムを別の状態（上述のような循環的・律動的パターン）へと傾けたり、システムに激しい振幅をもたらしてカオス状態にまでしてしまったりしうる。

　複雑性理論は、最近の子ども研究が行き当たったような二元的な問題の多くを避けるシステムの説明を提供してくれる。そのレンズを通せば、社会構造としての「子ども」という発想は、別の意味を帯びてくる。構造のシステム的な特徴は創発的であり、そこに生きる存在の行為者能力《エイジェンシー》と緊密に結びついている。このような「子ども」という構造は、一定の限界の中で相対的に経時的に安定していると言えるが、決して静態的なものではない。構造は常に動いており、ある条件の下では、ある位相から他の位相へと移ったり、ついには非常に予測の難しいものになったりもする。言い換えれば、複雑系には歴史がある。複雑系は、存在《ビーイング》と生成《ビカミング》の両方の特徴を持っており、持たずにはいられないのである。

世代関係[47]

　ANTも複雑性理論も、子ども研究に使える概念的資源を与えてくれると思われる。そこで、本章の残りで、私は子どもの社会研究における最近の論争について論じることで、これらの可能性を検討したい。二項対立の問題がこれらの議論の中ですでに注目されていることは、特筆に値する。この議論はそもそもは、アラネン（Alanen, 2001a）と、それとやや異なった形でクヴォルトルプ（Qvortrup, 1994）とが提唱した、「世代関係」という概念に関連して始まった。このアプローチは、社会学者が社会秩序について論じるときにしばしば用いる階級秩序やジェンダー秩序という観念と並行するような、「世代システム」ないし「世代秩序」という発想を確立しようとするものである。この定義において、世代とは、子ども」という地位と「大人」という地位が作られる関係性のシステムとみなされる。アラネンは、世代を以下のようなものだと記している。

［世代は］社会的地位間の社会的に構築された関係性のシステムであり、そこにおいて子どもと大人が互いとの関係で定義され、また特定の（この場合世代）構造を構成する、特定の社会的地位を占めているもの［である］。（Alanen, 2001a: 12）

このように、この世代に関する構造という発想は、この語をより上手に用いたマンハイム（Mannheim, 1952/1927）に比べて、経時的な変化に明らかに関心を払っていない。マンハイムは明らかに歴史的であり、世代の形成の通時的なプロセスを見ているのに対して、アラネンの概念は共時的である。社会システムの耐久的で安定的な特徴を多かれ少なかれ形作るものとして、大人と子どもの関係性のパターンに注目している。このアプローチが最優先するリサーチクエスチョンは、「目の前のローカルな関係より広く、潜在的にはグローバルな社会システムにまで拡張できる、子どもがそれを通して社会関係の構造化された集合に埋め込まれるような、直接的ないし間接的な不可視の関係を見つけること」（Alanen, 2001b: 142）である。これは、とりわけ「世代化する《ジェネレーショニング》」実践の観点から子どもたちの日常生活を検討するような研究や、ある特定の「子ども」のあり方が形成される際に、物質的・社会的・文化的な資源がいかに配置され、入手可能となるかを検討することを通して可能になるという。

このような立場は、多くの点で、私が本稿で描き出してきた研究の方向性と合致する。「子ども」を本質化されたカテゴリーと見る視点を離れ、諸関係の集合の中で産出されるものと見る視点をとっており、「排除された中間部」という問題系につながってくる。これは、「女性」に焦点をあてていたフェミニスト社会学が「ジェンダー」に関心を向けるようになったことと、いくつかの点で並行している。この意味で、この視点は、ここまで議論してきたのと同様の方法で、「子ども」と「大人」をともに産出するような諸関係に焦点をあてている。また、原則として、言説的資源と物質的資源の双方（そしてそのハイブリッド）と、「子ども」の構築に巻き込まれる諸実践に関心を持っており、この意味で、この研究視点は少なくとも、ANTが着目してきた「子ども」のハイブリッドな性格に開かれている。ただし、少なくも現時点においては、世代のそのようなハイブリッドな観念における非人間の要素は、世代秩序を論じた先行研究の中であまり関心を払われてこなかった。それは、あたかも「社会的」な、つまり、純粋に人間による構築物であるかのように論じられてきた。第4章と第5章では、世代関係像を、幅広い社会的・生物学的・技術的要素による異種混淆の構築という発想を用いる子ども／大人関係像へ向かうものとして探究したい。

しかし、世代秩序という考え方については、多くのさらに言及すべき問題が存在する。第一に、マンハイムのよく知られた用法とはだいぶ異なった形で「世代」という用語を使うことで、一定程度、混乱が起きている。マンハイムの議論は１９２０年代のものであるが、特にドイツにおいて、生きた研究の伝統であり続けており（Corsten, 2003 参照）、若者研究の分野で影響力を持ち続けている。その焦点は主として、時間的なものである。社会的・文化的変化を説明するというより広い関心の中で、マンハイムのアプローチは、「世代」を、同時期に生まれたある世代の人々が、同じ社会的・歴史的出来事を経験しながら成長し、自分たちを共通の経験と価値観と態度を共有する、固有の世代集団とみなすようになったときに立ち現れる社会的単位と見ている。マンハイムは、こういったものが現れるのを可能にする社会的要素を探究し、一度現れたら、「世代」は社会的・歴史的変化のプロセスの中で独自の効果を持ちうると述べている。彼は、「世代それ自体」と「自分たちの世代」を区別する。前者は、あるコホートが、同じ社会的・歴史的環境（いわゆる「世代的配置」）に生まれたという事実を指している。後者は、そのコホートのメンバーが自分たちを固有の集団とみなし、そのようなアイデンティティを持つ可能性を指している。したがって、この伝統において研究の焦点は、生まれた環境を（社会的・歴史的な特徴との関係において）時代区分し、あるコホートが実際に固有の「世代」だという感覚をもたらしたか否かを明らかにすることにある。

マンハイムの視点は、クヴェルトルプやアラネンの、構造的で、少なくとも傾向として共時的な観念とは、大変異なった論点や研究をもたらしうる。後者にとって、世代とは、子どもと大人の区別がひとたび確立されたときに、必然的に形作られた社会構造の現象である。マンハイムにとっては、世代が存在するか否か自体が、経験的かつ偶有的な問題である。さらに言えば、マンハイムにおいて、世代は、共通のアイデンティティを生むという点で実在するものであるが、ある世代の構成員になるかどうかは、歴史のある時期に生まれるかどうかによって支配され、左右される。しかし、「アラネンらの」構造的な意味において、いかなる時期であれ、すべての子どもは、世代関係の「子ども」という極を作り出す。したがって、この二つの異なったアプローチを混同することで混乱が生じており、これらのやや異なったインプリケーションをある程度理解することで、この混乱を避けねばならない。

しかし、仮に［世代概念の用い方の問題を置いておいて］アラネンの議論それ自体を理解しようとしても、その定式化にはいくつかの問題がある。まず、彼女の世代秩序という発想は、子どもたちが有していると考えられる関係性の範囲を限定してしまっているように見える。そこには、二つの主体位置《サブジェクトポジション》しか存在しない。大人か子どもかである。アラネンは、クヴェルトルプと対照的に、「子ども／大人」関係は、「外的」な偶有性からではなく、「内的」な論理的必要性から生じていると強く主張している。彼女は、クヴェルトルプが、世代関係をどこか歴史的な偶有性によって形成されていると見ていると批判する。しかし、私にはこれは不必要に抽象的で衒学的に思える。これでは、ありえる「世代的現象」の範囲に対して限定的すぎる。経験的に言えば、世代化プロセスを通して生み出される主体位置には幅がある（たとえば、「幼児」「ティーンエイジャー」「若者」、最近では「トゥイーン」[48]）。これらは世代効果を生み出すのに一役買っている（技術や消費実践といった）幅広い経験的な要素を通して、ある程度説明できる。さらに、アラネンのアプローチは、「子ども」を対立的な二項システムの一部に再定位してしまう。「子ども／大人」の差異に言及し、その結果として、世代間の関係に焦点をあてている。このことによって、世代内関係をいかに適切に認識するかを考えるのが難しくなってしまう。このような世代内関係自体は多様であるが、同輩《ピア》という単語によって、非常に不適切に把握されてきた。それにもかかわらず、このような世代内関係が、同輩であれ他のものであれ、子どもたちの世界において重要な役割を果たしているという、すばらしい議論や証拠がある（たとえば、Corsaro, 1997; Frønes, 1995 参照）。

第三に、アラネン、クヴェルトルプ双方の定式において、世代という概念において、システムや構造といった世代関係の安定性や固定性を強調しすぎる傾向のある言葉が用いられている。その結果、あらゆる経験的偏差がその一例にすぎないような、単一の世代構造という発想に戻ってしまう。「世代」は、社会秩序のこれ以上分解できない「ブロック」のようなものになっている。「世代化」のプロセスという、この理論の持つ能動的な側面も、結果としては、あらゆる異種混淆性や偶有性の効果として構築され、予測不可能な方向へと動き、新たな世代的な現象を生む、開かれたプロセスという可能性を少々見失ってしまっている。

アクターネットワーク理論や複雑性理論は、このような問題を回避して、世代秩序について考える道筋を提示してくれる。ともに、「世代秩序」を、それ自体が必ず説明力を持つものとみなすのではなく、説明されるべき現象として取り扱える。「世代」が産出される異種混淆の素材を指摘しうる。世代化のプロセスを開かれたままにし、「世代秩序化」の複数性や幅を創発的で探究に開かれたままにしておける。世代をプロセスから最終生産物へと矮小化してしまうリスクは、秩序化が創発的な特性だとみなされれば減るだろう。世代関係を異なった「位相」――安定性のみならず、分岐や不安定やカオスの時期――を生むものだとみなすことが可能になる。たとえば、デランダ（De Landa, 1997）は、人類の歴史に見られるような非常に複雑なシステムにおいては、軌道を生む要素は互いに結びついて、自然なシステムの場合よりも、劇的に真新しい特性を生み出していくと議論している。デランダは、自身が「非線形の組み合わせ」と呼ぶものを、過去千年の歴史にわたる都市のダイナミズムや言語の変容といった幅広い現象にあてはめる。彼のアプローチは、世代関係にあてはめ、それがいかに現れて、経時的に変容し、複数化したかを示すことにも応用できる。

ライフコースと異種混淆《ヘテロジニアス》の生成変化《ビカミング》

マニョンとランソン（Mannion & l'Anson, 2003）は、世代関係という枠組みを、アート組織への子どもの参画を理解するのに用いている。この組織には、子どもと若者を世話する特別な権限があり、若者の参画に取り組んでいるという評判があるため、世代的な観点から特別な関心を寄せられていた。著者たちは、アートセンターの運動スペースのデザイン変更への、子どもの参画のプロセスに挑んだのである。この研究は、世代関係を、異種混淆の諸要素――物質的・文化的・空間的・言説的など――の間の戯れの、開かれた、偶有的で、創発的な産物と見ることが可能だということを示している。世代関係を作り上げ産出するのは、根底にあるが不可視で不可欠な世代構造の不可解な働きというより、こういったものなのである。この研究は、大人と子どもが、新しい協働の仕方を発見することで、空間やその場の物質的組織を再構成するのみならず、その一環として、大人／子どもの区別や、関係性や、それと関係した大人期と子ども期の構築を、いかにして変化させたかを見せてくれる。この文脈における世代関係は、まったく安定的でも固定的でもなく、状況で作用する異種混淆のプロセスとして変化し、新しい効果と新しい関係性を生み出していった。著者たちは、開かれた、非目的論的な生成概念を用い、「子どももまた今を生きる存在者《ビーイング》だと強調するのではなく、大人も子どももともにどこか未来に開かれた生成者《ビカミングス》なのだと考えることが、いかに実り多いかを見てきた」と述べている（Mannion & l'Anson, 2003: 21）。

このように「生成変化《ビカミング》」に注目することはまた、子ども研究にとって、また別の関係論的概念が有用だということを示している。ライフコースという概念である（Giele & Elder, 1998 参照）。ライフコース分析は、歴史的時間（世代やコホート）、個人の時間（生活史や伝記）、制度的時間（キャリアやシークエンスやトランジション）まで広がる幅広い主題である。[49] 三つのアプローチすべてにおいて、ライフコースは、誕生から死まで文化的・制度的に枠づけられた一連の段階や、地位の配置、人生における移行として理解されている。

いくつかの但し書きをつければ、このアプローチも、子どもの関係性の研究を進めるのに有益な枠組みを構成するように思われる（Elder et al., 1993 参照）。こう考える理由は、ここまで論じてきた立場に由来する。第一に、子ども研究が子どもの存在にのみ注目してきたという問題点（Christensen, 1994）についての、内在的な批判を構築できるからである。第二に、ライフコースアプローチによって、「子ども」の複数性や複雑性を認めることができるからである。これは、現象を二つの用語――大人と子ども――の間の論理的・内的関係性に縮減しない。アラネンが排除しようとしているかに見えるもの――つまり、特定の「子ども」を形作るのに、外的な偶有性が大切だということ――を認識している。ライフコースアプローチは、ライフコースが、時間とともに移り変わりながら多様な「子ども」や「大人」の様態を構築する、幅広い人間・非人間の要素の効果に開かれていると強調している。

先に見たように、ラトゥールは「社会的なものの異種混淆のネットワーク」（Latour, 1993: 6 [=2008: 20]）という用語を、人間生活が構築される複雑な形態や内容を指し示すのに用いている。このような異種混淆の諸要素の移りゆくネットワークは、経験的には多様だが、原理上は異なった分析は要求しないような組み合わせで、ライフコースに広がっている。この点で、子どもをあたかも異なった種であるかのように大人から恣意的に分離する必要はない。むしろ、ここまで見てきたように、必要なのは、様々な自然的で、言説的で、集合的で、ハイブリッドな物質の相互作用やネットワーキングや編成から、いかにして様々な子どもと大人の様態が現れてくるのかを見ることである。

慣習的なライフコースアプローチの一つの問題は、「子ども」を一つの段階にくくってしまいがちなことである。しかし、子どもと食事に関する最近の研究の中で、クリステンセン（Christensen, 2003）は、「子ども」をライフコースの一段階ではなく、社会的・文化的に構成された位相の絡み合いとして取り扱っている。ここで言う位相とは、変化する目標、価値、子どもたちの関心、さらには社会的地位の変化といったもので定義されている。この分析は、子どもがいかに自分たちを「成長する存在」と見ているかを尊重する一方で、「子ども」の異なった諸位相が家族や学校やその他の制度の構造や実践と出会うことで構築されると見て、それらを子どもたちが個人的・集合的に交渉していると捉えている。食べ物にまつわる能力への子どもたちの関心も、この位相に従って変容している。異なった時点において、子どもたちは食べ物や道具を扱い、好き嫌いを持ち、自分や他人を食べさせ、個人のスタイルや好みを際立たせるような、実践的な技術に注目していると明らかになっている。

かなり多くの研究において、「成長」が個人的にではなく集合的に――つまり一連の同輩関係の中で――達成されると認識することがいかに大切かが強調されてきた。たとえば、コルサロは、子どもたちがいかに協働し、幼稚園から小学校へというような重要な制度的な移行を成し遂げていくかを明らかにした（Corsaro, 1996）。ソーンは、子どもたちの間の関係性が動的で目まぐるしく変容し、アイデンティティや差異をめぐる多くの異なった局面のまわりへと、即座に再結集していく様を明らかにしている（Thorne,

1993)。フロンズはとりわけ、同輩関係は、コミュニケーションとしては複雑だが対等であり、表現力や親密さや協働性を養うと述べている(Frønes, 1995)。しかし、私たちは同時に、子どもたちの相互関係を同輩《ピア》というカテゴリーに限定しないように気をつけねばならない。これはやや正確性を欠く用語であり、大人の関係性を分析するのには到底用いられないものである。まさに、仕事から近隣関係、友情といった、多様な種類の関係性を抹殺してしまう傾向があるからである。子どもたち同士の関係性を単純化し、一貫したものと扱うがゆえに、誤解を招くおそれがある。たとえば、同輩概念は、年長の子どもと年少の子どもの関係や、親戚ではない近所の人というような重要な大人と子どもの関係を見落としてしまう。しかし、異種混淆性や複雑性との関係で理解されたライフコースという視角を用いれば、歴史的時間と個人的時間と制度的時間の間を行き来できるので、これらのバリエーションをすべて含み込める。この視角は、制度的な枠組みがいかに子どもたちの間の関係性を構築したり、それを妨げたりするかを見ることができる。たとえば、同輩関係は、同年齢の子どもたちを同じクラスに詰め込むことによって可能になっているが、それによって年齢の違う子との友情は、片方が中学校に進んだのに片方は進まないというようなときに、阻害されてしまうのである。

移動性《モビリティ》

ひとたび社会生活が異種混淆的なものであると認識されれば、この世に存在するもの(人々、大人、子ども、身体、精神、人工物、動物、植物、建築…)を文化か自然かにアプリオリに分配するなどということは考えられなくなる。社会現象は、そこで文化と自然が寄せ集まって可能性の条件として与えられるような、複雑な実在として理解されるべきである。純粋な物などもはやなく、あるのはラトゥールが「準主体」と「準モノ」と呼ぶハイブリッドのみである。言うまでもなく、これは、自然と文化のような一連の対立的二分法の間の既存の分化を出発点とするより、分析的にははるかに挑戦的である。子どもたちを大人たちから、あたかも存在として異なった種族かのように恣意的に分離する必要はない。むしろ、探究すべきは、子どもと大人の異なった諸様態が、様々な自然的で、言説的で、集合的で、ハイブリッドな物質の、複雑な相互交流やネットワーキングや編成からいかにして現れたかである。異種混淆の諸要素の移りゆくネットワークは、世代関係の構築やライフコースに巻き込まれている。この構築は、複雑な非線形システムとして理解できる。いくつかの例において、こういったシステムが生み出す世代関係は、相対的に安定している。別の時点、つまり、新しい要素がネットワークに入り込んできたときには、このシステムは動き出す。第1章で提示したようなグローバリゼーションを背景とする「子ども」の変化の図式は、このような異種混淆の複雑性との関係で把握可能となる。

しかし、このようなプロセスの鍵となる特徴は、高まる移動性である。グローバルなネットワークは、発想や人や物の流れとともに動いているのである。「子ども」の置かれた場所や子どもの世代（内／間）関係は、それを横断する流れの産物として見ることができる。先に、ブロンフェンブレンナーが提起した「子ども」の生態学的モデルがうまく取り扱えなかったのは、まさにこの流れ《フロー》や移動性《モビリティ》といった問題であったと述べた。「ミクロ」「メゾ」「マクロ」レベルは、子どもたちを入れておく別々の入れ物のように扱われていた。ソーンは、以下のように述べている。

ブロンフェンブレンナーは、これらの別個の文脈は「リンクして」いて、その代わり、イデオロギーと制度的構造というより広い「マクロシステム」の中に「組み込まれている」と主張する。しかし、彼のどちらかと言えば静態的な枠組みは、社会生活の複雑でプロセス的なダイナミクスの理解を促進するのではなく、むしろ抑制しがちである。また、子どもたちが育つ膨大な範囲の偶有的な環境に向かって開いていくのではなく、「家族」「学校」「地域」といったアメリカ的な常識的分類をなぞってしまうおそれがある。(Thorne, 2004: 1)

したがって、私がここで主張するアプローチは、「子ども」の置かれた場所を「入れ物」のように見るのではなく、異種混淆の素材の流れを通して構築される場所のように見ることに関心がある。たとえば、学校は、他の学校や家庭や遊び場や放課後クラブ、企業、地方自治体、労働組合、省庁、裁判所などと関係している。人々は、様々なぶつかりあう考えや経験、理想、価値、ビジョン(言説を作り上げるすべてのもの)と、様々な物質的資源とを伴いながら、これらの境界を横断する。物も同様に境界を横断し、やはり一役買っている。そこには、学習指導要領、教材、財政政策を策定する文書などのテクストや、学習において他でもないある特定の方法で作用し、他でもないある特定の可能性を助長するような機械(たとえばコンピューター)が含まれる。様々な状況の下やその間を流れるハイブリッドな行為項《アクタン》と人々と物とは、すべてそこで「子ども」や「大人」として立ち現れるものを構築するのに、一役買っているのである。こういった流れを追跡することで、私たちは、これらをよりよく理解することができる。

結論

本章では、私は、多様な「子ども」と「大人」の潜在的に大きな（用いる時間の単位によるのだが）流れが生じるような、異種混淆の素材と実践に着目してきた。これらのプロセスは、二項対立のほうへと常に引き寄せられていくような概念装置によっては理解できないと述べてきた。これは決して、子ども研究が関心を持つ現象の中に、分離や区分、二項対立がないということを議論しているのではない。明らかに、こういったものは存在している。たとえば、子どもと大人の区分は、近年弱まってきているとはいえ、リアルな（しかし構築された）区分である。問題としたいのは、このような差異自体が、異種混淆のプロセスの産物だということである。こういったものがいかに立ち現れてきたかを理解するには、私たちは、包摂された《インクルーディッド》中間部《ミドル》に注目する必要がある。非線形、ハイブリッド、ネットワーク、移動性《モビリティ》といった用語系は、近代主義的な社会理論の対立的二分法を反復する可能性が低いために、こういった作業に興味があるならば重要なものである。その意味で、これらの言葉づかいは、私たちの時代を特徴づける「子ども」と「大人」の不安定化、複数化とより調和する。要するに、このアプローチは、子ども研究が今踏み出さねばならない、「モダニティからの一歩」の一環なのである。

第4章　「子ども」・自然・文化

これは、文化と社会をあたかも自然や客体以上の超越論的カテゴリーだとみなして、科学に社会的・文化的構築物としてアプローチしようとするものではない。啓蒙の――すなわち近代の――前提の外では、文化と自然、科学と社会、技術的なものと社会的なものといった二項対立は、その構成的・対立的な性質を失う。どちらかがどちらかを説明することなどできないのだ。(Haraway, 1990: 7)

はじめに

20世紀も最後の20年間の頃には、「子ども」は歴史的・社会的・文化的な現象だと理解すべきだという合意があった。一般に、この社会的・文化的な「子ども」の捉え方は、ダーウィンという子ども研究の近代初期から受け継がれた生物学的な捉え方と対置された。確かに、心理学と小児医学が多様な要素を付け加え、氏《ネイチャー》か育ち《ナーチャー》か論争が、両者の混ざり具合を様々に論じながら展開された。しかしながら、20世紀中頃から、とりわけ新たに自信をつけた社会科学の影響によって、育ち派が攻勢を強め、ある程度の合意を見るようになった。社会生活には生物学的な側面があるという発想がそれとはまた別の系統を作り出し、後述の1970年代の社会生物学の論争のように、時折にすぎなかったが、社会科学とは違うという声（というよりはだいたいにして叫び声）をあげた。より最近では、遺伝学研究の急速な興隆により、氏《ネイチャー》か育ち《ナーチャー》かの振り子は、生物学［氏＝自然］の方向に揺り戻しているように見える。しかし、子ども研究においては、生物学との溝を架橋する議論がほとんどないまま、社会的な観点が未だ支配的である。この傾向は、社会理論における言語論的転回や、それに伴った社会構築主義の登場により、強化された。こういった動きのインパクトは、子ども研究において、子ども社会学の新しいパラダイムという形で感知された。その見方は主として、子どもが生物学的に未成熟だというのは事実かもしれないが、子ども研究の真の関心やその行く末は、そのような未成熟さを諸文化がいかに読み解くかに存在するというものであった(Prout & James, 1990: 7)。

本章では、この主張を再考したい。「自然」と「文化」の対立自体に疑義を申し立てるということではなく、論じようとしているのは主として、「子ども」は社会的構築物だという主張がこの構図を再生産してしまっているという問題である。それは、言説の反転にすぎないと解釈できる。「子ども」は自然の領域に所属しているという発想が、文化のほうに所属しているという対抗クレイムに見舞われている。このことが、文化／自然の二項対立を維持し、裏書きし、間違いなく強化すらしている。この反転言説から得られるものも、短期的にはあった。子どもを研究するにあたって、生物学還元主義に対する非常に強固な防御線と見えるものを形成できたのである。文化という境界を越え出ない限りにおいて、知的想像力に自由な手綱を授けることとなった。「子ども」の社会的・文化的・歴史的構築のさらなる探究を促し、子どもの生活の新しい側面を問い、照らし出す、新しい分野を拓いていった。しかしながら、それはまさに、生物学的要素、身体、物質性といったものを括弧に入れ、「子ども」の説明から放逐するという犠牲の上に成り立っていた。長期的な視点に立つならば、とりわけ個別領域として子ども研究を打ち立てる方向に向かいたいのであれば、これは持続的で実効性の高い立場ではないのである。

　いかなる理論枠組みが、子ども研究を多分野の共同《マルチディシプリナリー》、さらには学際融合的《インターディシプリナリー》なフィールドとして確立させうるかを問うときが来たと、私は信じている。この問いを再考するために、子ども研究は未検証で問題含みの二分法に依拠できないという考察を、ここまで行ってきた。文化／自然の区分は、その非常に、おそらく極めて重要な一例である。生物学を一方的に強調するだけでは、「子ども」について重要なことの多くが見逃されてしまうように、自然に対して文化を一方的に優先させても、同じ問題を抱えてしまうのである。このような還元主義的な傾向は、子ども研究を純粋に分野共同的で学際融合的なものとして立ち上げる出発点としては、不適格だと自ら宣言してしまっているのである。本章では、私は、二つの論点について、最近の議論を追うことで、生物／文化の対立項を超えることができる地点を見つける可能性を、探究したい。二つとは、「子ども」に関する進化論的視角と、身体の社会学である。[50]

科学と社会

以上から、本章の目的は、文化と自然が互いを構成しあっていると見ることがいかにして可能かを検討することで、両者の二元論を克服することである。前章で、いかにモダニティが自然と文化を分離する（モダニティの純化の働き）と同時に、技術や人物や機械を集中的・加速的に生み出し（モダニティの媒介の働き）、それらをハイブリッドにしてきたかというラトゥールの議論を解説することで、この議論の基礎は築いた。しかし、ラトゥールのアプローチは、科学と社会の関係性を見る道筋をも見せてくれている。これは、子ども研究にとっても重要な論点である。というのは、自然を研究するということが科学者にとって何を意味しているのかと、その試みが社会・文化といかなる関係にあるのかにまつわる、重要な問題提起をしているからである。

ロバート・マートンが科学研究の「ウィークプログラム」と名づけて例示したようなこの関係性を見る初期の試みは、自然科学は、社会的・文化的生活の外部に立ち、普遍的で文化から自由な真理を生み出すべきだという主張を受け入れていた。社会的な影響は、科学がイデオロギー的に歪められたときにのみ、このプロセスに入り込むものとみなされた。スターリニズムやナチズムの政治信条に従えという科学者への圧力は、その例と言えよう。しかし、「よい科学」、すなわち、イデオロギーによってあからさまに歪められたと批判されようのない研究についての社会研究もまた、同時代の社会条件に影響されているということが明らかになったとき、ウィークプログラムは維持できなくなった。

よいものでも悪いものでも、ほどほどのものでも、あらゆる科学は、その時代の社会的・歴史的環境によって単純な形で決定されているわけではないにしても、それらによって「形成」されているということが明らかになった。これが、いわゆる科学研究の「ストロングプログラム」であり、科学的研究の最も重要な条件――それが人間の活動であるということ――を前提とする。科学研究は、言語が透明で、思考は真理と誤謬にのみ分けられ、誤解はローカルな偏見からのみ生ずるのだと装って、この苦境から逃れることはできない。科学は、研究室のような組織で行われているのであり、学校や家族や工場のような組織と同様に、すべからく「社会的」なのである。詳しく見れば合理的な手段を通してなされるとも限らないとわかるような、競争や論争や毀誉褒貶を含んだものなのである（たとえば、Mackenzie & Wajcman, 1985 や Pickering, 1992 参照）。何より、科学は自然を多様な形で表象している。科学者がアクセスできる言説や概念や語彙は、歴史的かつ社会的に配置されたものであり、それらが所与の時間と場所で考えられること、言えることを形作るのである。言語であれ他の形であれ、表象は媒介の一つの形式である。媒介は、決して透明ではなく、表象されるものを増大させたり抑制したりする。つかみにくく、必ずしも表象した者が意図したわけでも、彼らにとって自明でさえもないような効果を生み出したりする。

つまり、科学というのは、単に自然を反映しているのではない。科学はまた、自然を構築してもいるのである（このような立場についての一般的な哲学的議論は、Rorty, 1981 を参照のこと）。スターリニズムやナチズムの例が示すように、その構築のありようは、ときに、あからさまにイデオロギー的である。しかし、多くの場合、それは深く組み込まれていて不可視化されており、ある文化的・歴史的時代の地平の中で、ほとんど問い直されないような信念を用いている。さらに、自然が表象を通して理解できると言っても、それがすべての表象に自ずから等しくあてはまるというわけではない。自然は表象に翻訳《トランスレーション》されるにあたって、ある種の試みに他のものよりも抵抗する。これは科学の企ての中心的な経験であって、このように、科学と自然には互酬的関係性があるのである。したがって、科学には常に二重の顔がある。自然と、自然の表象である。さらに、この点は、自然と文化という近代的対立項のもう片方の側にも完全にあてはまる。つまり、私たちは、自然／自然の表象／文化／文化の表象という互いに影響しあった4種の関係を持っていることになる。

これらのどれもが「リアル」であり、効果を持っている。互いは互いに複雑に関係している。それぞれから分岐したものが、常に完全にはほどけないような形で多様に他に関係する。たとえば、自然の表象が文化に入り込まないとどうして言えようか。テレビを一晩見れば、いかに科学的イメージがたくさん使われているかわかるだろう。たとえば、数十年前は、人類はある特定の形で思考するように「プログラム」されている（第5章参照）などと言う人はほとんどいなかった。コンピューターサイエンスがこの比喩を文化に持ち込み、今では日々の会話で共有された言い回しになっている。はたまた、地球温暖化や魚の減少、水路の汚染や遺伝子工学といったものに直面して、文化が自然に影響を与えていないなどとどうして言えようか。

いかに科学が作用しているかについてのこのような理解の例は、ダナ・ハラウェイの著作、特に著名な『霊長類の視点』と『猿と女とサイボーグ』の中の論文にも示されている（Haraway, 1990, 1991）。ハラウェイは、生物学者としてトレーニングを受け、後に科学史に転向した研究者であり、霊長類学者の研究を分析している。ハラウェイの書くものは、科学それ自体には批判的でない科学の批判的分析であるという点で、際立っている。彼女の著作は、科学には恐れるべきものがあると自身で明確にしているにもかかわらず、科学への恐れや敵意に突き動かされてはいない。反対に、霊長類に関する研究は20世紀の最良の科学をいくつか生んだし、動物行動や人類の進化に関する理解を大幅に増加させたと認めている。霊長類学のストーリーは、批判的な議論で鍛え上げられ、手に入る最良の証拠で検証されている。にもかかわらず、それがつむぐ語りは、同時代の資本主義経済と家父長制的な実践と矛盾しない世界像に深く浸されている。

社会生物学エピソードの遺産《レガシー》

ラトゥールとハラウェイの発想は、自然と文化の複雑な絡み合いにアプローチする、有望な道筋を提示してくれる。しかし、生物学と文化が必ずしも対立的でないものとして、それらを別様に理解しうる基盤を再構築するのは、並大抵のことではない。社会科学の議論において、社会的・文化的生活における生物学の役割ほど、論争含みで怨念のこもった分野はない。生物学的思考を社会生活に適用する試みの1世紀半にわたる歴史は、この企てそのものを信用しない理由に満ちている。この手の議論で近年で参照すべきは、1975年に最初に出版されたE・O・ウィルソン[51]の『社会生物学』(Wilson, 1980)を取り巻く騒動であるが、生物学的発想、とりわけ進化論を人間行動に適用しようという試みは、昔から続いている。19世紀から20世紀初頭の社会ダーウィニズムのご都合主義的な目的論は、明らかな警告として有効であり、その人種的・階級的な偏見は、より最近のモリス[52]の『裸のサル』(Morris, 1969)の通俗化された動物行動学で、存分に威力を発揮している。この手の発想は、ダーウィニズムと近代的進化論の歪曲であると、正当に退けることができる。たとえば、こういった発想は、いわゆる「低次」と「高次」を分類するような、漸進的で単線的な進化観に依拠している。このような考え方は、本来のダーウィニズム的な思考からは非常にかけ離れている。ダーウィニズムは、現代においては、進化を開かれた、非階層的なプロセスだと見ている。進化生物学は、そこに向かい、それを渇望するような、ゴールや方向性が進化にあるとしていない。種や個人の「優越性」を測るような基準を提供してなどいない。同様に、コンラート・ローレンツ(Lorenz, 1970)[53]のような、人間の行動を「本能」概念を通して理解しようとする動物行動学の試みは、科学的に不正確であり、あからさまに自然主義的誤謬を犯しており――すなわち、何が容認できるかを、それが「自然」であることで正当化しようとしており――生物学的要素と社会的行動を一直線に結ぼうとしている点で完全に失敗している。

しかし、ウィルソンが社会行動の生物学的基礎にまつわるその思索を打ち上げたのは、このような歴史的背景に対抗してであった。ウィルソンのこの点に関する主な主張は、『社会生物学』の最終章でなされている。ラランドとブラウン(Laland & Brown, 2002)は、この本の大半は動物行動の議論で構成されていると指摘している。最終章においてのみ、ウィルソンは人間社会に関心を向け、諸文化には差異があり、諸個人は自らの行動について一定の選択をしているものの、人間の遺伝的な所与の資質によって、人間は他よりもある方向性により強く思考しやすくできていると論じたのである。遺伝子が文化を制限し、これによって、すべての人類の文化はあらかじめ定められた性質へと向かっていくことになると、彼は宣言した。ここで言われる性質とは、性別役割分業や親類の絆、見知らぬ人への警戒、そして全般的な男性優位といったものである。その先に、これらは適応の進化した形であり、人類に備わったものであり、ある種の「人間本性《ヒューマン・ネイチャー》」の感覚を形作ると主張する説明が、編み出された。

こういった主張が、とりわけ1970年代の革新的な政治状況においては特に、いかに挑発的だったか、容易に理解できる。彼を批判する人たちは、こういった主張に激しく噛みついた。それらは社会ダーウィニズム的な議論を再活性化させる試みであり、右傾化した政治を科学的な正統性の主張で覆い隠して、人種差別や性差別、階級的偏見を促進するものだと指摘した。いくつかの点で、こういった政治的な側面のため、両者が両者を茶化しあうような議論が圧倒してしまった。対立的な二分法が積み重なり、「左翼」が育ち《ナーチャー》を信じ、「右翼」が氏《ネイチャー》（自然）を信じるというような構図になった。興味深いことに、30年経って、多くの社会的・政治的な水脈が流れていった後になって、私たちは、政治的信念と科学的信念がよりゆるやかに連なるのを目撃し始めている。たとえば、左翼版の「自然理論」が詳述されようとしている。リチャード・ウィルキンソン（Wilkinson, 2001）は、人間社会は、平等や協調が適応生存に適したものとなるように進化したと論じている。[54]人間は平等に向かって適応するのであり、資本主義世界でますます不平等になる諸社会において、健康の不平等パターンを最もよく説明するのが、この原則への違反であるというのである。不平等は、われわれの本性《ネイチャー》に反するがゆえに、私たちを病気にするのである。しかし、このような［社会生物学と左翼的発想を結びつけるような］立場は（そこから人が何を考えようとも）、社会生物学が最初に議論されたような、白熱した政治的文脈においては受け入れられなかった。

実際、社会生物学の議論の政治的・科学的要素は、緊密に絡まり合っている。第二次世界大戦以降、人間の発達において氏より育ちという選好は地歩を築き、多くの意味で、社会科学の正説となってきた。この立場は、福祉国家の維持・拡張や両性の平等の増大を議論するときに、しばしば展開された。したがって、遺伝論を支持する立場からの猛反発をこのように強く主張するのは、非常に挑戦的なことであった。しかしまた、批評家たちは、その政治的な立場がいかなるものであれ、１９７０年代の社会生物学の科学的論理に挑戦する際には、確固たる根拠に基づいていた。とりわけ、あらゆる科学的用語系にとって、社会生物学の仮説は、人類の行動学的特性に関する後づけ《ポスト・ホック》の物語と大差ないと指摘した点で、彼らは正しい。たとえば、主たる批評家（そして生物学者）スティーブン・ローズは、社会生物学者になるために人がせねばならないことは、「むかしむかしに遺伝的に決定された特徴を持ち出して、キプリングの『なぜなぜ物語[55]』のダーウィニズムバージョンよろしく、ちょっと想像力を働かせる」（Rose et al., 1984: 258）ことだけだと書いている。

そして、現代も、社会科学者のほとんどが、自分たちの学問領域が、自然と文化の存在論的な分離によって可能になっていると信じるように訓練されている。こういった考え方は、たとえば社会生活はこの惑星の生態学的なプロセスと切り離せないという認識を通して弱まっているものの、未だ大変に支配的である。ダーウィニズムに対する宗教的反対者が人類がサルから進化したことを信じられないように、多くの人がこの考え方に執拗にこだわっている。第3章で論じたように、自然と文化の分離は、近代主義的思考の一つの特徴である。このような信念（および、自然科学者の間に存在するそれとの等価な鏡像）を仮定すると、社会生物学の発想が社会科学者の間で疑いを持って受け取られたことは、驚くに値しない。このような懐疑が露骨な敵意へと変わったのは、ウィルソンが自分の考えを非人間から人間という動物へと拡張したときに、説得性を欠く極端に不注意なやり方をしたからだと言えば、ほぼ説明できる。動物の行動を扱った章は、当該分野における重要で画期的な貢献をしていると広くみなされている。［それに対して］人類の社会生物学に関する章は、非常に危うい憶測に基づくものであり（ジェンダーの不平等や同性愛といった）社会的・政治的問題に対して、ありえないほどナイーブで無神経である。さらに、現代においてすら、社会問題について物を書く生物学者の残念な一般的特徴として、用いる言葉に対して反省的ではなく不用意である。社会的・文化的なものの研究者が多くの注意を払うように訓練されたこと――あるものがいったい何であるかに、その表象がいかに影響し、ときにそれを構築してしまうか――を、ほとんど考慮していない。

しかし、この社会生物学のエピソードは30年ほど前の出来事である。もっとうまくやらねばならないという要請を例外とすれば、それ自体では、生物学と社会のつながりを紐解くのに役立つようなものをほとんどまったく生まなかった。その遺産は、生物学的科学と社会科学の二極化を推し進めたことであった。しかし、１９７０年代ですら、この議論の布置は単純でも一筋縄でもなかった。ウィルソンの思考に対して中心になって不屈の反論を行ったのは、必ずしも社会科学者ではなかった。ローズやルウォンティンのような生物学者が痛烈な批判を行い、他の進化生物学者の多くは、進化生物学を単純に人間に適用することに用心深かったし、今もそうである。しかし、人間の社会生活の生物学的要素についての示唆しようとするあらゆる試みに多くの社会学者が抱く敵意にだけ導かれているなら、この事実を知ることはほとんどない。過去30年以上、進化生物学者が、文化が人間事象に大きく、さらには部分的に独立の作用を及ぼしていることを認識するように大きく変わったということは、さらに知られていない。

生物学と社会科学の間に、少しは生産的な対話が少なくとも構想可能な地点まで来るのに、四半世紀もかかった。この議論の基盤は、生物学者と社会科学者の別々の営みを通して現れてきた。大まかに言えば、近代主義者の思考を支配していた対立項が――本章の冒頭でハラウェイが示唆したような形で――弱まってきたことによって、これは生じてきた。この作用などによって、生物と無生物、動物と人間、人間と非人間の境界、そして、自然と文化の境界は、より不安定により曖昧になってきたのである。

現代社会生物学

進化生物学は、今も複雑で様々な要素で構成された分野であり、内部騒動で分裂している（読みやすい入門としては、Brown, 2000 参照）。しかし、その関心を人類に集中させるときは特に、前述のような不安定化に大いに貢献してきた。私見では、初期の社会生物学の前提を再考し、批判者が深刻かつ継続的に指摘した論点に対処する準備をした点に、その最も重要な貢献がある。生物学に人類の社会行動の説明力の大半を割り当て、文化は括弧に入れて図式の外に押しやることができるとする考え方は、社会生物学の伝統から出てきた人々に放棄はされなかったとしても、大幅に修正されてきた。もちろん、生物学者が今論じているアイディアや論述に、以前の社会生物学と同じ問題が見られないと言いたいわけではない。

ラランドとブラウン（Laland & Brown, 2002）によれば、最近の進化生物学には、四つの主要な潮流が見られる。人間行動生態学、進化心理学、ミーム論、遺伝子と文化の共進化理論である。これらに対する多様な賛同者と批判者の間で交わされる技術的な議論について、判断する紙幅も能力もない。代わりにここでは、その思考の主要な方向性を示し、それらを初期の社会生物学の発想からの距離で大まかに並べてみることで、それぞれの雰囲気を伝えることだけ試みたい。

（a）人間行動生態学は、人間集団内／間の環境生態と、行動的／文化的変動性との間の関係を考察しようとする。特に、計測された人間行動が、進化モデルで予測された最適戦略と一致するかどうかを見ることに関心があり、狩猟採集社会における採餌戦略や、産み育てる子どもの数と質のトレードオフ等に焦点をあてる（たとえば Bogerhoff Mulder, 1998 参照）。安定的な文化実践を、ある集団が生活する生態への適応や、環境からの刺激で生じたものとみなす傾向がある（したがって、不適応行動が残る可能性は、低く見積もりがちである）。これは、人類学者の間の少数派の手法に留まっている。というのも、人類学者はいつも文化をどこか自律的なものとみなすからであり、また、生態と文化のつながりは、自然と文化の要素をくっきりと分けることができないような、高度に媒介されたプロセスだと明らかになってきたからである。

（b）進化心理学（たとえば Buss, 1999 参照）は、人間行動が同時代の環境に適応的なのではなく、人間の心理メカニズムが過去のニーズ、特に２００万年ほど前の狩猟採集社会の人類の祖先たちのニーズ（「進化的適応環境（ＥＥＡ）」として知られている）に合うように進化し適応したものであると論じている。その結果、進化心理学者は、人間行動それ自体には焦点をあてず、その基底にある心理メカニズム（たとえば配偶者選択の「モジュール」（Buss, 1994）など）に焦点をあてる。批判者たち（Laland & Brown, 2002）は、これは１９７０年代の社会生物学が陥りがちだった、危うい憶測に基づく「なぜなぜ物語」にうってつけの危ういフィールドであり、心のモジュールの機能についての怪しげな仮定に基づいていると、正しくも批判している。社会科学の視点からすれば、進化心理学は、とりわけ文化についてナイーブであり、文化を単なる個人の心理学メカニズムの集積効果とみなしている。

（c）ミーム論は、人間行動への社会生物学的説明に対する、進化生物学者リチャード・ドーキンスの不満に端を発する、より革新的なアプローチである。文化は生物学の観点から説明できないという批判に対して、彼は、文化自体が進化プロセスに従属していると提案する。もちろん、人類学において、文化進化主義[56]は、人類の文明の低次から高次への進歩という発想と結びつけられ、非常に疑わしいという評価を下された。しかし、ドーキンスは、そのような目的論的な議論はしていない。そうではなく、遺伝子――（後に見るようにすべての生物学者にとってではないが）ドーキンスにとっては、生物学的複製の基本単位――には、「ミーム」[57]という、彼が言うところの文化的複製の基本単位が、対応するものとして存在している。この定義において、ミームとは、神や政治的主張や科学的理性に対する信仰のような、観念や信念の複合体である。彼は、その中身や方向性については何も述べておらず、ミームの進化のプロセスについてのみ言及している。ミームは、生物学的進化と並行する主要な特徴を有し、生物学的進化は、宇宙の作用における、より一般的なプロセスの中の特定の一ケースである。ミームは世代を通して伝達され（この意味では遺伝する）、どの一時点においても多様なミームが存在し、差異的で文脈相関的な適応圧に従属している。しかし、ドーキンスは、ミームは、遺伝子の場合よりも、もっと自律的な形で複製するかもしれないとしている。実際、彼は、特定の文化編成が、複製能力に優れているというだけで急速に広がるかもしれないと述べている。これらの主張は、文化を自然から分けようという主張を繰り返す社会科学者に対する、からかい半分の切り返しかもしれない。ここでは、文化は、プロセス上の相同といった深層レベルを除けば、高度に自律的な役割を与えられているのである。

（d）遺伝子と文化の共進化理論の基本的な発想は、人間は遺伝子と文化の両方を受け継いでいるというものである（Lumsden & Wilson, 1981）。これは、生物学と文化を同時に取り扱おうという試みであり、進化のプロセスが、文化的情報を獲得し、蓄積し、使用するように人間の脳を再組織化したと論じる。ひとたびこの進化的な節目が発生すれば、それによって、人類は適応的な柔軟性と大いなる文化的多様性の可能性を得る。遺伝子と文化の相互作用は、こうして新しい可能性を生み出す。たとえば、どの文化の側面をある個人が身につけたくなるかに、遺伝子的形質が影響するかもしれない。同時に、わずかな遺伝子上のバイアスが、文化的に増幅されたり減退されたりして、社会的な重みや影響力をより大きい／小さいものとしうる。ミーム論のように、遺伝子と文化の進化論は、社会的学習を非常に強調している。ある面でこの帰結として、この立場は明確に非適応論的である。社会生物学の初期の理論（や人間行動生態学や進化生物学のある側面）とは異なって、遺伝子と文化の共進化理論は、単に適応的に見える遺伝子および／または文化的性質のみに興味があるのではない。反対に、それらが環境に対して適応的でなくとも、文化的な特徴が登場し、栄える可能性があることを、非常に明確に認めている。たとえば、遺伝子と文化の共進化研究は、通常の議論とは逆に、酪農が先に発展して淘汰圧を生み、ラクトースの吸収における遺伝的バイアスをより一般的なものにしたと論じている（Holden & Mace, 1997）。

これらの四つのアプローチをレビューする中で、ラランドとブラウンは、生物科学の「自然」目線と、社会科学の「文化」目線の和解の見通しを示している。

遺伝子と文化の共進化理論の推進者たちは、文化を環境の他の側面と差異化しているのは個人間で交わされる知識であるという見方を、ミーム論者や大半の社会科学者と共有している。文化は、終わりのない鎖で伝達され、受け継がれ、しばしば適応されたり修正されたりして、累積的な進化論的変化を生む。この伝染性の、情報に基盤を持つ特徴が、文化を素早く変化させ、人々に新しい行動を伝播させ、淘汰圧を修正して遺伝子に働くようにし、われわれの行動発達に強力な影響を及ぼすものにするのである。(Laland & Brown, 2002: 249)

これは、1970年代の社会生物学戦争の論争膠着状況を明らかに一歩踏み出ており、その単純さを乗り越える可能性は、確実に歓迎されよう。しかし、その分析の明快さと分別にもかかわらず、ラランドとブラウンは、少なくとも四つの問題を過小評価している。第一に、彼らは、科学が中立で、客観的で、事実創出的なプロセスだという信念を持ち続けている。彼らの信念は、社会生物学の議論が帯びていた政治的反動のようなイデオロギー的歪曲を取り除いたならば、科学は問題を解決まで少しずつ「削りとっていける」というものである。「科学」と「文化」は互酬的に構成しあっているという、より最近の考え方を自覚していないように見える。先述のように、ハラウェイ(Haraway, 1991)のような論者は、最近の社会生物学が社会的利害を隠すイデオロギー的仮面であるなどとは論じていない。むしろ、彼女は、進化生物学が論点を述べるにあたって、文化寄りの比喩をいかに共有し、利用し、提供してくれているかを示す。第二に、彼らは、還元主義の強さとみなしているものを科学的探究の主たる方法論として守ろうとし、自分たちは全体論的思考にがまんがならないと言う。私はこれは誤っていると考える。全体論は曖昧主義(さらには神秘主義)に陥りかねないが、全体論の形式をとる複雑性理論の発想も、科学的思考において重要な位置を占めている(第3章および本節後半参照)。第三に、先の引用が示しているように、彼らは未だ二元論的な文化と自然の見方に同意している。ミーム論と遺伝子と文化の共進化理論は、文化と自然を相互作用的に見ており、それはつまり、両者の根源的な分離を前提としている。第四に、彼らの議論や彼らがその先を行っているとみなす科学者の方法論には、方法論的個人主義への強い傾斜が見られる。たとえば、文化的伝達が個人の精神の学習過程を通して起こるとか、文化は単に個人の行動の集積であるという仮定において、それは明らかである。その結果、人間社会の集合的な側面は、社会生活を秩序づけ文化を安定化するのに決定的な役割を果たす社会制度であろうと、物質的人工物であろうと、軽視されている。

　しかし、このような疑問を確かに投げかける、文化と生物学の関係の説明はある。１９７０年代の社会生物学に対する最も激しい批判の多くが、生物学者自身からのものであったと先に述べた。たとえば、優れた生物学者であるリチャード・ルウォンティンは、社会生物学者の批判者であり続けると同時に、人間社会と文化を唯物論的、つまり、部分的に生物学的な視点から理解することに関心を持っていた。ルウォンティン（Lewontin, 2000）は、この領域の著作に広がる方法論的個人主義よりはるかに洗練された、社会的なものの像を持っている。社会生活に関する多かれ少なかれマルクス主義的な視点を発展させることで、社会的現象は集合的で関係的であると、彼は確信していた。社会現象は、存在論的に先行する個人の活動の結果以上のものである。彼は、科学は社会的諸条件の中で形作られ、それを形作ると確信していたのだ。とりわけ、遺伝研究は資本家の関心に主導されていると論じている。しかし、これ以上に、科学はそれが用いる言語によって捉えられると、彼は確信していた。たとえば、「発達《ディベロップメント》」という言葉づかいが、現象を、中から展開しすでに存在する何かを生むかのように構築したと論じている。人類の発達は遺伝子の発現であり、遺伝子が個人の青写真を形作っているというように。ルウォンティンはむしろ、時間とともに

――ただし非目的論的な形で――現れる、互酬的な関係性のネットワークを見る。彼によれば、「進化とは、［決められた道筋の］展開ではなく、可能性の余地を歩き回る、歴史的に偶有的な経路なのである」(Lewontin, 2000: 88)。個々の有機体の発達は、遺伝子構造と環境との双方の結果であるが、しかし、全体のプロセスは、有機体とその歴史によって、すでに部分的に生み出された環境に折り込まれている。

遺伝子・有機体・環境の関係性は互酬的なものであり、その中では、この三要素は互いに原因であり結果である。遺伝子と環境は有機体の原因であり、有機体は環境の原因であり、遺伝子は有機体に媒介されることで環境の原因となる。(Lewontin, 2000: 100-1)

これが示唆するのは、遺伝子・有機体・環境は、その歴史が互いに関連づけられているため、それらがあたかも分離した実在かのようには研究できないということである。ルウォンティンは、グレイ (Gray, 1992) とオーヤマ (Oyama, 1985) が「発生システム」と呼ぶものを、進化プロセスに適用した一例にすぎない。オーヤマは、遺伝と進化プロセスにおける情報伝達との関係でこの点を論じ、このアプローチの意味するところを非常に明確に書いている。

(システムの) 反応性に対する影響や制限は、現在の刺激と過去の選別や反応や統合の結果の両方の関数であり、有機体は環境によって組織されながら、環境を組織化する。この場合、発生経路は、その経路の正常性や相対的確率のいかんにかかわらず、ゲノムによっても環境によっても、いかなる本質的な形でも定められな

い。（Oyama, 1985: 169）

このようなシステムは、第3章で論じた複雑系と非常に近いものと考えることができる。生物学的なものと社会的なものを、相互作用する二つの別種のものとみなすのではなく、このアプローチは、システムは多様な相互連関によって成り立っているという発想から出発する。あらゆる複雑系と同様、これらは分子、細胞、有機体、社会といった異なったレベルを孕んでいる。互酬的関係性がこれらの異なった水準間で生じ、システム（とその多様なレベルや領域）が時間に沿って（非目的論的に）発展する。こうして個々の有機体や、あるいは進化の時間的尺度に沿った種全体でさえも、全体の中で異なったレベルや領域を占めているものの、同様に扱いうる。

遺伝的・環境的差異の効果は、それが生ずる文脈によって偶発的である。（…）環境要因のインパクトは、その有機体の発生状況によって変わりうるし、活性化された遺伝子の効果は、発生システムの他の部分の状況に互酬的に依存する。（…）発生の因果関係の互酬的・時間的な不確実性は、遺伝的・環境的ベクトルの単なる和ではない。（…）したがって、因果関係は、ベクトルではなく、システムの用語系で概念化されねばならない。（Gray, 1992: 175-6）

第3章において、人類の子どもとマクロな社会システムを、両者の関係を媒介するメゾレベルを通してつなぐ、ブロンフェンブレンナーの発想を適用しようと試みた。しかし、各レベルを、独立に構成された所与の「入れ物」とみなすのではなく、それを貫くネットワークや流れ《フロー》、人々と言葉と物を構成する流れを通して、偶発的に構築されたものとみなすほうがより適切だろうと主張した。このイメージを、今再び、分子や遺伝子、物理的環境や生きた有機体を含む、生物学的で化学物理学的なレベルに用いることができる。これらが一緒になって、そのシステムの歴史に従って、発生経路を形作るのである。

動物における幼若性の進化

「子ども」の身体の発達との関係で、これらのテーマのいくつかに立ち戻る前に、生物学、特に進化生物学から、子ども研究のより直接的な関心を引くような何を引き出すべきかを考えたい。実際、複雑系という観点から概念化しているか否かにかかわらず、「子ども」という言葉はほとんど使われていないもの（ただしBogin, 1998と以下を参照）、子ども研究に関係することはたくさんある。生物学者が用いているのは「幼若性＝年少性《ジュブニリティ》」という用語である（Pereira, 2002）。これは、単なる意味論的な差異に留まらない。「幼若性」は、性的には未熟だが、親のケアがなくとも生きられる（生存のためにこの手のケアに依存しなくてよい）という、動物の間に見られる現象を指している。この幼若性の期間は、非常によく見られるものであり、進化生物学者は、なぜ幼若段階を持つ種と持たない種があるのかに長いこと関心を持ってきた。幼若段階はすべての主要な分類群（両生類、爬虫類、魚類、鳥類、哺乳類）にまたがって見られる。幼若性は種の大きさに限定されるわけではなく、多くの種において、非常に多様な形で現出する。2、3年間海で過ごしてから淡水の孵化地点で産卵し、死ぬために壮大な旅をする、太平洋サケの事例はよく知られている。昼間の鳴き声に熱中する周期ゼミは、17年間地中で栄養を蓄えて、交尾のために地表に出てくる。メス亀は性的成熟に達するのに30年もかかる。

　進化論的観点からすれば、幼若性に伴う再生産能力の遅延は、一見すると非常に不可解である。自然淘汰において、動物の生活史の中でも、できるだけ早く生殖するほうが有利そうなものである。つまり、早期の生殖は、その種が存続する最大限のチャンスをもたらしそうなものである。あらゆる動物の寿命は捕食や病気によって限定されており、個体が早く生理学的に再生産可能になればなるほど、子孫を実際に産む可能性がより高くなりそうなものである。早く生殖機能を獲得することこそ、一生での生殖の成功の可能性を高め、1世代の長さを短くし、幾何学的な人口増加のチャンスを増大させる。こういった考え方はすべて、長い幼若期を前にくじかれる。

　ではなぜ、種は成熟の遅れから利益を受けるというのであろうか。この問いに答えようとする中で、進化生物学者は、生物学的プロセスがすばらしく複雑で、生態系と社会性の双方と入り組んで重なりあっていることを明らかにした。彼らの研究の一般的な枠組みは、個体の全生涯を通して、生殖の可能性を最大化するような要素を考えるというものである。そのような要素には、孵化や妊娠の期間、子孫の大きさや数のような種固有のものもあれば、季節性や食料の豊かさなどの環境的なものもある。種の生活史のどの段階で、いかに資源が成長と維持と生殖に割り当てられているかが、生殖の可能性を最大化する戦略の登場にとって決定的なのである。こうしてある種の生活史それ自体が、進化のプロセスの対象となる。ある所与の環境における生態的地位において、幼若期の長短や不在といった特定の生活史のパターンが、その有機体の生存可能性を増大させるため、選択されやすいのである。この議論の全体像は、ペレイラによってまとめられている。

動物の幼若性の一般的機能は、成長と生殖の開始の調節である。多くの場合、それは成長率を最大化し、かつ／または、成長の期間を拡大するものであり、小さいことで捕食されやすく、生殖のための戦いにふさわしくない期間から逃れるようにするためである。（…）逆に言えば、小さいことのコストがほとんどないとか、大きくなると環境に淘汰されるという場合は、幼若期は短縮されるか、存在しないこともしばしばある。多くの鳥類や哺乳類のように、親の世話によって、または親から離れるとすぐに大人の大きさになる場合や、早期の生殖行動がその後の成長を抑制しない場合もまた、幼若期は短くなる。（Pereira, 2002: 26）

幼若期は、ひとまとまりの複雑な進化論的なトレードオフの産物なのである。このようなメカニズムがいかに作用するかを完璧に理解するには程遠いが、進化生物学者は、いくつかの要素やプロセスを指摘しえている。たとえば、固かったり（亀のように殻を持つなどして）、生まれたときから大きかったりすると、生き残る可能性が増加するが、このことがしばしば生殖能力の発現の遅れと関連している。逆に、小さくて脆弱な子孫を産む種は、人生初期の成長期をしばしば加速させてきた。性的淘汰も関係することがある。少数の大きく支配的なオスに交尾が独占されている場合、早く生殖能力を獲得することは、同性の争いによって、けがをしたり死んだりするリスクにつながる。しかし、このような関係性はまた、環境的要因にも影響されるため（Warner, 1984）、幼若性を促進したり抑制したりする進化圧は、種とその環境の相互作用の文脈において理解されねばならない。発達のパターンを適応させることで環境に応える種もあり、哺乳類以外においても、種の集合的・集団的生活に由来する社会要因が、長期化した幼若期の登場に影響しうる。これらのプロセスを探究するために、生活史上の諸変数が分類群内／間でいかに相関するかを比較する、複雑な数学モデルが発展してきた。しかし、関係する要素は、動的で非線形なものとして、理解されるべきである。ペレイラが述べるように、「成熟のタイミングの変化が、他の生活史の特質に影響を与えないことなどめったにない」（Pereira, 2002: 20）のである。

すべてではないにしても、多くの哺乳類の種は、長期化した幼若期を持つ。伝統的に、進化生物学はこの傾向について、二つの対立する説明をしてきた。一つは、最初の生殖の年齢は、その種の大きさと成長率における制約（たとえば季節の影響など）とによって説明できるというものである。もう一つのアプローチは、人口学的要因の影響がより重要だとする。残酷な言い方になるが、これはつまり、死亡率の高い種ほど早期に生殖期を迎えるということである。パーゲルとハーヴェイ（Pagel & Harvey, 2002）は、種の間の比較データでこれを検証してきた。彼らは、説明力に大きな差異があるものの、大きさ（と成長率の制約）が哺乳類の幼若期を長期化するのに最も明らかで重要な役割を果たしていると結論づけた。しかし、彼らはさらに、重要な選択優位性は、個体が、長期化した幼若期を生存可能性を助けるスキルを磨くのに用いたときに生じると述べている。

遊びや狩りの真似事、社会的スキルの学習といった行動は、幼若期のおかげで進化し、その期間の存在を強化しさえするかもしれない。その影響は、成体の死亡率、繁殖力、幼若期の生存率といったものに及びうる。そのような影響が意味を持つところにおいては、成体の死亡率や成体の大きさといった要素を介して、淘汰作用によって設定されたよりも成熟年齢が遅くなりうると考えられる。（…）大きさを統制した後にも残る差異は、幼若期の個体が成体になるまでの期間に獲得する、スキルや知識によるとすることができる。（Pagel & Harvey, 2002: 37）

先に、生活史の軌跡は、環境との関係で理解されるべきであると指摘した。動物は環境を感知し、それに反応して変わっていくので、多様な調整フィードバックメカニズムが生じうるのである。哺乳類以外においては、これは非認知的メカニズムで生じているのかもしれない。しかし、哺乳類（そして、これから見るように特に霊長類）においては、認知的な意味での学習が同様の、もしかするとより複雑な、役割を果たしているように思われる。社会的学習、遊び、試行錯誤が、長期化した幼若期における進化戦略として発展していくのである。

しかし、遊びや学習機能が、生存により適した成体のみをもたらすとみなすのは、誤りである。それは全体像の一部ではあるかもしれないが、興味深いことに、現代の生物学者は全体として、社会科学者が人間の子どもに対してとるのと同様の立場を採用している。ルーベンシュタインは以下のように述べている。

遊びは、社会的・認知的スキルを増強し、円滑な筋肉運動を発達させるだろう。（…）しかし、遊びが年少の個体によりよい成体になることを準備させるからではなく、遊びの効用が幼若期をよりよいものとするのを助けるから、現在有能な個体は生存のチャンスを高めるが、だからと言って、必ずしも将来成体として直面する固有の問題にうまく対処できるというわけではない。（Rubenstein, 2002: 56）

霊長類と人間

ここまでの幼若期に関する議論は、人間以外の動物についてであった。しかし、社会生活との関連で生物学的思考を掻き立てているのは、人類も進化プロセスから立ち現れたのであり、そのことが動物の王国と人類とをつなぐと同時に、人類の特定の性質を特徴づけるという、基本的なダーウィニズムの洞察である。ここまで見てきたように、最近まで、この件に関する生物学的な思考は推測の域を出ず、人間社会を形作るのに文化が決定的な役割を果たしたとするのではなく、むしろ生物学的要素と人間行動との連続性を強調してきた。しかし、人類と現代のアフリカ類人猿との間の類似性は、両者に共通の祖先がいることを示しているという、1世紀前のダーウィンの指摘の重要性を否定する論者は少ない。その頃以来の化石の記録や、近年の人類とサルのＤＮＡの研究によれば、これは実際に事実であろう。進化研究者が語る物語は常に新しく変化していく。現時点で事実の解釈として最も適切なのは、６００万年ほど前のアフリカにおける気候の変動が、多様な類人猿が栄えていた密林を変容させ、森林地帯にしてしまったということである。このことが、多くの類人猿に劇的な影響を与え、絶滅させたり新しい適応を促したりした。この変容期の生き残りが、現代の類人猿や人類の祖先である。

最も象徴的な例は「ルーシー」、すなわち、古人類学者ドナルド・ジョハンソンが、アフリカ大地溝帯のエチオピア側の端で見つけた類人猿の骨格化石である。それがどの程度効率的だったかは議論があるが、ルーシーは間違いなく二足歩行する類人猿だった。彼女の足の解剖学的特徴とその他の証拠から、彼女は直立歩行する能力があったとわかる。アフリカ大地溝帯に350万年前に生息した同様に二足歩行の類人猿の骨が、さらにたくさん発見されている。しかし、進化論的アプローチは目的論的ではない。食物採集や運搬を自由にでき、ジェスチャーをし、人類の特徴となる道具を使える手の発達を可能にするために、二足歩行が生じたというような議論はしない。二足歩行は、それ自体で生存につながる何かであったはずである。しかし、それが何であったとしても、二足歩行が、類人猿（彼らは二足歩行姿勢をとれたものの、いつもそうできたわけではないし、解剖学的にそれに順応していたわけでもなかった）から分かれた最初のヒト科をもたらしたのである。二足歩行のサルから人類への移行という一連の流れは、非常に論争含みである。だが、150万年前くらいから、ホモ・エレクトスという新たな種が現れた。これは、100〜300万年前に存在し絶滅した15種の人類のうちの1種であったと考えられている。ホモ・エレクトスは、他のヒト科よりも大きな体格で、大きな脳を持っていた。これは非常に成功した種であり、徐々にアフリカから移動し、地球の他の地域に生息していった。

自然と文化の媒介の主たる産物の一つが技術であり、人類の生活に用いられる膨大な量の人工物である。第1章で述べたように、これらは現代の「子ども」とその変化の軌跡をもたらすのに（決定的だというわけではないが）重要な役割を果たしている。しかし、近年の霊長類研究は、人類と霊長類のうちのわれわれの生物学的な親戚との間の境界を打ち崩しつつある。人類の文化は多様で生産的だが、霊長類学者によれば、同様の傾向はチンパンジーの間にも言えるという。道具の使用はそれ自体では文化の証しではなく、チンパンジーの間にも、道具の創造的で革新的な使用は見られる。異なったチンパンジー群で異なった道具の使い方がなされることは、環境への適応だけでは説明できない。というのは、それは手に入る材料の違いを反映しているだけではないからである。むしろ、道具の使用と異なった使用方法（たとえば、群がっているアリを食物源にするといった）は、社会的に学習されるとみなすことができる。

同様に、人類は非常によく発達した言語能力を持つが、これも、ある程度チンパンジーにも見られる。最近の霊長類学研究の要約を紹介しよう。

チンパンジーは、複雑で抽象的な言葉の意味を表現する能力は持たない。彼らの能力は、2歳半の幼児のレベルである。統語構造を理解し文を作ることはできる。認知の領域では、他者の心の状態のようなものを理解することができるが、人類の子どもと同様のレベルでというのは難しい。模倣は可能だが、うまくない。たぶん、単に猿真似をしているだけである。3歳児レベルの数や合計や分数の概念を持っている。(Stanford, 2001: 161)

しかし、スタンフォードはさらに、チンパンジーに人間の言葉を教え込むことは、チンパンジー同士のコミュニケーションを理解しようとすることに比べれば重要ではないと述べている。後者の存在は知られているが、現時点ではほとんど解明されていない。たとえそうだとしても、このような研究結果を見れば、人類と霊長類の少なくともいくつかの種との間に明確な線を引くことは、ますます難しくなっている。ギブソンが述べるように、

道具作りや象徴主義、構文、文化、その他の能力を動物が持っているか否か、ゼロか百かと定義しようとす

る傾向がある。（…）今やゼロか百かで定義する志向を捨て、複雑な行動を多様なレベルや度合いで存在しているものと見るときではないだろうか。（Gibson, 1993: 8）

この視点から見れば、驚くべきは、他の動物においては単独で、また初歩的な形で存在するような行動が、人類においては相互生成的であり、「個人の総和よりも偉大な文化的生産物を生む」（Gibson, 1993: 136）その仕方である。人類の祖先の道具使用は考古学的記録から２００万年前にさかのぼると推論できるが、文化的な象徴体系がきちんと証拠立てられるのは、せいぜいここ4万年程度である。人類の登場は、手と口の機能が（意図や設計によるものではないが）道具と言語の使用を可能にする形で調整されたという点に負っている。ギブソンは以下のように述べる。

類似の神経的・認知的・構造的気質を共有しているわけではないが、言語と道具使用は、互いにフィードバックしあったり促進しあったりするメカニズムを有しているようである。（…）多くの人類学者は、道具使用や努力に必要な計画力と発話との潜在的な相互関係を繰り返し主張し、詳述しようとしてきた。（Gibson, 1993: 10）

言語の発達は、十分に解明された進化プロセスとは言えない。化石の記録からは、何十万年にもわたるゆるやかで漸進的な発達がわかり、考古学からは、相対的に現在に近いホモ・サピエンスの発達が見て取れる（Lewin, 1993: 457-67）。いずれの場合にも、発話は、脳の活動（記憶・意識・思考）が外化され、共有され、世代から世代へと受け渡され、社会プロセスに参入していく際のツールである。この点で、発話に対応するものがジェスチャーにあり、そのジェスチャーが道具と合わさると技法になる。そのような技法の一つが「グラフィズム」、すなわち図像的表現であり、耐久性のある物質的イメージを作り出し、世代間を含む社会的な伝達を可能とした。さらに、技法《テクニック》や技術《テクノロジー》（定義はIngold, 1933 参照）は、人間の身体の「拡張」を作り出し、よりいっそうの力、広がり、効率性を与え、社会生活を構築するにあたって、人間と非人間を混合する。第1章で見たように、そして第5章で再度見るように、現代の「子ども」は、このような社会–技術的次元を考慮しないと理解が難しい。

霊長類の幼若性

ここまで見てきたように、霊長類だけが長期化した幼若期を持つわけではない。だが確かに、霊長類は著しく長期化した幼若期を過ごす。実際、霊長類と他の哺乳類の間の生活史のパターンを区別するにあたって、未熟な期間の長さは最も重要な要素である。霊長類はまた、哺乳類としては典型的でない成長パターンを示す。霊長類以外の哺乳類は、典型的には、誕生後すぐに急速な発達を見せる。それに対して、霊長類の成長は誕生数日から数週間後に緩慢になり、緩慢な成長率の時期がしばらく続き、思春期に至って視床下部や下垂体や生殖腺のホルモンの新たな分泌に伴って成長がスパートする。しかし、ボーギン（Bogin, 1998）は、「子ども期《チャイルドフッド》」は人類に特有の、個体の成長発達に追加された段階だと主張している。霊長類には「幼児期《インファンシー》」と「幼若期《ジュブニリティ》」と「成年期《アダルトフッド》」があるが、人類では「幼児期」と「少年期《ジュブニリティ》」の間に「子ども期」（年齢で言えば2歳から7歳）という段階が「挿入」されている。彼の議論は、霊長類と人類の成長パターンにおける、数々の、量的というより質的な違いに依拠している。たとえば、類人猿に比べて、人間の子どもの脳は相対的に大きい。これは、大半の霊長類と異なり、人間の子どもの脳は生まれる前に早く成長し、生まれた後も成長し続けるためである。人間の脳はまた、発話能力や利き手とも関係する形で、別様に組織されている。これは、子ども期を文化と関係した進化戦略と結びつけ、集中的な親の（もしくは他の大人の？）社会化が成功の鍵だとする興味深い発想ではある。ただ、いかに興味深くとも、これは推論の域を出ていない。

子ども期が固有の時期であろうとも、幼若期の1バージョンであろうとも、また、霊長類の間で長期化した幼若期が重要であるにもかかわらず、霊長類の研究において、幼若期に関心を寄せるのはほんのひと握りである。幼若期に興味を持つ霊長類学者は、この問題について、長いこと強く不満を表明している。たとえば、この領域の世界的権威ふたりが、以下のように述べている。

> 霊長類の行動や生態について35年間も現代的研究がなされておきながら、幼若期は生活史の中で最も無視されている。（…）長期化した幼若期や遅延された性的成熟といった保護された発達のあり方こそが、霊長類を最も哺乳類から区別していると考えれば、この状況は何とも皮肉である。（Pereira & Fairbanks, 2002: 3）

ここにも、生物学と社会学とが共有する何かがある。子ども社会学者もまた、子どもを長いこと無視してきた（大人中心の）学問からの抵抗を克服せねばならなかったのである。ペレイラとフェアバンクスは、大人中心の社会学者が人間の子どもについて持つのと同じような、霊長類学者の間にある前提を指摘し、退けねばならなかったのである。たとえば、幼い霊長類は無垢ではないと、わざわざ述べている。「未熟な個体は、容易に行動のルールに従うが、ときにルールを操作したり、操作していると見せたりするのにも熟達しているように見える」（Pereira & Fairbanks, 2002: 4）。幼い霊長類は「未完成」でもない。彼らによれば、せいぜい「成体と」「異なっている」だけである。彼らは、生殖が可能になるときまで、時間を賢く使うことに特化している点で異なっている。精力的であり、好奇心旺盛である。多くの危険の中でもいちばん恐ろしいことに、彼らは、大人に支配された世界で生活せねばならないという事実に直面しているのである。

生物学者はずっと昔に、子孫の数とその生存と親の世話の密度とには一般的な関係があると認識していた。霊長類は、子どもを少なく産んで、親による高い水準のサポートやケアを与えるという生存戦略を進化させてきたようである。このような進化の道筋をとらせた条件については、進化生物学者の間でも議論がある。この際に基本となるのは、霊長類の進化の道筋は、大きな脳の発達によってもたらされたということのようである。緩慢な身体発達によって捕食のリスクが高まったとしても、とりわけ親や社会集団による高水準のケアを考慮した場合、それによってもたらされる認知的・行動的な長所がリスクを凌駕すればいいというのが仮説である。大きな脳の発達は、霊長類の発達において特に重要な役割を占めていると思われる社会的学習や遊びと結びつけられる。しかし、遊びというのはコストのかかるものであり、危険でもある。霊長類以外の哺乳類の研究によれば、長期化した遊びは、生存可能性を上げる適応行動ではない。しかし、霊長類においては、様子が異なっている。遊びは、神経回路を最適に形成するような形で行われる。異なった種類の遊びがさかんに行われる時期は、脳の発達が最も可塑的である時期と重なっている。このことは、若年の個体の生存と、成体としての生涯を通した生存との双方に、有利に働くようである（Janson & Van Schaik, 2002）。

このような仮説の多くは、将来的な研究でさらに説明される必要がある。しかし、人類以外の霊長類の（大きく複雑な脳、緩慢な身体の成長、遅い生殖、長い寿命といった）進化の経路を見渡したとき、人類の進化で、それがさらに一歩進んだと言えそうである。人類の場合、親やその他の大人からの社会的ケアの量と種類が増している。若い人類への保護や食物、住む場所、社会的学習の供給は、霊長類の進化戦略を強化した。結果として、一つの独立した発達段階とみなせるであろうような、他のどの類人猿よりも長期化した幼若期が実現した。

身体・「子ども」・社会

人類の進化の産物の一つは、人間の身体の明確な特徴と、子ども期（とその後）の一連の成長と発達である。したがって、文化と自然を対置させる近代主義的思考を前提とすれば、多くの社会理論、とりわけ社会学的なそれにおいて、身体が不在なのも驚くに値しない。人類学には、人間の身体を社会過程の資源であり産物であるとみなす伝統が確かにあったが、第二次世界大戦後の社会科学の状況下で、やや閉ざされてしまった。それは（階層やジェンダーや人種といった観点で考えられた）社会構造や、（象徴的なプロセスとして考え出された）社会的相互作用といったものへの関心に取って変わられ、影が薄くなっていた。しかし、1980年代から社会学で変化が現れ、身体なるものが社会理論のトピックとして再発見され、社会的探究のトピックとしての身体への関心が急激に高まった。この動きは、以前の人類学の再読をもたらしたが、同時に、社会理論における言語論的転回に強く影響されたものでもあった。この思考の成果は、ターナー（Turner, 1984, 1992）に概説されている。彼の結論の中心は、社会学的研究は、彼が言うところの「基礎づけ主義」と「反基礎づけ主義」に分かれる傾向があるという点である。ターナー自身は、どちらのアプローチもそれ自体では不適切であり、何らかの理論的統合や超越が必要だと述べているが、この分類は、議論の的となった問題は何かを見るための、有用な出発点となろう。

この二つの傾向は、ラトゥールが指摘した、社会科学が自然と文化をどんどん引き離していく――ついにはポストモダンの思考の中で完璧に分離されてしまった――一般的な傾向を反映している。つまり、基礎づけ主義者は、歴史的には初期の現象学的な立場に固執する。身体なるものは、現実の、しかしどちらかといえば何の問題もない、所与の物質的実在と考えられている。この視点に従い、社会科学者は、身体が人間の文化において多様に表象される際の多くの異なる意味の枠組みに関心を向けてきた。身体は、意味が「そこに書き込まれ」ている。その最も基本的な部分で、基礎づけ主義者は、社会的文脈とは独立に機能する、一貫した（しかし変わるかもしれない）何かがあると前提している。ある意味で、これは生物学者が認識しうる身体である。身体（とその変化のプロセス）は、経験され、生きられるものを形作っている。したがって、この視点で優先されているのは、主として現象学的なものである。社会学者の仕事は、異なった社会的・文化的文脈の中で、異なった行為者によって、身体がいかに経験され、解釈されているかを記録し、分析することである。

しかし、反基礎づけ主義者は、これとは大きく異なった、社会構築主義的な立場をとる。彼らは、身体とその表象を区別したがらない（Armstrong, 1983 および本書第2章参照）。極端な反基礎づけ主義者は、完全に観念論的に議論するかもしれない。つまり、物質的な身体などないのだ、あるのは身体の構築と理解のみだ、と。穏健派——言い換えれば一貫性を欠く立場——は、身体が物質的なものであるということは認めるとしても、私たちは様々な言説を通してしかそれにアクセスできないとする。私たちの身体の経験や、私たちが身体に与える意味を構造化し形成するのは、こういった言説や身体を表象する方法なのだ。この見方において、社会科学者の仕事は、このような表象を分析し、それらが作られ、効果を持つ、社会過程を明らかにすることである。

問題は、ターナーが論じているように、基礎づけ主義と反基礎づけ主義は同時に一貫した形では両立できないということである。というのは、両者は互いの反対項として定義されているからである。ターナーは、この隘路から抜け出すために、方法論的折衷主義を提案する。つまり、双方のアプローチの知的遺産を受け入れ、適切なときに適切なほうを用い、両者を異なってはいるが補完的なものとして見ようとするのである。この立場をとれば、経験的な柔軟性とアプローチの多様性が可能となるが、理論的には一貫していない。身体の物質的性格に対する異なった相容れない前提が、同時になされていることになる。この点について、シリングは、ターナーは基礎づけ主義と反基礎づけ主義の枠組みを統合しようという自らの野心を満たせておらず、それは、彼の方法が関係論的ではなく付加主義的だからだと（このとおりの言葉を使ったわけではないが）指摘している。シリングが正しくも見るところでは、ターナーは「基礎づけ主義と反基礎づけ主義の枠組みを、その基本的なパラメータに変更を加えずに組み合わせ」（Shilling, 1993:

103）ようとしている。その結果、ターナーは、自然としての身体と社会としての身体の間の関係を見ていないのである。

そして、シリングは二つのアプローチを統合し、それによって、子ども研究にとって大いに可能性のある立場を作り上げた。彼の議論のエッセンスをまとめれば、人間の身体は、誕生したときから、社会的にも生物学的にも未完だというものである。生涯を通して――子ども期は一つの決定的な時期のようではあるが――身体は、同時に生物学的でも社会的でもあるプロセスを通じて変化していく。非常に幅広い社会理論を参照しながら、彼は枠組みの二つの基本要素を示す。第一は、心と体の関係は文化と自然の関係のより広い文脈の中で見られなければならないというものであり、人類学とフェミニズムから導き出される。人類学の中で重要なのは、レイコフとジョンソン（Lakoff & Johnson, 1980）の象徴とメタファーの理論である。彼らは、心は自然界を知覚する際の身体メカニズムの中にあってそれに従属するので、その結果として、心と体の間には、一対一ではないにしても緊密な関係があると論じている。たとえば、重力が「上り」「下り」のような動きを現象させ、人間の思考がこの現象に立脚し、それを利用し、それを作り上げるような世界に、私たちは生きている。フェミニズムの論者もまた、人によって異なった程度ではあれ、男性と女性の経験を異なったものとして形作る生物学的性差の、それ以上の何かに還元できない性質を指摘している。生物学還元主義へと（しばしば男性の優越性の主張の反転といった形で）向かっていくフェミニズム分析もあれば、自然の差異が社会的な差異へと読み替えられ、歪められていく、生物学的プロセスと社会的プロセスの相互作用を見る分析（Chernin, 1983; Orbach 1986）もある。このような説明において、身体は、社会関係によって形作られるのみならず、資源や制約要因としてその構築に巻き込まれている。

シリングの議論において同様に重要なのは、身体が生物学的・物理的存在だと認めて初めて、それがいかに社会に影響されているかを見ることができる、という指摘である。ここでいう影響には、社会構築主義が強調した象徴的・言説的実践を通して生ずるものもある。身体は、多様に表象され、分類されるのだ。しかし、多くの社会的実践は物質的でもあり、たとえば食べ物や運動や訓練体制も、間違いなく身体を形作っている。たとえば、イギリスにおいて、イングランドの4～12歳の肥満児率は、1984年から1994年で2倍になった（Parliamentary Office of Science and Technology, 2003）。アメリカでも、6～19歳の15％が太りすぎと推計されるなど、同様の傾向が見られる（National Center for Health Statistics, 2003）。事実、太りすぎの子どもの割合は国際的に上昇しており（International Obesity Task Force, 2003）、その傾向は豊かな国々のみに留まらない。この体の大きさと形の変化は早すぎて、遺伝的要因では説明できず、食べ物や身体活動を反映しているとみなされている。しかし、こういった近年の知見が、食べ物や運動体制を変えさせようという努力に火をつけているが、子どもの社会環境と身体の発達との結びつきは、長年にわたる研究の知見でもある（第2章参照）。たとえば、貧困と体重と身体の成長の関係は、国際比較が注目するところである（たとえば、Birch & Dye, 1970: 46-80; UNICEF, 1995: 82-85）。

したがって、身体と社会の関係は相互関係的であり、社会が身体に作用し、身体が社会に作用するのである。身体は進化的・遺伝的歴史とともに、社会的歴史を持っており、これらが共同的に生み出されることにより、これらの歴史は互いに溶け合ってしまう。身体を社会的・生物学的に未完のものと見る視点は、社会構築主義が分離してしまったものを再び結びつけることを約束している。それは、いかにして身体と社会が互いに作用するかに注目を促す。実際、近年の経験的研究には、まさにこういったテーマが現れてきている。たとえばクリステンセン（Christensen, 2000）やミルバーン（Milburn, 2000）は、子どもの身体がいかに親の実践の対象となっているかを示し、シンプソン（Simpson, 2000）は、教師が学校における子どもの身体の見た目や時間的・空間的軌道をいかに規制しようとしているかを描写した。ジェームズ（James, 2000）は、自身の以前のエスノグラフィーを再訪し、子どもの能動的な役割を再び強調しつつ、さらにこれを時間的視角に位置づけ、子どもたちがいかにアイデンティティを交渉／再交渉しているかを示した。成長のプロセスにおいて、身体の変化は新たな可能性を生む。子どもは身体の変化をコントロールできないが、うまく対応してそれをアイデンティティへと読み替える、柔軟な資源とすることができるのである。同様に、プレンダーガスト（Prendergast, 2000）は、月経を恥ずべき秘密としてしまう家庭や学校において、少女たちが初潮という身体の変化にどう対応しているかを示した。同時に生物学的でも社会的でもあるような、こういった実践の多面的な性質は、アームストロング（Armstrong, 1983, 1987 また本書第2章も参照のこと）のような、社会構築主義者の子どもの身体の分析と対照的である。彼の説明は啓蒙的だが、医学がいかに子どもというカテゴリーを作り出したのかをめぐるもので、身体は驚くほど実体を持たないものとして描かれている。テレンス・ターナーの言葉を借りれば、以下のような「反身体」である。

> 肉を持たず（…）権力によって言説から生まれたものである（…）その幻想上の主体性を作り出す欲望自体が、内的な生活自体の産物や比喩的な表現ではなく、むしろ外部にある言説の述部である。（Turner, 1994: 36）

子ども社会学の最近の論者は、子どもの身体が感知され、理解され、作用され、産出される仕方を形作るのに、言説編成がいかに強力かを無視したり過小評価したりしない。クリステンセン（Christensen, 2000）は、学校の校庭で起こる最もありふれた事故や災難を大人が理解するときに、子どもの本質的な脆弱性の観念が入り込んでくる様子を明らかにしているが、これはこの現状をよく示している。しかし、彼女の説明が同時に示しているのは、身体の表象にのみ関心を限定し、子どもと身体の間の相互的な関係を見ないのは不十分だということである（Christensen, 1999 も参照）。

シリングが子ども期にほとんど注目していないことは、驚くべきことである。この時期はやはり、身体に対する／身体からの作用が、相対的に激しい時期と考えられる。しかし、シリングの実質的な論点の中では、子ども期は2点に関係して登場するのみである。一箇所目は、エリアスの「文明化の過程」、すなわち、食事や性交や排泄といった身体的機能に関わる行動形態を個人が内面化された形で統制・抑制するようになる、長期的な歴史的趨勢の説明の箇所である。二箇所目は、ブルデューの階級ハビトゥスの伝達の説明の箇所である。子ども社会学の視点から見れば、子ども期の社会化に関する前提という点では、エリアスもブルデューも不十分、よく言って曖昧である。両者とも、成人期の完全な社会性への移行過程で、受け身かつゆっくりと具体的な諸性向を増大・蓄積していくというふうに、子どもを見ていると言える。子どもが能動的に利用し、変容し、吸収する可能性はほとんど（せいぜい曖昧な形でしか）認識していない。そこには、子ども期と成長には逆転や変容や反転がつきものであり、「大人」になるべく近づくように進歩していくものではないという感覚などない。つまり、子どもは未来に備える存在《ビカミングス》であると同時に今を生きる存在《ビーイングス》であり、子ども期は段階的であり、子どもは能動的で創造的な行為者なのだという点を、考慮していない（Bluebond-Langver et al., 1991 も参照）。

子どもがいかに能動的に身体に働きかけ、身体を使って動作するかを提示する研究もある。たとえば、ミルバーン（Milburn, 2000）は、中産階級の子どもと大人が、いかに公的な健康言説を日常の実践に翻案し、部分的に変容させているかを示した。健康増進というレトリックにこだわる一方で、相殺しあうような圧力や利害に基づいて、家族の中で、公的に是認される行動が実際に争われ、やめさせられ、再交渉されたりする。子どもは（そして親も）、公的に流布された規範に対して従順などころか、その意味を調整し、その履行に抵抗したり修正したりする作業に能動的に関わっているのである。プレンダーガスト（Prendergast, 2000）とクリステンセン（Christensen, 2000）は、ライフコースの特定の時点において、身体と社会がいかに密接に絡み合っているかを描き出した。前者は、少女が初潮を経験するときに、身体が女性性のアイデンティティによっていかに形作られ、またそれを形作っているかを示した。彼女は、成人女性の入り口に立つ思春期の少女たちが、その社会的・物質的な布置の中で、月経は恥ずかしく、秘密にすべきものだと強調する現在を、いかに生きているかを分析した。こういった過程を通して、少女たちは、自らの身体が問題をもたらす未来をのぞき見ると同時に、ジェンダーとアイデンティティの関係性が柔軟で開かれていた、過ぎ去った子ども時代を思い出すことができるのである。

> 文化的プロセスとしての身体化という問題は、ライフサイクルの要所で痛切なまでに浮上してくる。身体が通る道筋には、象徴的・道徳的価値が与えられる。身体の形態は、社会的な移行を表したものとみなされる。（…）それぞれの段階で、私たちは自分の身体、さらには他者の身体に、適切かつ特別な形で慣れ、その声に

耳を傾けることが要求される。(Prendergast, 1992: 1)

子ども期が特定のタイプの身体パフォーマンスを通して構築され、そのようなものを要求すらするという可能性を、クリステンセンの研究(Christensen, 2000, 1999)は直接述べている。彼女は、子どもの創造的な活動のみならず、現代の子どもたちが高度に時期区分された世界――他の社会から区別された「子ども期」――に生きていることを示した。子ども期は、そのようなものとして大人の世界と逆説的な関係にあり、その不完全版とか欠陥版とはみなせない。クリステンセンは理論的検討において、この現代的な子ども期を定義する中心的特徴の一つである「脆弱性」に対して、重要な疑問を提示している。子どもの脆弱性を単なる自然的事実として受け入れるのではなく、クリステンセンは、脆弱性を作り上げているものを探究する必要があると論じる。子どもは、他の人々と同様に、ときに脆弱かもしれないが、それを子どもの主要なアイデンティティとして用いるには、何かもう一押しがあるはずだと彼女は論じている。イデオロギー的には、子どもは大人から区別され、関心と援助と介入の的にされ、自分たち自身の問題に立ち向かう能力を最小に見積もられる。同時に、彼らの実際の経験、脆弱性として経験されるそれは、大人たちから耳を傾けられることはあまりない。クリステンセンによれば、子どもたち自身は、自分たちの身体経験に強い関心を持っており、彼らの「身体のプロジェクト」は、経験の断片や素人や専門の生物医学のカテゴリーの寄せ集めを通して構築された意味や理解を求める営みなのである。

こういった研究は、子どもの社会的存在としての解釈活動が認められたならば、社会的・生物学的に未完の身体という観念が、子どもとの関係の中でどのように扱えるかを見せてくれる。子どもの身体は、多様な役割として現れる。子どもたち同士の間や大人との間の社会関係や意味や経験の構築において、行為者能力《エイジェンシー》、行為、相互作用の産物／源泉として、そして、そこで様々なことが具現化される、社会化の場として。こういった議論は、身体と社会の関係性を強調することで、身体が捨象可能かのようにして社会関係を理解できるという発想を掘り崩す。こうして、「子ども」に関して、社会生活はハイブリッドなものだという発想へと、重要な歩みを踏み出すことになる。

生物―技術―社会の翻訳《トランスレーション》

身体を、社会生活から切り離されたものではなくその一部として扱うということは、「子ども」に関する自然科学と社会科学の間のより生産的な対話がなされる条件を作り出す、重要な一歩であった。しかし、生物学と子どもという単語だけを含むような「子ども」の説明は、人類の進化のプロセスとの関係で先に述べたような、人間の生活はありとあらゆる人工物や技術や機械に囲まれて生じているという、非常に重要な事実を見落としている。文化とは、象徴的であるのみならず、物質的なのである。つまり、身体と社会の関係性それ自体から先に進み、その関係を、密にネットワーク化された異種混淆性としての社会生活の中に位置づけることが必要である。このアプローチの非常に適切な例は、バーナード・プレース（Place, 2000）の研究である。彼は、子どもの身体と医療技術の強い結びつきにまつわるプロセス見ることで、身体に関する様々なアプローチがいかに統合されているかを示した。彼が選んだエスノグラフィーの対象は、現代の病院、正確には、小児集中治療室である。彼によれば、この特定の状況下において、人間の身体は、穴を開けられ、カニューレやらチューブやらカテーテルやらを挿入され、人工的な機材につながれ、心臓や腎臓、脳、肺、その他の器官の機能を詳細に調べられる。これらの人工的な機材が医者や看護師に操作される一連の記号（波形や数値や図像）を作り出す。このような機材につながれる過程で、身体は秩序づけられ、外化され、その境界は拡張される。身体は、肉体的（人間的）および非肉体的（技術的）な要素によって制限されるようになり、プレースの言葉でいうところの「技術的形態」をしたものになる。

この状況で、看護師や医者、そして、親と小児患者は、身体の全体性を保とうとする。だが、こういった状況において、身体とは何であろうか。プレースは、参与観察に基づいて、「チャイルドデータ」（有形の身体の中で何が起きているか）と、「データチャイルド」（周囲の機材とつながれていることで、その有形性が目に見える形になったもの）という区別を持ち込む。この二つが一致することは自明ではなく、一致する条件は、分刻みで実現されると論じている。彼によれば、集中治療室では、「チャイルドデータ」と「データチャイルド」の関係を維持する作業が行われているのだ。

リー（Lee, 2000）も、別の状況に同様のアプローチをしている。彼は、虐待の裁判における子どものビデオ証言の導入を分析している。彼によれば、英国の裁判所におけるこの実践の導入は、子どもに証人としての能力があるとみなしていく［子どもの権利論等と連動した］一般的な文化動向からは、うまく説明できないという。むしろ、子どもと裁判所の間の媒介に二重の変化があったのである。つまり、一方で、クリーブランド児童虐待事件[58]の調査において、肛門拡張反射テストが（少なくとも部分的に）信用できないとされ、医学が子どもの身体を代弁できるという主張が難しくなった。他方で、子どもを適切な証人とみなすことに対する法律論の反発を克服する、ビデオというテクノロジーが導入された。リーは、仮に証言能力に異議が出されても、それはあらゆる証言の信頼性の検証で用いられる一般的手順の一過程にすぎないと論じている。このような子どもと装置の間の新しい同盟関係を作る際に、ビデオの配置が子どもを適切な証言者として構成し、この特定環境下での発話主体として構築するのである。

プレースやリーの洞察は、ターナーが指摘した基礎づけ主義と反基礎づけ主義の間の分離に新たな視点をもたらすことになる。すなわち、身体とその表象は、相互排他的ではなく、相互依存しているのであり、異種混淆のネットワークの中で形を与えられるのである。こういう視点は、アクターネットワーク理論においてよく展開されている（たとえば Latour, 1993 や Woolgar, 1986 参照）。すでに見たように（第3章参照）、しばしば翻訳《トランスレーション》の社会学と呼ばれるこのような先行研究は、社会生活を生む物質と、物質を秩序づけ、パターン化する実践とに関心を寄せている。科学技術に特に関心を寄せつつ、文化と自然の間の媒介ネットワークに注目することで、それらの境界を常に掘り崩していく。翻訳の社会学は、社会生活の関係論的で、構築的で、プロセス的性質を強調する社会学と、多くの共通点を持っている。と同時に、ある一つの重要かつ根本的な点で、大きく異なっている。つまり、翻訳の社会学は、社会が人間の行為と意味のみによって構築されているという前提を拒否するのである。この点で、この立場は社会構築主義とははっきりと異なっている。構成主義的ではあるが、徹底的に一般的な意味においてであり、唯物論的社会学を再強調するが、物質的なものを、社会を構成する他の要素との関係に置く限りにおいてである。「社会」は、異種混淆の素材のパターン化されたネットワークの中で、それを通じて産出されるとみなされている。社会は、人間と非人間の間の多様で移りゆく結びつき（や分離）を通して作り上げられる。確かに、人間とそれ以外の物質界の結びつきはいたるところに見られるため、あらゆるものはハイブリッド――ラトゥールが「準モノ」「準主体」と名づけたもの（Latour, 1993）――とみなすことができ、そこでは人間と非人間の境界が変化し、交渉され、経験される。

この考え方において、社会生活は、「純粋」な人間（大人、子ども）にも、「純粋」な何かにも、還元できない。（常に詳細な経験的検証に開かれた）一般原則として、いかなるものも、それ単独では組み合わせから生ずる秩序を決定することはできない。ある一種類のものですべてを説明しようとするような社会学的アプローチは――ターナーが身体に関する基礎づけ主義と反基礎づけ主義が陥りがちだと述べているような形で――ある種の還元主義に陥っている。アクターネットワーク理論は、様々な「子ども」や身体を、あらゆる現象と同様に、人間の心とその相互作用のみならず、また人間の身体とその相互作用のみならず、膨大な量の物質的・非物質的資源が互いを構成しあうような、果てなき相互作用を通じて構築されるものとみなそうとしている。

分析は、こういった異なったものの「翻訳」――媒介のネットワーク――に焦点をあてることになる。このような異種混淆のものが互いに互いを包み込み、構成し、秩序づけるプロセスや、維持され、付け加えられ、取り去られる何かを常に含むプロセスを追尾することに関心が向けられる。身体は分析に含まれるが、自然的・物質的な環境の諸側面とともに、多くの異なった人工物と編成・混合されるものとしてである。これらの諸要素は、社会を構成するアプリオリに平等な（「ラトゥールの表現で言えば」シメトリカルな）行為項《アクタン》として――より適切には「社会的なもののネットワーク」として――見ることができる。このアプローチを採用すれば、多様な「子ども」も身体も、象徴文化のみならず、物質文化との関係に位置づけることになる。これらを作り出しているのは、生物学的な出来事だけでもなければ、身体経験の現象学のみでもないし、象徴的意味の構造のみでもない。これらはすべて重要だが、物質が組織されるパターンや、それらが秩序づけられるモードもまた重要なのである。この視点から子どもの身体を分析すると、その構築と維持に――ときにはその綻びや解体に――巻き込まれた物質、実践、プロセスを追跡することになる。

「子ども」を社会学的対象として構成しようとする近年の試みは、少なくとも二つの形で、それが社会的現象だと強調してきた。一つは、「子ども」の社会的構築は言説編成だと指摘することによって、もう一つは、自分たちの生活を形成する子どもたちの能動的で創造的な能力を、エスノグラフィーで探究することによってである。身体に関して言えば、「子ども」に関する社会学的研究は、社会構築主義へと展開することで、身体が文化ではなく自然の領域に属するという前提から、自分たちの分析対象を力ずくでもぎとろうとした。しかし、どちらの場合も、あらゆるものを「社会的」とみなす試みには問題があった。身体の社会学においては、物質的身体の位置づけについて、理論的に一貫しない前提を置くことになってしまった。シリングはこういった点を指摘し、身体は未完であると述べる中で、身体と社会が相互作用することや、自然と文化の境界はもっと開かれたものであることを主張している。子ども社会学においては、身体は当初は慎重に取り扱われたが、シリングと同様の視点の転換が必要であることが明らかとなった。そうして現れた研究は、文化／自然の分離の弱まりという点から見て――ただし子どもたち自身の創造的活動に注意を払うという点でいくつか大きな修正をすれば――意味があった。その詳細な経験的描写において、このような研究は、社会的行為者としての子どもたちと身体の結びつきと、応急処置的にではあるが、それらの異種混淆的な成り立ちとを明らかにした。

結論

生物学者は自然に関する語りを編み上げる。たとえ多くの科学者がそう願わなかったとしても、このような語りは、その歴史的時間の地平の中の文化資源を利用し、かつそれらを作り上げるのに貢献している。科学を構成する自然と文化の複雑なハイブリッドは、その異なったレベルがいかに混ざり合い、相互作用し、関係しあっているかを正確に把握できないにしても、あらゆる人間生活の条件なのである。人間社会を生物学の観点からのみ説明しようとする試みは、還元主義者の誤謬に陥るよう宿命づけられているが、だからと言って、科学者による自然の表象が、いかにそのプロセスが生じているかについての知見を与えてくれないというわけではない。生物学者が人間行動を理解するのに文化が重要な役割を果たしているということを受け入れ始めるとき（実際受け入れてきたが）、学際的な対話の基盤の一部が構築され始める。より重要なことに、生物学的要素と文化的要素がともに、そして互いに、原因と結果といった形ではなく、長い時間をかけて発達した複雑なシステムを通してより互酬的な形で作用しあうかもしれないと認識されたとき、「子ども」を含む人間の生活のハイブリッド性を理解するための第一歩が踏み出される。この一歩を踏み出したとき、私たちは、氏か育ちかという単純で付加主義的な議論から距離をとることができる。ラトゥールの言うところの「準主体」と「準モノ」を認識し、分析に含めることができる。

子ども研究は、もしそれが真に学際融合的な分野であろうとするならば、自然／文化の二元論から踏み出さねばならない。「子ども」は「文化的」だと主張して「生物学的」なものをすべて括弧に入れることも、その反対も許されない。社会的なものの足取りをたどり直すということは、「子ども」と「生物学的未熟性」の間に厳格な区別を引いてしまうような、文化還元主義から引き返すということである。子ども社会研究に関わる人々にとって、このような再考をするということは、文化的・社会的・人類史的視座から「子ども」について得られた知見をすべて捨てるということを意味しない。その意味するところは、自然と文化の境界を開いておくということである。たとえば、長期化した幼若期が、種としてのわれわれの歴史の一部を形作っており、それこそが人類が霊長類と共有し、もしかするとより遠い哺乳類とも共有しているであろうものだと認めるということである。このような視点に立ったとき、「子ども」は、生物学の付帯現象ではなく、生物学的要素の文化への翻訳と見ることができる。あらゆる「子ども」は、このような長期化した幼若期によって構成されており、あらゆる人類の文化は、その事実と折り合いをつけねばならないのである。幼若性は様々な異なった形で文化に翻訳され、それらが融合してその履歴に痕跡を残すため、「子ども」は非常に多様な現象として現出する。ここにおいて、身体は重要な役割を果たし、社会に作用し、社会に働きかけられる。身体は、そこを流れる技術と一緒に見たとき、純粋に文化に属するわけでも、自然に属するわけでもない。次章では、このような生物―社会―技術のハイブリッドの例を、「子ども」との関係で論じたい。

第5章 「子ども」の未来

とっても簡単なことなんだ。宇宙では、正しい公式さえわかっていれば、みんなほかのものに変わることができるんだ。1分だけ人間になって、その次は機械になることだってできるんだよ。(9歳のアメリカの子どもの発言 Turkle, 1999: 327)

はじめに

ジル・ドゥルーズは、そのエッセイ「子どもたちが語っていること」(Deleuze, 1997) において、子どもは自分がやっているどんなことについても、しばしばとめどなく話し続けると観察している。彼らの活動は実践の動的な軌跡と見ることができるし、会話はこの軌跡の心的地図を構築していると言える。子どもの自分語りは、人間の自我が、終わりのない創発のプロセスを通して、いかに立ち現れるかを見せてくれる。子どもたちは、なりたいものになろうともがき、ドゥルーズの用語で言う「内在線（平面）」を作り出す。この線を作り出すことは、二重の活動である。子どもたちは、彼らを取り巻くより厳格で、固定された構造や期待、ドゥルーズが「組織線（平面）」と呼ぶものと交渉しようとたくらむ。そこには家族や学校といった、それぞれの行動ルールや規範を持つ別々の制度や領域に（相対的に）分割されたものが含まれる。一般的に言って、このようなルールは、文化／自然、男／女、子ども／大人、家庭／学校といった相互排他的な二分法を作ることで作動している。これらが子どもを形作り、「正常」な型にはめようと――つまり、子どもの欲望や創造性を限定し、同時に、安定性を作り出し、世界をより確かで、恐ろしくないものにしようと――必死になっている。このプロセスで、子どもたちは（正常であれという期待をかけてくる）組織平面に組み込まれるが、そこから「逃走」しようとも企てる。このことが子どもを変容させ、新しい形の表現と内容を始めさせ、プロセスが進むにつれて新しいものを生んでいく。このような内在平面は、分割と二分法を溶解する傾向があり、これらを無視してハイブリッド化していき、新しいものを作り上げていく。

この子どもたちについての論考は、ドゥルーズが、ときにフェリックス・ガタリと共同した（特に Deleuze & Guattari, 1988 参照）無数とも言える著作で発達させてきた、より一般的な概念セットを例証するものである。彼らの非常に複雑で長大な議論を要約することはできないが、ドゥルーズとガタリの視座は、これまでの章で議論してきた理論テーマの多くと並行し、呼応している。具体的には、ＡＮＴやハラウェイのサイボーグ論、複雑性理論などの発想があげられる。これらの概念は、新しい「子ども」、潜在的な多様な「子ども」（そして、それに付随する大人／子ども関係）の形態の登場に焦点をあてるのを助けてくれるので、本章で述べるテーマや問題に適している。とりわけ本章は、「社会的」「生物学的」「技術的」なネットワークの新しい相互作用が作り出す子ども／大人関係に対する揺さぶり——より正確に言えば、これらの領域が混ざり合ったり、別々の領域に分解してしまったりする中で、「子ども」がどのようなものでありえるか——を論じようとしている。

これまでの各章で論じてきたそれぞれの理論的資源がドゥルーズとガタリと共有している基本的発想は、人間世界の異種混淆性である。世界は、人間的・社会的部分も含めて、異種混淆の要素からなるアレンジメント[59]である（Deleuze & Guattari, 1988）。ドゥルーズとガタリの視座は非常に広いものであり、人類と人類以前の歴史を広くすくいとっている。現代の自然科学と芸術を利用し、そこから借用した新しい哲学的概念を提案している。彼らの著作の鍵は、厳格なアンチヒューマニズムであり、世界を人類を中心としているかのように扱うことを拒否している。これは、ニーチェに負っている。ポストダーウィニズム的人間生活像を表明し、人類の存在は生命の進化の文脈の中で検討される。人間を独自で特別なものとみなす啓蒙の信念は、もはや使えたものではなく、人間の生活は、世界を作り上げる異種混淆の素材からの創発／との結びつき／への依存といった観点から見られなければならない。したがって、人間の意味世界を分析の基礎として受け入れるのではなく、それを問題化する。人間世界を脱中心化し、それをより広範な物理的・生物学的プロセスの文脈とみなすことで、これを行う。人間は、自分たちを単独で書き上げる著者ではなく、他の多くのものや力と絡み合っているとみなされる。ドゥルーズとガタリは、3種類の実在を区別する。物理化学的なもの（結晶の議論によって例示している）、有機的なもの（DNA配列で例示している）、そして、人間的形態の（もしくは人間様の）ものである。これらはそれぞれ、人類の社会生活の創発と構築に貢献しているとみなされている。しかし、これらのリアリティの異なった地層は、行動と生成変化《ビカミング》の異なったロジックに従っている。たとえば、結晶のマクロ的な形態は、その分子の性質から機械的に誘導される。様々な動植物の生命を作り出すたんぱく質の配列は、対応するDNAによって変換されることで生み出される。しかし、人間的形態の地層は、もっと複雑で変容していく、翻訳のプロセスによって特徴づけられる。そのプロセスを通して、物理化学的地層や有機的地層は人間的形態の地層に埋め込まれ、逆もまたしかりなのである。繰り返せば、彼らのアプローチは、本書のここまでの章で論じてきたテーマと重なるように見える。

ドゥルーズとガタリの議論は、技術や言語といった人類の特徴に、大きく関心を払っている。第4章で論じた人類学的な思考とともに、手や口の機能が道具や言語の使用を可能にするように修正されてきたところに、人類の登場の理由を見ている。それによって、ドゥルーズとガタリが「社会技術機械」（「人間−道具−動物−物」の合体物）や「記号機械」（象徴の体制）と呼ぶものが作り出される。これらは、異種混淆の素材——人間、動物、植物、ミネラル——をネットワークに配置し、自然と文化を媒介し、行為のための新しい能力と新しい力の場を生み出す。人間であるとはいかなることかは、こうして脱中心化される。人類を世界から孤立していると見るのではなく、人間の能力や力は世界とのつながりに由来するとされる。人類の歴史は、非人類の世界からの借用のプロセスであり、身体（そして、この後見るように、心）の新しい組み合わせと拡張を創り出していく。

彼らがあげる最も印象的な歴史的な例は、新しいアレンジメントと権力を生み出す、人間と馬の多様な結びつきの議論である。たとえば、人間とあぶみの組み合わせは、人々が旅できる距離を広げた。人間―馬―剣のアレンジメントは、腕の戦闘能力を拡張し、新しい軍事力を作り出した。人間―馬―鋤は、人類の土地を耕す能力を拡張し、新しい農業力、交易の可能性、そして定住をもたらした。このプロセスにおいて、人間も馬も変化した。ドゥルーズとガタリは「リゾーム」というメタファーを用いて、世界は常に（複雑性理論によって論じられるのと同じような形で）増殖し、反復し、分岐し、組み合わさり、変容し、遂行する、複雑なアレンジメントであるという思考を表現している。リゾームは、低地ないし地下の茎（イチゴがなじみのある例）を表す植物学用語である。ひげ根を伸ばすことで、複雑で、複数に枝分かれし、分岐した、しかし相互につながった構造を作り出す。それは社会生活のイメージとして、階層的で安定した構造という機械的な観念に対抗し、その動的な性質に注目する。しかし、物理化学的なものをただ一つの有機物に変換するイチゴとは違い、人間的形態の地層のリゾームは、多数の組織線と内在線を強化し、あらゆる種類のもの、存在、技法、問題、逆説を増殖させている（De Landa, 1997 も参照）。

ドゥルーズとガタリを「子ども」を考える枠組みとして薦めるにあたって、私は、以下のようなリーの見解に従っている。

> 人類は、拡張と補完の開かれた渦の中に自分たちがいることに気づく。異なったアレンジメントを通り抜けるたびに、力と特徴を変えていく。（…）ドゥルーズとガタリの（…）目を通せば、人類によって完結させられることを待っている、単一の未完の自然の秩序など見えない。見えるのは、変化に開かれたままの、多数の未完の秩序である。（…）人間生活は、大人でも子どもでも、無数の生成変化に巻き込まれたものであり（…）多様な「子ども」を（…）比較する枠組みを、ドゥルーズとガタリは与えてくれる。（…）子どもが場所に入

ろうとそこから出ようと、新しい場所が彼らに作られようと、私たちは、いかなるアレンジメントに彼らが巻き込まれ、いかなる拡張を通して彼らが生きているのかを問えばよいのだ。(Lee, 2001a: 115)

リーは、多様な例を論じることで、この戦略がどのようなものかを示している。たとえば、ブラジルのストリートチルドレンは、「子ども－集団－道」のアレンジメントであり、別のアレンジメントである「警察－法－国家」と衝突する。イギリスにおける子どもに外出禁止令を導入しようという最近の試みは、国家が「両親－子ども－家」のアレンジメントを「子ども－集団－道」のアレンジメントよりも推進していると見ることができる。実際、第1章で論じた多様な趨勢は、アレンジメントとして見れば新鮮な視点で見られる。現代のメディアが社会化を複数化している様は、「教室－教師－子ども」のアレンジメントと「子ども－テレビ－市場」のアレンジメントの衝突と、国連子どもの権利条約は、子どもを完全に支配せずに守るための、子どものまわりに新しいアレンジメントをまとめる試みと理解することができる。

子どもとありふれた人工物

これらはすべて示唆に富む例であり、私はこの章で、リーが始めた「子ども」をアレンジメントとして分析する方向性を、他の領域にさらに応用することで追求したい。情報コミュニケーション技術（ＩＣＴ）、生殖・遺伝子技術、神経薬理学的薬物について論じる。これらを選んだのは、それぞれに、「子ども」の未来について幅広い示唆をもたらしうる、潜在的に立ち現れつつあるアレンジメントに関係しているからである。しかし、その前に、物珍しい新奇な技術から議論を引き離し、子どもの日常世界の非常に重要な部分を形作っている人工物のほうへと向けて、ここまでの議論を敷衍しておきたい。子どもの日常世界は、近年の子ども社会研究の中心であり続け、子どもたちが社会生活に参加し、行為者能力《エイジェンシー》を行使する、しばしば見過ごされるようなありふれた形を見つけるために探究されてきた。しかし、このような研究は、異種混淆の配列とか、子どもたちが他のものと結びつきを形成し、その行為する力が創出されるような方法といった観点からは、日常生活をほとんど見てこなかった。

子どもの日常生活にあふれる人工物については、近年の「テクノトイ」の探索的研究（Plowman et al. 2003 や Plowman & Luckin, 2003 参照）でさかんに言及された。この用語は、ロボットの犬ややりとりのできる人形といった、遊んでいる子どもにデジタルテクノロジーを使って反応し、相互作用することが可能になったおもちゃのことを指している。こういったおもちゃは、年間ベストセラー商品リストの常連だし、道徳的関心の的であり続けている。批判的な論者は、こういったおもちゃは限られた範囲の反応しか返さないため、子どもたちの創造的な遊びを脅かすと論じている（Levin & Rosenquest, 2001）。しかし、研究によれば、そういったものが目新しく映る世代とは異なり、現代の子どもはこういったおもちゃを伝統的なおもちゃと根本的に異なったものと思っておらず、たいてい同じように扱っている。

テクノトイがごく普通のものとなるもう一つの興味深い過程は、子どもがテクノトイをそれぞれのやり方で用いているということである。（…）子どもたちは、自分なりの想像力で遊び、そのおもちゃの決まった相互作用を返すような部分を完全に無視し、創造力に富んだ形で使っているのだ。（Plowman et al. 2003）

実際、子どもたちにとって、おもちゃの最も重要な特徴の一つは、デジタルな相互作用よりも、他の子とつながるきっかけをくれるかどうかである。遊び友達を捨ててそのおもちゃと孤立するよりも、子どもはテクノトイを遊び場に持ち出したり、外の遊び集団に巡り会おうとしたりする。おもちゃは、巻き込まれ、他の子を巻き込む手段として使われるのだ。

この可能性は、スコットランドの子どもたちが、多様な遊びでどう相互作用しているかを見た、オジルヴィー＝ワイト（Ogilvie-Whyte, 2003）のエスノグラフィーで強調され、展開された。彼女の子どもの遊び場の観察は、ＡＮＴ（第3章・第4章参照）に由来する洞察から、子どもたちは「異種混淆のエンジニア」であることを照らし出す。互いに相互作用したり、そのような相互作用過程を通じて現れた共同の利害を追及したりするとき、子どもたちはあらゆる人間・非人間を結集し、用いている。彼女はさらに、誰が遊び場を使うかをめぐる二つのグループの衝突の例から、子どもたちの対立するグループがいかに巧妙かつ戦略的に、幅広い人間・非人間のものを用いているかを記述した。たとえば、年上の子、きょうだい、親を使うときもあれば、ボール、木の板だっていい。犬だって！

このヒルエンド遊び場のミクロな状況において、社会関係の大半は、人間と非人間の相互作用においてまとめあげられているということが、この上なく明らかになる。ざっと見渡せば、遊び場の景色というのは、子どもたちの小さな集団があふれ、それぞれの集団がちょっとした物でまとまっているとわかる。物のタイプは、実に多彩である――サッカーボール、ベイブレード、ベイブレードスタジアム、スケートボード、インラインスケート、レスリングのフィギュアやリング、バービー人形、ゲームボーイ等々。（Ogilvie-Whyte, 2003）

これらの人工物は、彼女が示すように、社会関係の単なる小道具ではなく、他の人間同様に、社会的なものに埋め込まれ、その一部となっている。しかし、彼女はエスノグラフィーを通して、子どもが補完や拡張を引き出す可能性の領域がいかに限られているかを探究している。ある人々や物が、ある子には手に入らず、他の子には手に入るということがあり、こういった限定こそが、相互作用の形、特に子どもたちが互いにまたは大人と繰り広げる奮闘の形を作り上げる。一つの例をあげれば、男の子たちは、常に運動靴を学校にこっそり持ち込むことを試みている。運動靴は、彼らの人間関係の中心にあるインフォーマルだが競争的なサッカーの試合に参加するのに不可欠なのだ。うまくプレーするのに靴があまりに重要なため、彼らは親に激怒されたり、学校に罰せられたりするリスクを進んで冒すのである。

この問題（サッカーシューズであろうと、運動靴であろうと、他のものであろうと）を議論する際、子どもたちは暗黙裡に、靴が、彼らの集合的な行為者能力《エイジェンシー》をある意味で拡張してくれると理解している。ときに、彼らは、こういったものが、彼らの行為者能力《エイジェンシー》を他の行為項《アクタン》とのアレンジメントを通して拡張し、同様に、何らかのアレンジメント——何らかの行為項《アクタン》——が、彼らの行為する力を損なうと自覚している。（Ogilvie-Whyte, 2003）

この例は、ドゥルーズとガタリの言うところの、アレンジメントが、新しい力や可能性を開くような形で人間の能力を補完し拡張するという点を、世代間／世代内の関係の構築（第3章参照）のバリエーションとともに描き出している。これから論じるいくつかの例で見ていくように、このような過程は新たな議論や論争、問題をも開いていくことになるのだが。

情報コミュニケーション技術

第1章において、1970年代以降、テレビのような技術がいかに「子ども」の性質を変容させたかという関心があり続けたことを見た。実際、新技術が子どもにいかなる影響を及ぼすかという関心は、少なくとも20世紀初頭にまでさかのぼる歴史を持ち、それ以来、ラジオ、映画、漫画、レコード、コンピューターゲーム、ビデオが皆、若者をダメにすると批判されてきた。今日同様、こういった批判は、政治的な左翼からも右翼からもなされてきたが、政治的保守はこれらを道徳的退廃という観点で枠づける傾向があり、左翼は資本の陰謀と見る傾向があった（Barker, 1984; Kline, 1995）。しかし、このような議論が、「新技術」の固有の性質からではなく、新しいアレンジメントからいかにして浮かび上がったのかを見ようとするならば、マードックとマクロン（Murdock & McCron, 1979）があげるような例を思い起こしておくことは意味がある。彼らは、『エジンバラ評論』誌に1851年に載った、次の大衆劇場批判を引用する。

われわれの街の少年層を堕落させる一つの強力な要素は、安い見世物や劇場に見出される。あの手のものは、若者を引きつけるようにうまく選ばれ、手を凝らされている。（…）この手の場所に出没するようになった少年が、瞬く間に堕落腐敗し、彼を観客として引きつけたような、不品行な行いをする輩になろうとすることは疑いない。

このような言説はありきたりなものであり、（形を変えながら）インターネットの悪影響を語る現代まで続いている。しかし、第1章で見たように、１９７０年代に、それとは異なって、より根本的な主張が現れ始めた。ポストマン（Postman, 1983）やウィン（Winn, 1984）のような批評家は、特にテレビのような新しいメディアは、単に若者を堕落させるだけでなく、子どもと大人の区分を解体してしまい、「子ども」の全制度が「消滅する」と論じてきた。それによれば、テレビやその他のコミュニケーション技術は「大人の」情報や価値を明るみに出し、子どもに手に入るようにしてしまうことで、こういう帰結をもたらす。より最近では、対抗言説（たとえばKatz, 1997）が作り上げられ、パソコンやインターネットといった現代のデジタルテクノロジーは、子ども／大人関係に対してポジティブな価値を持つとされている。子どもは、経済と社会の新しい歴史的可能性の担い手であり、前衛であるとして称えられた。ここでもまた、「子ども」と「大人」の間の二分法的区分の解体が含意され、歓迎され、受け入れられた。

これらの二つの立場の違いは、しばしば「サイバー批判者」と「サイバーユートピア主義者」といった用語を使って要約され、どちらの立場も子どもというカテゴリーを本質化し、子どもの間の違いを低く見積もり、子どもの社会的行為者としての能力を否定し、技術決定論的な議論を採用していると批判されてきた（Buckingham, 2000; Holloway & Valentine, 2001）。しかし、セルウィン（Selwyn, 2003）が近年示しているように、子どもと情報コミュニケーション技術（ＩＣＴ）を取り巻く言説は、この二極化された議論よりも、はるかにずっと複雑である。彼は、放送メディアとＩＣＴの宣伝と英国の政策文書がいかにこの問題を表象しているかを検討し、6種類の異なった言説が同定できるとした。

・「生まれついての技術の熟練ユーザー」としての子ども
・情報が普通の子どもを異様に熟練した子どもに変える（読書や計算の能力を何らかの形で高めることで）
・コンピューターが子どもを変容させ、「大人向け」活動に熟練させる（たとえば、ビジネス経営や株取引などの）
・「大人向け」の題材をインターネットやコンピューターゲームで求める、逸脱した子ども
・情報技術利用を通して不適切な暴力的・性的題材にさらされる、無垢な子ども
・子どもが情報社会やネットワーク経済に適応するための、ＩＴ利用の必要性

この分析が示すのは、ＩＣＴに関する現代の議論は、批判者とユートピア主義者の対立的二分法に回収されないということである。人々の議論の中にはかなりの曖昧さがあり、二つの立場だけに安易に還元できない。しかし、この極端な立場は政治化され、その間にあるより複雑な状況は不可視化される。こういった見方は熱心に主張されるが、どちらの側も、自分たちの視点をその信念の強さに見合うだけの研究で根拠づけられておらず（Buckigham, 2000）、その分、こういった強固な見方は、いかなる場合においても証拠に対して抵抗する。実際、子どものＩＣＴ利用についての研究には方法論的な困難がつきものであり、ＩＣＴ利用の「効果」は何かというような単純化された疑問への単純な回答を得ることはできない。しかし、子どもがいかにＩＣＴを使用・理解し、それに影響され、それを使いこなしているかを実際に検

証するような研究の動向は、子どものＩＣＴ利用の現実に根拠を見出すことで、両方の極端な立場を掘り崩しつつある（たとえば、Bingham et al., 1999; Facer et al., 2001a 参照）。

たとえば、ヴァレンタインとホロウェイ（Valentine & Holloway, 2002）は、子どもがいかにＩＣＴを利用し、それが彼らのアイデンティティ構築にどの程度作用しているのかを検討してきた。質問紙や日記、フォーカスグループインタビューや半構造化インタビュー、オンラインインタビューを用い、彼らは子どもがいかにオンライン上の社会関係やアイデンティティを再構築し再形成しているかを示している。その主な結論は、「彼らの『バーチャル』な活動は、実際はオフラインのアイデンティティや関係性と切り離されているわけではなく（…）オンラインとオフラインのアイデンティティは対立的でも無関係でもなく、互いに構築しあっている」（Valetine & Holloway, 2002: 316）というものである。彼らはＩＣＴ活動と子どもの日常生活が相互に構成される無数のプロセスを同定している。たとえば、オンラインのアイデンティティは、既存の階級やジェンダーの不平等に左右され、そして／あるいは、それを再生産する。オンラインの活動で集められた情報は、オフラインの情報と合わさる（たとえば、趣味や関心に流れ込む）。この研究からはまた、それぞれの子どもはそれぞれのやり方で、インターネットを使っているということである。

インターネットは、ある子たちにとっては、親密なオンラインの友達を作るための道具であるが、他の子たちにとっては、日々のオフラインの社会的ネットワークを展開する社交ツールである。オフラインの趣味を充実させるための重要な道具として使う子もいれば、ふざけるための気軽な道具として使う子もいる。（Valentine & Holloway, 2002: 316）

このことは、ドゥルーズとガタリ（とANT）のアイディアに備わっている、もう一つのキーポイントを裏づけている。子どもであるとはいかなることかが、何らかの不変の安定したものであるかのように本質化できないのと同様に、ICTとは何「である」かは、それが作用するアレンジメントによって移り変わる。その文脈や、他の人間・非人間との結びつきは、無限にそれを構築／再構築し、「子ども－コンピューター」のアレンジメントは、その性質や効果において安定化されない、創発的なものなのである。

では、ICTや関連人工物の「子ども」に対する意味とは何なのだろうか。セルウィン（Selwyn, 2003）は、最近の議論の多くは、子ども／大人関係という観点のみからこの問題を見ようとする点で、間違っているとする。彼によれば、人々の議論の前提にあるのは、経済的・政治的利害である。たとえば、ICT関連会社が子どものイメージを使うかもしれないが、その主な動機は、IT関連のハードウェアやソフトウェアを、それを買うだけの資源のある大人たちに（たとえ実際にそれを使うのが子どもたちだとしても）売りつけることである。政府は、国民に競争的な情報ベースの経済の要請に屈しなければならないと説得することに関心がある。だが、これらのITを売る際の多様な利害関係は重要であるが、それを考慮することは、ICTが世代間の新たな関係を作り出すという話と矛盾するわけではない。実際、セルウィンが記録している幅広い議論は、サイバー批評家とサイバーユートピア主義者の双方の熱狂と同時に、大人／子ども関係の再配置に何かが起きており、直接的または単独でそれを起こしているわけではなくとも、技術がそれに関係しているということを示しているように見える。

情報コミュニケーション技術が、新しい社会的・経済的関係性を作り出すのに関与しているという観察は、もちろん、社会理論家によって広くなされている。なかでも卓越しているのは、マニュエル・カステルの名であろう。『ネットワーク社会の登場』(Castells, 2000) において、カステルは、情報技術から立ち現れていると彼がみなす、新しい経済の形態を分析している。その「ネットワーク経済」は、情報を主要な素材として利用し、ネットワーキングする論理を考案し、産出する技術を通して、それに作用する。世界経済を支配しつつあるとカステルがみなす新しい現代的な権力の形態にとって、情報の産出・処理・送信は、基本的資源となる。この新しい権力は、資本家の企業や政府にではなく、情報の拡散したコードや、それを通して構築される表象やアイデンティティの中に存在する。このプロセスの中で、しばしば抵抗や反対を通して、新しいアイデンティティポリティクスの形が産み出される。宗教的原理主義、ナショナリズム、エスニシティ、地域主義、環境保護主義、フェミニズム、セクシュアルアイデンティティ運動といったあらゆる運動が、ネットワーク社会という論理に抵抗する。カステルによれば、こういった葛藤こそが、伝統的な政党や労働と資本の間の闘争に取って変わり、新しい社会運動を形作り、国民国家とその確立された民主主義の形態の危機を押し進める。同時に、電子ネットワークが可能にする高速移動にアクセスできる新しいエリートと、物理的な時空間の制約に縛られている人々との間に、新たな葛藤の局面が生み出される。これは、諸運動やマイノリティグループの利害を主張する社会的な運動に対して、やや悲観的な見取り図を与える。そのようなグループは、世界の権力の新しい源泉である電子ネットワークに組み込まれていないために、排除されるという危機に直面している。

イタリアの哲学者ジャンニ・ヴァッティモ (Vattimo, 1992) は、またやや異なったアプローチをしている。彼は、新しく現れつつある情報コミュニケーション技術は、従来声を持っていなかった個人や社会集団に声を作り出す効果を持つだろうとする。マスメディアが、「一般化されたコミュニケーション」の時代において先導することで、近代社会を終わらせる決定的な役割を果たしたとする。ヴァッティモは、コミュニケーションの増殖を多元主義の到来に結びつける。マスメディアが、小売りできる「物語」を巨大な規模で永久に求め続けるため、あらゆるものがコミュニケーションの対象となる。これによって、語りや歴史を統合しようとするあらゆる試みが断片化し、崩壊する。潜在的には、どの人も集団も、語りたい物語とそれぞれの歴史的経験を述べる手段とを持っている。ヴァッティモはとりわけ、以前は植民地化されていた地域に住む人々の視点に注意を払っている。帝国支配から自らを自由にしようとする格闘は、マスメディアと地球規模コミュニケーション技術の成長と多かれ少なかれ軌を一にしている。しかし、われわれは同時に、以前は周辺化され、その視点が近代主義的な壮大な合理化と進歩の説明から排除されていた集団のいかに多くが、20世紀後半に切り出されたかを見ることができる。たとえば、黒人の人種差別反対運動や、女性運動、ゲイの人々などである。しかし、ヴァッティモが即座に指摘するように、コミュニケーションの増殖と多元化は、「透明」な社会をもたらすわけではない。むしろ、よりいっそう複雑な視点の絡み合い、カオスに向かいがちな正真正銘のバベルの塔を生み出している。インターネットは、色々な意味で、ヴァッティモの一般化されたコミュニケーション社会という分析のモデルであるように見える。大げさに賞賛されるインターネットの「無政府状態《アナーキー》」とは、多くの異なった声が発せられるということを意味している。あらゆる集団が、そのイデオロギーがいかなるものであれ、場所を確保し、そのメッセージが、たまたまそこに行き当たった人のみならず、それを知りたい人に届くようになる。

リー（2001b）は、このような問題について、「子ども」の観点から述べている。彼によれば、20世紀後半において、子どもも自分自身の視点を持つ人であるという発想が現れ、それに伴って、子ども研究は、

「子ども」の社会的構築や社会的行為者としての子どもという立場をとるようになってきた（第2章、第3章参照）。そして、リーは、なぜこういった発想がこの時点で現れてきたのかを問う。その答えは、子どもを家族や学校や福祉制度の付属品以外のものという観点で見る可能性が現れてきたことに関わっているというものである。子どもが大人に従属するということ自体が、ソーンの言葉を借りれば、「『子ども』の概念的自律」（Thorne, 1987）を通して問い直された。モダニティを通して、子どもを依存という観念で理解するのはよく理解できる。このような思考は、子ども期が「繭にくるまれた」状態として構築されたことと関係している。子どもは、家族、家庭、学校、福祉制度といった、何層もの保護に包まれていたのである。しかし、20世紀末に向かって、この配列が解け始めた（第1章参照）。家庭を取り巻き、それを私的な領域として構成していた強固な境界が弱まり始めた。女性たちが労働市場にどんどん参入するようになったことが、男性に占有されてきた公的な世俗の労働世界と、家族の「聖域」である私的領域との区別に、大きく影響した。リーが述べているように、

家庭で実践される家父長制の形式は、家族と生産領域を排他的に仲立ちするという男性の立場の持続可能性に依存している。生産労働が男性に属し、就職に男性が依存できる限り、家庭は「無垢」な場所であり続け、その内部はささいなものであり続けられた。私的で秘密の家族という空間は、女性たち同様に、子どもたちを未熟なものと扱ってきた。（Lee, 2001b）

公的領域と私的領域は常につながっていたが、これらが変容したメカニズムは、どちらかと言えば見え

づらかった。しかし、家庭は、生産の観点から変化したのみならず、新たな技術の消費の場となった。新技術の中の、とりわけ「省力化」のための冷蔵庫や洗濯機は、また、新たな性別役割分業の登場を可能にすることとなった。これによってさらなる消費のあり方が可能となり、同時に、選択や決定といった発想が現れた。テレビや他のＩＣＴが、家庭という「私的」領域に、たくさんのテーマについての情報や諸価値に加えて、消費者の選択という発想を届ける役割を果たした。こうして、近代的「子ども」を表象し、構築していた二項対立の一つが、弱まり始めた。

子どもたち（そして、子どもの視点を称揚する組織）は、確かにこのことがもたらした可能性を受け入れてきた。たとえば、「子どもの権利」をGoogleで検索すれば、４５０万ものサイトがヒットするだろう。組織や関心の幅は世界規模であり、いかにたくさんのグループや組織が、子どもの権利という発想を広めようとインターネットをその媒体に選んでいるかは注目に値する。

しかし、新技術と子どもの新しいアイデンティティポリティクスの登場の間の線が、一見したほどまっすぐではないことを信じるに足る理由はいくつもある。第一に、インターネットは「子ども」の単一の政治のみならず、多くの異なった論点に対する多様な異なった視点を明るみに出した。ほとんどのサイトが社会生活への子どもの参画という発想を推進しているとはいえ、インターネットは多くの多様な社会的・政治的スタンスの水路となった。たとえば、子どもの権利を、他の異なった利益をまとめあげる手段として称揚している人もいる。子どもの権利が、離婚訴訟における父親の権利を推進したり、反中絶の理念を促進したりするレトリックとして使われることもあるのである。より直接的な形で子どもの権利を称揚する人たちの中ですら、子どもたちの間のあらゆる差異を反映した、たくさんの異なった視点がある。ここに単一の「〈子ども〉《ザ・チャイルド》の声」など存在しない。あるのは、重なりあい衝突する、多様な声である。第二に、大量のサイトはヴァッティモが書いた一般化されたコミュニケーションのカオス傾向を反映している。まさに皆が語るがほとんど聞いてもらえず、理解してもらえるのはさらに少数というバベルの塔状況を呈している。第三に、インターネットが多様な視点が声をあげることを推進している一方で、それが他のマスメディアにも反映されているかはまったく明らかではない。テレビやラジオや新聞は、未だ社会的・政治的論点を論じる公的領域の非常に重要な部分を占めている（たとえば、英国出版物における子どもの悪魔視についてはDavis & Bourhill, 1997参照。また、Higonnet, 1998; Holland, 1992も参照のこと）。第四に、子どものICTへのアクセスについては、争われていないわけではない。フェイサーら（Facer et al., 2001b）は、家庭の中でどこにパソコンを置くかといった家庭の人為的な配置が、子どもがどうそれらを使えるかに影響しているとしている。子どもがインターネットで見てしまうものを親が恐れるために、子どものインターネット利用は、親の監視下に置かれ、抑制される。ソフトウェア産業は、害があると思われうるコンテンツに機械がフィルターをかける手段を、休むことなく提供している。最後に、カステルが何とか論じようとしているように、電子ネットワークは新たな排除や不平等のパターンを生み出している。特定の個人や集団や社会が他の人々よりもよりアクセスできる。そしてネットワークは、つなぐことも切断することもある。カステル（2000, 第3巻）は、ソビエト連邦の崩壊は、太平洋地域のように情報ネットワークに入れなかったから起きたと論じている。アフリカやアジア、南米の第三世界の大半や、発展途上国の最貧地域は、ある種の最底辺の情報条件を形成している（Fracer et al., 2001b も参照）。情報技術は、こういった地域の子どもたちに新たな政治言説における声を与えるどころか、薬物や売春を大いにもたらしうるのである。

「子ども」とICTの遭遇の結果は、不確定であり、未だ形作られつつある段階である。しかし、それが将来的にどちらの方向へ向かおうとも、当面、子どもたちの立場と子ども期の性質を変容させ始めているのは明らかである。テレビやインターネットに接続された子どもたちにとって、経験が及ぶ範囲は拡張され、出会う事実や価値の範囲は増殖されている。ここまで見てきたように、こういったことは既存の日常生活の文脈で起きるのであり、そこから隔離されて起きるわけではない。そして、それがどう展開するかは様々でありえる。既存の関係を再生産する場合もあれば、新しい方向性や可能性を開くものもある。このプロセスはリゾーム的な性質を持つがゆえに、多様な影響に左右されるものとして理解するのが最良であろう。この点において、テレビであろうと（ポストマン）、インターネットであろうと（カッツ）、単一の技術が「子ども」の状況の変化をもたらすと見るのは間違っている。装置や技術は、社会関係に外側から交わるのではない。特定の社会的・経済的文脈の中で作られ、影響を生み出すのであり、私たちがこのプロセスを見たいと思うならば、見なければならないのはこのネットワークの全貌なのである。新しいICTの「効果」は、単一の争う余地のない形で「子ども」に折り込まれるのではないのである。

ここまでの議論から明らかなのは、新しい社会−技術のアレンジメントは、以前は子どもには手に入らなかった発想や情報の世界に手が届くようにし、彼らが日常を過ごす局所の物理的・時間的な境界の中に含まれるものを超えてこういった情報を増殖させる、潜在的な力を与えるということである。しかし、ここまで見てきたようなICTが「子ども」の構築に影響する仕方については、より幅広い視点をとることが必要となるだろう。ハラウェイ（Haraway, 1991）は、「サイボーグ」という発想を論じる際に、そのような可能性を開いてくれた。「サイボーグ」とは、「サイバー」と「有機体《オーガニズム》」を合体させた用語であり、一部人間で一部技術の産物であるような存在のことを示している。ハラウェイは、サイボーグは相対的に新しいポストモダンの現象であると述べているが、同書の視点からは、人類と機械の結びつきは長期にわたる歴史的な（ときに有史以前からの）現象だということがわかる。にもかかわらず、「サイボーグ」という概念は、子どもと大人に、身近な人間の経験を新しい言葉で考える資源を与えてくれる。たとえば、タークル（Turkle, 1997, 1998）による、子どもたちのコンピューターとの相互作用に関する縦断的なエスノグラフィー調査からは、機械が意識を持っているのかについて、子どもが時間とともにいかに多様な疑問をあげ、多様な理解の仕方をしたかがわかる。子どもが最初にコンピューターゲームやおもちゃに出会ったとき――アメリカではこれは一般的に１９８０年代である――その特徴は子どもにとって不可解なものだった。彼女は以下のように解説している。

> 話したり、戦略を練ったり、「勝った」りする物に出くわして、子どもたちは機械の心を探りながらその道徳的・形而上学的状況を論じ出した。機械は自分たちが何をやっているかわかっているのかなあ、意図や意識や感情を持つのかなあ、と。子どもたちの生活にやってきたこの初期のコンピューターは刺激的な物体で、人間的なものと機械的なものについての新たな公式をもたらしうるものとなった。（…）第一世代は、「考える機械」の文脈で、生きているとは何かという問題を問い直し、機械に様々な性質の意識を授けたがった。（Turkle, 1998: 318）

彼女が論じているように、これは、子どもたちがどうやって生き物と生きていない単なる物を区別するようになるのかについての、慣習的なピアジェ式の説明を掘り崩すものである。もちろん、ピアジェはそのような区別が当たり前だった世界に生きていた。しかし、人類学的な視点をとれば、命を持つ「物」というのは、モダニティでは珍しくとも——本書で見てきたように、モダニティは排他的に両者を分離することを要求する——人類の文化の歴史においては割合によくある現象と言える。にもかかわらず、1980年代の子どもたちにとって、意識を持つ機械という問題は論争の的になり、遊び友達との会話に花が咲いた。こんなの「ただの機械」で心なんて持ちえないと信じる子もいれば、それに同調しない子もいた。しかし、タークルのフィールドワークによれば、1990年代末までには、このような議論は子どもたちの会話からすっかり消え去ってしまった。変わりに、生き物と生きていない物、意識あるものと意識のないものの境界がもっと不明確で、流動的だということが受け入れられた。コンピューターは「生きているみたい」であり、「コンピューター用サイバープラズマ生地」でできているとされるのである。ピアジェの枠組みを採用すれば、こういった子たちは思考が未熟だということになるかもしれないが、彼らは、広範囲の可能性と矛盾を高速で「循環」する物の、ハイブリッドで異種混淆的な性質を受け入れるようになったのである。ある9歳の子は、こう説明する。「とっても簡単なことなんだ。宇宙では、正しい公式さえわかっていれば、みんなほかのものに変わることができるんだ。1分だけ人間になって、その次は機械になることだってできるんだよ。」

しかし、サイボーグの比喩にあてはまるのは、子どもたち自身の言説だけではない。クロワッサン（Croissant, 1998: 285-300）が示すように、子どもの運動学習の展開や発達に関する現代的な説明は、「開かれたループ」や「閉じたループ」といったサイバネティクス理論由来の言葉で表現され、身体を、うまく動く適切にメンテナンスされた機械として完成させるというスポーツ科学のモデルに結びつけられている。同時に、マサチューセッツ工科大学のヒューマノイドロボット工学グループは、「赤ちゃんの脳」を持つロボット（コグと名づけられた）を作り出した。この脳は、「母親」との絆や、笑顔やしかめ面などの文化間で共通する人間の身体的合図に反応する能力といった、基本的な行動力を伴って生まれる人間の子どもを模倣する。製作者たちが教えてくれるところによれば、最近コグが見せた発達は、以下のようなものである。

今のところ、コグもラズロも顔を持たない。私たちのゴールは、それぞれのロボットに、人間とロボットの適切な社会契約を促進するような、象徴的な、ふさわしいヒューマノイドの顔をデザインし、作ってあげることである。本プロジェクトのもう一つのゴールは、ロボット美学を、最先端のデザインプロセスと素材を通して、力強い、曲線的で、有機的な形態を用いるようなデザイン言語へと移行させていくことである。うまくデザインされた顔があれば、コグとラズロは適切な社会的側面を伝えることができるようになるだろう。そうすれば、彼らは相互作用を調整し、適切な刺激を受け取り、長期的には模倣を学ぶだろう。（Humanoid

Robotics Group, 2003）

　このような例はＳＦの話のように見えるかもしれないが、現実はそういった印象を超えている。その成果がいかなるものであろうとも、これらは現実の、潤沢な資金に支えられた高度な技術発展の姿である。したがって、未来がいかなるものであろうとも、こういった例は私たちに、子どもたちが世界に現れるプロセスはすでにして、膨大なハイブリッドな人間－技術過程の塊だという事実を警告してくれる。たとえば、イギリスやアメリカでは、次のような手順が、かなりの程度、妊娠・出産のルーティーンの一部になっている。絨毛検査や羊水穿刺等の多様な医学的・遺伝的状態や胎児の異常を調べる、一連の検査やスクリーニング、超音波検査、胎児心拍数モニタリング、羊水量の測定、鉗子や吸引娩出器の利用、静脈注射で局所的に投与された鎮痛剤や硬膜外・脊髄ブロックの利用、子宮収縮ホルモンや胃酸抑制剤や会陰切開による分娩の促進や帝王切開……。出生にあたり、へその緒は殺菌された道具で切られ、多様な抗生物質が子どもに投与される。フェニールケトン尿症、ガラクトース血症、鎌状赤血球貧血、甲状腺疾患などの病気が、通常出生時に検査される。最初の一年間に、一連の発達の節目がモニターされ、多様な予防接種がなされる（Ｂ型肝炎、ジフテリア、破傷風、百日咳、インフルエンザ、はしか、おたふく風邪、風疹、水疱瘡など）。誕生前、途中、後のどの段階でも、私たちの存在《ビーイング》と生成《ビカミング》は社会関係を象徴する集合性のみならず、社会－技術ネットワークの巨大な絡み合いを伴っているのである。

　この30年にわたって、歴史学者と社会学者、特にフェミニストは、生殖医療を探究し、記録し、分析してきた（Coward, 1989; Ehrenreich & English, 1993; Martin, 1990; Oakley, 1984; Wajcman, 1991）。これは、フェミニスト運動の高まりと関係する理由により、女性とその妊娠出産経験に主たる関心を置いている。しかし、そこでの議論はある意味で、社会生活における技術の役割をどう理解するかという問いに取り組んでいる。この研究の道のりは、技術と社会の関係性の理解がますます複雑になっていることを反映している。当初、技術は本質化され、固定的な与件であり、権力を持つ者、特に男性に乱用される可能性があるものとみなされた。後には、技術は、社会的に形作られるもの、つまり、社会的世界で生み出され、競合する利害によって形作られるものとみなされた。最後には、社会と技術は、共同構築的だとみなされるのであり、技術は自然と文化のハイブリッドだとみなされるようになった。技術には利害が刻み込まれているが、固定的な与件ではなく、曖昧で移り変わるものとされた（たとえば Davis-Floyd & Dumit, 1998 参照）。

このような概念的な問題はまた、他の新しく出てきた生殖技術――特に妊娠を補助する技術（体外受精、代理出産、卵子提供）や出生前検査やスクリーニング（前述の超音波や羊水穿刺等）――との関係でも考えられている。１９７０年代にファイアストーン（Firestone, 1972: 193）が、ラディカルフェミニストの立場から、技術は女性を「生殖の専制」から解放すると述べたが、議論の主たる系譜は、生殖補助医療を妊娠出産をコントロールしようとする家父長制の継続とみなしてきた。女性の身体は、搾取され、客体化され、断片化され、リスクを伴うが効果の少ない、下劣な治療にさらされていると論じられてきた（Corea et al., 1985）。この生殖医療プロセスの牽引力、そして結末は、女性を不必要なものへと変えてしまう、人類の創生に対する男性支配とみなされている。しかし、生殖技術の危険性が認識されてきたとはいえ、多くのフェミニストにとって、これは行きすぎた議論である。たとえば、スタンワース（Stanworth, 1987）は、生殖を補助する技術が医療支配のシステムに絡めとられるのに抵抗するのではなく、そういった技術が、ある種の女性にとっては有益であるとしている。そこでは、女性は技術の利用において受け身ではないのであり、道徳的見地から拒むのではなく、技術との関係で自身の利害と目的は何かを明確化すべきだとしている。

このような意見の違いは、本質化された用語がいかに不適切かを照らし出す。「技術」「女性」「男性」を、固定的で曖昧なところのないものとみなすのではなく、それらが互いに関連しつつ創発すると見るのがより有益であろう。生殖技術は中立的ではないし、社会的・政治的利害によって形作られ、それらの利害を表している。しかし、これを（男性やその他の）一枚岩の陰謀といった観点から見る必要はない。そこには物質や社会的・言説的実践の多様なアレンジメントがあり、それぞれ異なった文脈で生じているのである。このようなプロセスの複雑で開かれたあり方は、「同じ」技術が、たくさんの異なった、ときに矛盾し、逆説的で、意図も予想もしない意味や効果を生みうるということを意味している。トレイクラー（Treichler, 1990）が論じているように、このことが、世界の出来事や人々のカテゴリーを増殖させ、不安定化する。たとえば彼女は、生殖技術が「母」という用語をいかに複雑なものにしたかを指摘している。大衆向け言説、医学言説の双方において、ハイブリッドな母があふれかえっている。「卵子提供母」「産みの母」「名づけの母」「代理母」「遺伝子上の母」「生物学上の母」「養母」「育ての母」「法律上の母」「器官上の母」「養育上の親」「大地の母」などが、彼女が見つけた例である。

遺伝子テスト、選択と子ども

しかし、ここ20～30年の生殖技術をめぐる議論の大半は、女性、より広く言えばジェンダー関係に何をもたらすかをめぐるものであった。子どもたち、そして子ども期、より一般的に言えば世代関係［子ども／大人関係］は、ジェンダーに関する議論の付属物として語られた。しかし、生殖技術の探究が織り成されていく中で、子どもたちや子ども期と明に暗に関係する、一連の論点があった。今となっては日常となった技術に関わるものもあれば（出生前検査やスクリーニング）、新しく登場しつつある技術と関係しているものもある（遺伝子医療や、ヒトクローン作製）。

これらは確かに新しい論点を提起したが、重要なのは、その議論にはしばしば、既存の人類の経験との類似点が見出されることである。第一に、遺伝子検査と子どもの関係性にまつわる議論は、すでにたくさんある。ハンチントン病[60]のような状態は、（単一の優性遺伝子によって）遺伝するが、人生の初期には、重篤な状態をもたらさない。検査されるのが子どもであるとき、症状が出る前に検査することは、多くの問題を生む。とりわけ、治療が存在しないとか、効果がはっきりしないといったときに、その子が病の徴候を感じる前に病気を持っていると知ることが、よいと判断できるかどうかが問題となる。情報公開には、抑鬱や不安を刺激するというリスクがある。このため、このようなテストは一般的に、関係する個人のインフォームドコンセントに基づくことになっている。しかし、インフォームドコンセントとは、検査を受けることの結果を理解する能力があるとされている個人を対象としている。子どもの社会的・法的立場はこの問題を複雑にし、議論を巻き起こすのである。アルダーソン（Alderson, 1993）は、慢性疾患を抱えて生きていたり、その可能性を自覚したりしている子どもたちは、高度な自覚と理解を発達させると論じている。子どもが能力を示したとき一般と同様に、これは「驚くべきこと」とされる。子どもに対するステレオタイプな態度が根強く行き渡っていることを示す反応である。さらに、ディケンソン（Dickenson,

1999）が示したように、英国法は、子どもには検査に同意する能力があると認めてきたにもかかわらず、成人年齢（英国では18歳）以下の検査を拒む慣行が、検査会社に広く見られる。

第二に、「子ども」は、上述のような出生前検査やスクリーニングの中で立ち現れている。こういった検査は、親に障害児を産む可能性があるかどうかという情報を与える。出生前の診察に来なかったり、可能な検査を拒んだりした女性は、問題だと思われる傾向があり、検査を受けよという強い規範的圧力がある（Press & Browner, 1997）。こういった情報はしばしば確実ではなく、確率レベルの話であり、偽陽性や偽陰性のこともある、非常に限界のあるものである。障害の程度を特定することもできない。にもかかわらず、妊娠を継続するか胎児を中絶するかの決断に寄与するのである。ロスマン（Rothman, 1988）によれば、これはつまり、検査が「すべて問題なし」と示してくれるまで、妊娠は「仮のもの」として構築し直されたということである。既存の出生前検査の技術で明るみに出たこういった論点は、最近出てきた着床前遺伝子検査[61]が受診可能になったら、さらに強化される可能性が高い。これは、試験管で作られた胚から細胞を抜きとり、子宮に移植する前に、遺伝的問題がないか調べるというものである。すでに囊胞性線維症とダウン症の検査に使われている。イギリスではこの技術は厳しく規制されているが、アメリカやヨーロッパのいくつかの国々では、赤ちゃんの性別を選ぶのに使われている。これが将来的により普及する可能性は高く、検査可能な条件や特徴も広がるかもしれない。

このような出生前検査・スクリーニングは、明らかに優生学的な側面を持つ。20世紀前半の優生学とは異なるが、どういった人が未来の子ども世代として生まれるか、その種類や幅に関する問題を提起している点は変わらない。過去最も悪名高い優生学的戦略は、ナチスが国家として障害者を大量虐殺し、「支配民族」を選別して養成しようとしたように、国家によって組織的に強制されたものであった。しかし、現代社会においては、優生学は、個人の選択の帰結として現れる。それぞれの女性ないしカップルは、生まれてくる子どもが障害を持っているかもしれないからということで、妊娠を中断するという個人的な決定をしているのかもしれない。しかし、全体としては、ある種の人々の選別を帰結している。シェークスピア(Shakespeare, 1998)は、この最近の実践から生ずるものを、「弱い優生学」だと論じている。出生前検査(アメリカでは「出生前診断」と、よりあからさまな用語が使われている)を推奨する医療関係者は、選択という「楽観的な語り」でそれを推進するが、その裏には、障害者の生は生きるに値しないという「悲観的な語り」が潜んでいる(Shakespeare, 1999)。シェークスピアが指摘するように、これは障害を個々の機能障害としてしか見ておらず、障害者の生が社会的な差別や偏見でどれほど困難なものとなるかという点を無視している。

「選択」は社会的文脈に埋め込まれており、その文脈が、選択がいかにしてなされ、どのような帰結が伴うかを形作る。だから、誰が選択することが可能なのかは、決定的な問いなのである。出生前検査がもたらした問題は、シェークスピアによれば、多様な「権利」の多面的な争いの結果である。そこには、女性の選択権、障害者の公民権、未だ生まれていない子どもの仮説上の権利、そして、社会の権利と個人の権利の衝突といったものが含まれる。ただ、このような指摘は、異なった立場の視点の錯綜という重要な点を捉えているが、権利を明確にすることが利害を構築・表出する手段だと認識することも必要である。しばしば道徳的主張にくるまれるが、利害の衝突は主として、現在進行形の結果を得るために、それぞれの社会集団でそれぞれに生み出され、動員され、展開されている力の行使に依拠している。たとえば、医療専門家はしばしば、その相対的に安定して、がっちり結びあったネットワークによって、多くの力を生むことができる。つまり、「権利」というレトリックを使う必要もほとんどない。それは、権力を持たない人に、よりふさわしい戦略なのである。実際、権利という主張は、ある集団が他の資源をほとんど手に入れられないときに、社会的な権力を生み出す手段だと見ることができる。典型的には、そのような戦略は、統一された（つまりは本質化された）アイデンティティ、つまり、そこから権利が切り出され、主張されるような単一の視点を生み出そうとする面を持っている。これは効果的で、20世紀の多くの社会運動が採用してきた戦略である。並べあげてみればどれもが成功したというわけではないが、女性、障害者、ゲイ・レズビアンなどが例にあげられよう。しかし、権利という戦略は、不可避に、必ずしも一つではない利害をひとまとめにし、統合されたアイデンティティが達成したものを、再び不安定化する傾向を併せ持っている。

ただし、多くのマイノリティ集団が、自分たちの声を集合行動によって切り出して、政治的なプレゼンスを作り出すのに十分なくらい長期的にわたって統一して掲げることができるのに対して、未だ生まれていない人たちにはこれができない。彼らの声は、他者が翻訳することを通してのみ存在できるのであり、それはつまり、言説空間が他者によって植民地化される余地を開いてしまうということを意味する。つまり、生まれていない人々の声は、矛盾し、逆説に満ちた幾多の言い方として現れるのである。一例をあげれば、宗教的権利といった言い方で声が構築され、生の絶対的な価値が、他の価値や利害に優先して推奨される（ただしこれは個人の権利とのみ関係し、貧困や搾取にまつわる集合的な権利を語る声は黙殺される）。宗教的権利に抑圧的な社会的態度の前科があることを考えると、このアプローチは、マイノリティの権利を主張する多くの人にとって、政治的に問題である。女性運動は「女性の選択の権利」という旗の下で中絶を論じ、すべての子が望まれた子だという議論があったにもかかわらず、女性の権利を胎児の権利に優先してきた。しかし、出生前検査が胎児の性別判定に使われ、多くの場合、女児が中絶される可能性が高いとき、この視点は問題となる。たとえば、胎児の性別選択には、女性の権利、胎児の権利、子どもの権利のどれに基づいて反論できるのだろうか。出生前検査の優生学的傾向に反対するにあたって、シェークスピアは障害者と子どもの権利を引き合いに出したが、これを洗練することで新たな展開が可能となるだろう。

しかし、性別選択の問題は、昨今の状況のもう一つ重要な点を照らし出す。胎児の性別判定は、不確実で高額なものだったが、今や日常的で大してお金のかからないものとなった。安い超音波機械が簡単に手に入り、容易に中絶ができるようになって、アジアの性別の割合に、はっきりとした特徴が見られるようになった。新生児の男女比は、韓国で122対100、中国で117対100である（Fukuyama, 2003: 80）。このようなことが起きるのは、強い文化的・社会的圧力が、女児より男児を選ばせるからであり、それはシェークスピアが警告したような、個人の選択に基づいた「弱い」優生学の結果である。この個人的だが文化的な選択は、韓国でも中国でも性別選択を理由とした中絶は違法であるにもかかわらず生じている。つまり、社会的・文化的選択がそれを実現する技術的手段を見つけさえすれば、政府による規制など、それを防ぐのにほとんど役に立たないだろうと信じるに足る好例である。

子どもを設計する

技術と社会と個人の欲望の絡まり（もはやこれらは分離などできない）が意図せざる帰結を生み、規制の枠組みをすり抜けてしまうということは、人類がヒトゲノムに関する知識をどんどん増やしていることの帰結を考えれば、しっかりと検討されるべきことである。とりわけ二つの技術発展が、人類の未来にゲノム技術が何をもたらすかに関する多くの考察を巻き起こしてきた。一つ目は、人類のＤＮＡの全３万の遺伝子を解読しようという国際的共同研究、ヒトゲノムプロジェクトである。当初は２００５年に完了する予定であったが、プロジェクトは予想より早く進み、２００３年までに、99％の遺伝子を（その主張するところでは）かなりの高精度で解読した。人類の遺伝子の特許権をとることをめぐって、賛否両論に取り囲まれながらも、[62]同プロジェクトは、病気の治療に新たな可能性をもたらすことを約束した。一つのとりうる方向性は「薬理遺伝学」である。遺伝子の組成の差異を、個人の代謝の働き方に合わせて投薬するのに使うというものである。もう一つの方向性は「遺伝子治療」であり、「不全」な、ないし問題のある遺伝子が健康問題を起こしているときに、ある人の遺伝子の表現型を変え、よい効果をもたらそうとするものである。この一つの系譜として、体細胞への新しい遺伝物質の挿入があるが、それは子孫には受け継がれない。これはまだ開発が始まったばかりであり、多くの技術的障壁に直面しているが、積極的に進められている。現時点で治療法のない病気に罹患している人々を代表する患者グループは、このような試みを推進し、せめて治験を進めるように、積極的にロビー活動している。失敗し、患者を死なせてしまった事例もある。ただ、重度免疫不全症のふたりのフランス人の赤ちゃんは、病気をもたらしている遺伝子の正常版のコピーを投与されることで、（執筆時点では）成功裏に治療されている。[63]

もう一つの実例は、「生殖細胞系列治療」であり、精子や卵子に変更が加えられ、その変更情報は子孫に伝えられる。この技術は現時点で人類で実験されておらず、多くの困難や危険を克服せねばならないが、将来的にはいつかの時点で人類に応用される可能性があり、そのことは大きな意味を持つ。[64] これは遺伝子工学の一形態であり、おそらくは、ライフコースと才能を決定し、増強するという信念に基づいて、子どもの遺伝子組成を作り出す可能性を提供してしまった。「親の希望通りに遺伝子設計された子《デザイナーベビー》」という予想に、大きな道徳的な動揺が起きているが、ディングウォール（Dingwall, 2002）が論じているように、シェークスピアが論じた弱い優生学（前述）に反対するときでさえ、現時点では反対の根拠は明確ではない。

> 『すばらしい新世界』［ハクスリー］のデザイナーベビーたちは、自らを良いと信じる権威主義社会の産物である。（…）しかし、赤ちゃんは、市場における消費者の選択としてデザインされることもありえる。前者に反対することが、後者に対する非リベラルな障壁を作り出すおそれはないだろうか。（Dingwall, 2002: 177）

この問いは、われわれに第二の大きな技術発展、クローン技術を思い起こさせる。これは、細胞や動植物の正確な遺伝子コピーを作るというものである。これは新しい技術ではない。園芸でよく知られた挿し木の技術は、植物のクローンを作り出している。動物のクローンも科学においては何十年も行われてきた。しかし、核移植クローン作製と呼ばれる技術で誕生した「羊のドリー」は画期的であった。[65] この技術は、動物の卵細胞からＤＮＡを含んだ核を抜き出し、他の個体のＤＮＡに置き換えるというものである。以前は置き換えに幹細胞——胚にある発生初期の未分化の細胞——を使ったときのみ可能だったが、ドリーはこの幹細胞からではなく、成体の羊の細胞から取り出されたDNAで生み出されたのである。その結果、この羊は、親とほぼまったく同じ遺伝子組成を持っていることになる。動物のクローン作製それ自体への反対もあったが、人々の議論の多くは、人類のクローン作製の見通しに集中した。イギリス（ヒトクローン作製は違法）と、アメリカ（ヒトクローン作製に公的研究基金を用いることが禁止され、私的な基金による研究にも同様の規定が適用されると見られている）における世論調査によれば、生きた人類を作り出すヒトクローン作製——つまり、ドリーのような、ひとりの親の正確なコピーを作り出すこと——には、強い反対がある。しかし、世論は、たとえば移植医療に使われるような、特定の体のパーツを生み出すような治療目的のクローン技術については、より肯定的である（Wellcome Trust, 1998）。

ドリーが動物クローンではなくヒトクローンについての議論を巻き起こしたのは、一つには、ドリーを作るのに成体由来のDNAが使われたことが、幹細胞を「採取＝収穫《ハーベスト》」するために特別に作り出された胚を使わないことを可能にするからであった。これは、目的のためにヒトの胚を培養したり破壊したりするという理由で、体外受精のような他の生殖技術に対して加えられた倫理的反対を思い起こさせる。ここからは、ヒトクローン作製についての人々の議論がほぼ一貫して、倫理的観点からなされたということがわかる。議論は、この実践に関する一連の道徳的な賛否両論であふれている。ド・メロ＝マーティン（De Melo-Martin, 2002）は、クローン作製に対する主な反対を、以下のようにまとめている。クローンに身体的な害をもたらすおそれがある。クローンに心理的害をもたらすおそれがある。クローンが代替可能であり、特定の性質を持った子どもを持つ手段として価値づけられうるという点で、親族カテゴリーを混乱させ、人の生命に対する尊厳を軽んじることで、人間社会に害をなす。彼女はまた、クローン作製への賛成意見を、以下のように要約する。不妊に悩むカップルを助ける。遺伝病の克服につながる。亡くなった愛する人のクローンを作ることができる。

ド・メロ＝マーティンは、これらの議論を検討し、慣習となっているが議論の余地のある信念を前提にしているか、クローン作製の文脈を無視しているという点で、不完全だと論じる。たとえば、クローンに（独自のアイデンティティを持たないことによる）心理的リスクがあるという反対意見は、アイデンティティが遺伝子情報で決まるということを前提とし、しつけや環境の役割を無視しているうえ、遺伝子組成を共有していても個別のアイデンティティを形成する、一卵性双生児の経験を考慮していない。逆の立場の例で言えば、クローン作製が不妊に悩むカップルを助けるという賛成意見は、不妊治療にはもっと問題の少ない方法があり、限られた資源を割り振るという観点からも、そういった別の手段が優先されるべきだという点を無視している。

この手の道徳的論争は、個別の議論が妥当なものか否かを検討することで進んでいる。こういった議論は、有益で必要なこととはいえ、ヒトクローン作製が実現しそうなのかどうかや、どのようなことを帰結するのかについては、ほとんど何も教えてくれない。この点から言えば、道徳的立場が社会的な力と関係しうるとはいえ、社会的な変化の方向性や速度、帰結は、利害や権力やパワーバランスやその間の葛藤によって形作られることのほうがはるかに多いのであり、道徳的な議論の向こう側を見ていくことが必要である。ヒトクローンを考える際に社会的文脈を考慮せねばならないというド・メロ＝マーティンの議論は重要だが、この点から考えれば、諸刃の剣でもある。私の見通しは——もちろん賛同しない論者もいるだろうが――こうした議論は、遠くない未来のどこかでヒトクローン作製が実現する（もしまだ実現していないのならば）可能性を高めるというものである。技術が自己否定命令によって捨てられるより、こちらの可能性のほうがより高いだろう。こう信じるには三つの理由がある。まず、クローン作製と生殖細胞系列の遺伝子治療の研究は、他の関連科学研究と統合されている。他の知の分野から隔離密封された領域ではないのである。動植物に対するクローン作製と生殖細胞系列の遺伝子工学は継続され、技術は改良され、理解が進み、リスクは低減されるだろう。こういった技術発展が、遺伝医学やゲノム学の発達と、より一般的な形で協力しあい、科学者が社会的な同意を得るのを容易にしていくだろう。次に、遺伝子技術関連市場は発達し、遅かれ早かれクローン作製技術もそこに含まれるようになるだろう。市場は、道徳的賛成の有無に左右されるのでもなければ、コストと便益の社会的な計算や優先順位の合理的計算に左右されるわけでもない。市場は需要と供給の回路の中で形成される。つまり、（それがいかに非合理的であろうとも）市場が自分にもたらしてくれると感じる、拒絶できない便益に投資する資源を持った人々の存在によって、形成されるのである。最後に、クローン技術は、規制枠組みが存在しようとしなかろうとも、実行されると考えられる。グローバル化する社会において、実験が許される場所は必ずある。あらゆる場合において、性別選択のための非合法中絶の事例のように、法を破るつもりの人は必ずいる。ヒトクローン作製を試みる準備があると宣言している科学者は、すでに現れているのである。

クローン作製やその他の遺伝子技術に反対する人は必ず残り続けるだろうが、こういった反対の声は小さくなっていくだろう。体外受精のような以前からある生殖技術も、最初は強い道徳的反発を受け、懐疑に取り巻かれていた。しかし、それも時間とともに弱まった。こういった傾向は、すでにクローン作製においても明らかである。私たちは今や遺伝子決定論の興隆を体験しているが、その多くは実際のところ誤解されている。クローンへの恐怖の多くは、生物学的要素を宿命的なものと見る、不正確な情報による前提に基づいている。人間の発達というのは複雑なプロセスであって、予測不可能な形で相互作用するたくさんの要素に囲まれているのであり、たとえば、一卵性双生児もそれぞれのアイデンティティを持つようになる。クローン同様に両親の片方としか遺伝的につながっていない、体外受精で生まれた子どもたちの経験が示すのは、自らの遺伝的出自について疑問を持ち、もっと知りたいと思うものの、そのことで育ててくれた両親との関係は壊れないということである。彼らの立場はまさに、養子縁組された子どもたちのものと非常に似通っている。ただし、イギリスにおいては今のところ、体外受精で生まれた子どもは生物学的出自をさらに探る機会は認められておらず、養子の子には認められているという点を除けばであるが[66](Feast, 2003)。

また、人類の親族システムは、クローン反対論者が言うほど確固たるものではない。人類学的調査が示すように、親族への帰属は柔軟で多様である(Carsten, 2000)。第1章で論じたように、欧米社会の親族関係はすでに、離再婚といった新しい人口学的なパターンを通して、不安定で複雑なものとなっているが、対処不可能なほどのアイデンティティ問題は起きていない。生殖技術は、生殖の「自然」な基盤といったなじみの思考カテゴリーに新たな不安定さを持ち込み、親族関係が「脱家族化」され(Franklin & Ragone, 1998)、選択へと開かれた(Strathern, 1992)。フランクリン(Franklin, 1997: 212)が指摘しているように、生殖技術の進歩は、こういった技術を法的に規制するための法整備において、英国議会に「母」「父」「妊娠」「受精」といった、以前は自明と思われていた用語の意味を、何時間も議論させることとなった。彼女なら、「子ども」という語も加えていただろう。生殖技術がしているのは、文化と自然の近代主義的関係を不安定化し、両者の間の双方向的な媒介経路を作ることだからである。子どもがほしいカップルは、技術に「補助」してもらえるし、この過程で、自然は人間の介入に「補助」されるからである。より幅広く言えば、以下のようになる。

私たちはすでに、近代主義的な血縁モデルを「書き込まれている」。それはすでに遺伝子化、技術化、制度化、商品化、情報化されており、ネズミや犬や毛虫やイースト菌やハエのゲノムと同様に、仮想配列データとして再生産されてきた。科学は、もはや文化の外のものとはみなせない。同様に、たとえば人工的な生命の父親特定をめぐる論争の文脈において、「親族」も、もはや「自然」で「生物学的」で「生殖上の」事実の問題だとはみなせない。(…) このことは、血縁がますます遺伝子化され、医療化され、道具化されるに伴って、社会的で、文化的で、政治的で、経済的で、道徳的な重大問題へと展開している。人間の結びつきの形は自然化され続けるかもしれないが、そのような文脈では、「自然的事実」が単一の決定要因になるとか、伝統的な妊娠像とかいったものは、すでに時代遅れになっているのである。(Franklin, 1997: 213-14)

クローン作製の展望だけ見ても、それがはるか未来のことであったとしても、誰かが親の子であると同時にその親と双子であるような、曖昧な親族関係を想像/再想像することが可能である。しかし、その予想がいかに不愉快なものであろうとも、私たちは今や、想像上においてのみであろうとも、それを考えねばならないところに来ているかもしれないのである。

ヒトクローン作製と生殖細胞系列の遺伝子工学が技術的に実現可能となるまで、どのくらいかかるのかを予測するのは難しい。後者のほうが前者より時間がかかりそうだが、いずれにしても、両者の可能性の示唆するところを考えるのから始めるのが賢い選択のようだ。だが、こういった生殖・遺伝子技術の劇的な性格に目を奪われて、目の前にある「子ども」にまつわる、よりありふれた問題を見逃してはならない。その一つに、近年の多様な向精神薬――精神と行動を変える性質を持つ薬物――の急速な広まりがある。

子どもと向精神薬

子どもの間でこのような薬がますます使われていることが、広く観察されつつある。しかし、当面、議論は主として、注意欠陥多動性障害(ADHDまたはAD/HD)と診断された子に、そういった薬を処方することの是非に集中している。ここで処方されるのは、メチルフェニデート、デキストロアンフェタミン、アンフェタミンのような(これらは皆、競合製薬会社の下で異なった商品名で売られている)様々な中枢神経興奮剤である。これらは国際的に、1990年代全般を通して急激に使われるようになったが、その利用の増加がとりわけ極端だったのは、アメリカである。米麻薬取締局によれば、メチルフェニデートの生産は、1990年には1768キロだったものが、2000年には1万4957キロになっている。同様に、アンフェタミンの生産は、417キロから9009キロに増加した(Frontline, 2003a)。1990年代末までに、メチルフェニデートの処方は年間1100万件に、アンフェタミンは600万件に上った(Frontline, 2003a)。アメリカにおいて、これらの薬が処方されたのは、主としてADHDと診断された子どもたちであった。国連によれば、アメリカほどのスピードではないものの、このような薬を子どもに処方する傾向は、世界的に増加している。イギリスにおいては、処方にまつわる情報は、企業秘密として保護されているが（Lloyd & Norris, 1999）、１９９０年代を通して記録的増加を見せたことは知られている。もしアメリカの処方パターンと同じことがイギリスでも繰り返されているならば、25人に１人の子が、こういった類の医療を受けていると推測されている（Prior, 1997）。

ＡＤＨＤは論争の的であり、批判者も賛同者も同等に引きつけている。ＡＤＨＤとは、大まかに言えば、不適切なレベルの注意力と、衝動性かつ／または多動性を示していると診断された子につけられた、病気の名前である。この診断はしばしば、子どもが学校の課題との関係で何らかの問題をある程度継続的に示し、たいていは親か教師、ないしその両方に気づかれ、その子を――ときにこの認識された問題に挑むための他の手段を試した後――医者に連れて行ったときに下される。たいていの場合、ＡＤＨＤと診断された子は、足手まといで取り扱いにくく、規律を乱す子だとみなされる経験をしている。

アメリカにおいて最も一般的に参照されるのは、アメリカ精神医学会（American Psychiatric Association, 1994）が出版する『精神障害の診断と統計マニュアル（ＤＳＭ）』である。[67] これは精神障害の名前と分類を示し、その診断基準を提供するものである。ただ、ＡＤＨＤはその独自の不安定な歴史を持つ。[68] ＡＤＨＤ的な症状は、まず１９８０年に注意欠陥障害（ＡＤＤ）として［ＤＳＭに］現れた。これは、それ以前の分類・診断枠組みを支配していた「多動性」から、その力点を注意能力の欠如へと移した。１９８７年に、新しい分類用語であるＡＤ／ＨＤが多動性を症例像の中に再び取り込み、多動症状がある子もない子もＡＤＨＤだと診断できるようになった。１９９０年代末には、先進的生物医学者たちがＡＤＨＤの主問題を

「自己コントロール」の問題だと再定義し始めるようになり（Barkley, 1997）、新しい点が強調されるようになってきた。これが、名称および／または診断基準を、変化させるかもしれないと多くの人が考えている。

本書を通して、私は、社会的なものと生物学的なもののような二分法的対立項が、現代の「子ども」を理解するのに有益ではないと論じてきた。しかし、この手の思考方法が、ＡＤＨＤの理解のされ方にも浸み込んでいる。ＡＤＨＤは生物学的な現象だと考える人がいる。生物医学志向の研究者（American Psychiatric Association, 1994; Barkley, 1998）とその素人支持者たち（たとえば、Children and Adults with Attention Deficit/Hyperactivity Disorder, 2003 参照）は、分類と診断基準の変化の背後には、客観的で生物学的な状況があると論じている。原因不明だが、子ども（ＡＤＨＤは生涯続く状況だと多くの人が論じているので、ときに大人も）の行動を通して観察可能な脳障害がそれだという。この生物学的見方において、症例の分類の変化は単なる表面的な現象にすぎない。このアプローチの問題の一つは、いかに言説が現実を構築するかと、その効果を過小評価していることである。たとえば、バウムゲーテルら（Baumgaertel et al. 1995）は、１９８７年から１９９４年の間の診断基準の変化によって、基準に適合する子どもたちの数が58％増えたとしている。もう一つの問題は、ＡＤＨＤを診断するのに参照される行動は、連続体の一部にすぎず、ＡＤＨＤの子どもたちと他の子たちをすっきり分ける点などないということである。ＡＤＨＤであるというのは非常に可変的な診断なのであり、症状を呈すると推計される子どもの割合（たとえば、男児の6～10％というような）や、地域的な分布に大きな差が見られる。アメリカにおいては2～2・5％の子どもたちが診断されているが、イギリスでは1％しかなく、他のヨーロッパ諸国ではそれよりさらに少ない（Singh, 2002）。

生物学派と反対の立場をとるのが、社会的解釈派である。このような立場は、ＡＤＨＤというカテゴリー自体に大いに批判的であり、精神に手を加え、行動を修正する薬を子どもたちに処方することに反対している。このような反対の潮流の一つは、１９６０年代に唱えられた反精神分析という発想に基づいている。これによれば、精神分析は社会統制の一形態であり、逸脱行動を医療化することで管理し、周辺化する手段である（Szasz, 1961）。これを受け継ぎ、シュラグとディヴォキー（Shrag & Divoky, 1975）は、「多動性」を「神話」だと論じている。彼らによれば、多動性の背後に生物学的状態などなく、あるのは逸脱的な診断ラベルを与えられた一連の行動である。それらは、医療という形の効果的な懲罰であり、教師や親や他の大人が、その子たちの行動は自分たちのせいではないと思うための手段であった。つまり、このような言説の潮流は、薬の処方は子どもたちの問題行動の「真の」社会的原因から目を逸らさせるとしてそれに反対し、問題行動はダメな親や、不適切で硬直した学校教育といった要素から考えることができると、ＡＤＨＤの社会的・文化的文脈を強調するのである。しかし、こういった議論には問題がある。第一に、彼らは「子どもの薬漬け」といった一般的なレトリックを用いるが、これは長続きしない。子どもに薬を与えることは日常的なことであり、安全で効果的だと知られている投薬治療をその恩恵を受けるはずの子どもたちに行うことを否定するということは、多くの場合、受け入れられないと考えられるからである。第二に、反精神分析の議論は、行動の医療化に対して意味のある挑戦ではあったが、精神と身体の病の間にくっきりと線を引きすぎている。たとえば、サズ（Szasz, 1961）は、精神病の診断を社会統制のための神話だと退ける一方で、身体的な病気の診断は何らかの背後にある生物学的状態を指していると受け入れているようである。実際のところ、身体症状に関する診断もまた、大いに文化的な可変性に取り囲まれており、主体的状態を対象化している面があり、社会統制の要素があると見ることもできる。つまり、サズのアプローチは、精神病のみならず、病気全般の概念を掘り崩すのである。よりわかりやすいところでは、コンラッド（Conrad, 1975）は、医療化は特定の状況下で起こると論じている。たとえば、逸脱とみなされるようになった行動が伝統的な手段でうまく統制できず、その行動が生物学的状態にもっともらしく関係しており、薬のような治療が存在し、そして、医療専門家がその領域に権限を主張できるときである。これらはすべて、ＡＤＨＤのケースにもあてはまる。

コンラッドの指摘とは異なるが、彼が同定した諸条件は、ＡＤＨＤを、生物学的にも社会的にも見ることを可能にするような説明に寄与すると論じたい。社会・技術・生物のネットワークを通して作られた異種混淆のアレンジメントとして見るならば、これは可能である。このような立場の概要を描こうとすれば、そこには多くの要素が含まれる。第一に、注意を払い、衝動をコントロールし、じっと座っている能力というのは、それぞれの子どもたちの間の脳の機能の生物学的差異によって変化しうる。第二に、このような差異にそれ自体で意味はないが、歴史的・社会的環境に応じて意味を帯びる。多動、のちのＡＤＨＤは、個人の生物学的差異が大衆義務教育の要求と合致した産物である。学校教育、少なくとも大衆義務教育制度において主流を占める形のそれは、子どもたちに、じっと座って、作業に集中して、結果を出すことを求める。さらに、そのような学校は、大量の子どもを監視するシステムを構築し、比較と競争の公的／非公式システムを作り上げた。子どもたちは、システマティックにランクづけされ、要求に応えられない子は問題とみなされた。これは単なるレトリックの問題ではなく、実感される個人的経験である。たとえば、教師は、こういった子たちは、学校で認められた伝統的な方法では扱いきれないと思うかもしれない。親は、自分たちの子がうまくやれず、それは自分たちにとっても深刻な事態だと感じながら治療方法を探し、ときにADHDという診断を受け入れるまでに、いくつもの異なったアプローチを試しているかもしれない。他の子たちも、不注意で衝動的な行動を自分たちの学校を台無しにするものとみなし、うまくやれない/問題があるとされる子の側も同様の視点で自分を見て、解決したいと思うかもしれない。AD/HDの子どもと大人の会（Children and Adults with Attention Deficit/Hyper Activity Disorder, 2003）のようなグループによって、このような異なった利害がまとめあげられ、医学の研究者や製薬会社のそれと結びつけられる。

ADHDという診断とそれに続く投薬治療は、多くの利害に訴えるものだったのだ。そこには、投薬治療を受け、そのことに納得している（自己管理すらしている）、ADHDと診断された多くの子どもたちも含まれる。多くの子たちは、投薬治療が有益で、実際に「よく効く」からそれを選んでいるかもしれず、彼らの行動のメカニズムがよくわかっているからではない。実際、生物医学的な観点から言えば、ADHDはまったく解明されておらず、用いられる薬は、誰が飲んでも注意能力が高まるから「よく効く」にすぎない。たとえば、それは、まさに高ストレスかつ失敗できない任務を遂行する人たちの間で集中力を増すと考えられていたからという理由で、第二次世界大戦の航空管制官が服用していたのと同じ薬である。こういった理由もあり、製薬会社は、問題の一つの「解決」になると、もっともらしく主張できるのである。製薬会社が、非常に儲かるビジネスにおいて予想される利益に動機づけられていないなどということを言いたいのではない。実際のところ、製薬会社は、そのような投薬治療の自社版を宣伝するのに、大金を投資している。自社の薬を処方するよう医師を説得し、ADHDとはどのようなものかを知らしめる積極的なメディア戦略を行ったり、親や子の自助グループに寄付したりしている（Lloyd & Norris, 1999）。

ADHDという診断の急激な増加は、子どもの教育達成水準目標を実現せよという、教育制度に対するプレッシャーの増大と一致している。1990年代は、子どもの幸せのための親の責任に関するレトリックの水準が上がってきた時期でもある。この状況において、教師・親・子どもは皆、医学的診断の持つ免罪効果が有益だと感じえたのである。加えて、もしADHDが障害と公的に分類されたならば――実際に英米ではそうなったのだが[69]――そこには物質的利益ももたらされる。ADHDに罹患した子どもたちを発見し、より資源を投下することが、学校の義務となった。重要なことに、ADHDに対する投薬治療は、学校の競争の「土俵」という観点から議論されうる。アメリカのPBSのドキュメンタリー番組に反応したある親は、まさにそのような言葉でこのことを述べている。

> ADHDの子を持つ親に、この昔ながらのリタリン論争[70]に関わっている暇はない。親は、薬が自分たちの子どもにとって、土俵をならし、友達と同じように成功したり失敗したりするチャンスを与えてくれると知っている。このチャンスこそ、ADHDの子のために、すべての父と母が心から望んでいるもの（…）人生の公平なチャンスなのである。（Frontline, 2003b）

英米の子どもたちは、薬を使うことが浸透した社会に育っている。パフォーマンスを上げる薬を使っていたアスリートの、人目を引く物語は誰でも知っている。この手の薬を設計する人々と、使ってみたい人々の間の競争については、よく議論されている。プロザックのような精神活性薬の利用は一般的だし、新たな薬の追求は製薬会社の間では成長部門である。「子ども–増強薬」のアレンジメントはある人々の利益となり、自ら多重的に突き動かされて展開する現象を生み出すと言うことができよう。同時に、このような子どもたちを補完するもの《サプリメント》の入手を制限したいという他の利害関心と食い違い、衝突してしまう。後者は、競争的スポーツにおける薬物使用に反対するときと同じく、「自然」な能力というレトリックを動員する。実際のところは、そのような自然な能力なるものもすでに、(宿題をするときの親の手助けや、インターネットでの情報アクセスの差異などのような)何重もの、しかし標準化され、受け入れられた、補完物の産物なのである。新しい神経向精神薬が現在開発されているため、ADHD治療に使われるアンフェタミン系薬品は、一連の似たような薬の最初の一つにすぎなくなりそうである。これらの薬が、薬の受け入れ可能性の境界はどこにあるのかという新しい問題を次々と提示し、新しい利害と権力の連鎖を作り出し、ADHDの事例において生み出されている曖昧さを、増殖させていくだろう。

結論

本章において、私は、子ども期と子ども関係の現象が、異種混淆の素材のアレンジメントによって形成されていると論じてきた。とりわけ、技術が生物学的なものや社会的なものによって形作られ、それらと混ざり合っているということを主張した。これを理解するには、生物学的であろうと、社会的であろうと、技術的であろうと、一つのものがプロセスを支配するという、決定因モデルから距離をとることが大切である。自然と文化の要素は、無限に可塑性があるというわけではないが、複雑で、創発的で、偶有性に開かれていることを考えれば、過剰に決定論的に取り扱われていると言える。事実、「生物学的」「技術的」「社会的」と私たちが呼ぶものは、すでに互いにネットワーク化されている。それらの間に生じるプロセスは、ドゥルーズとガタリの言うところのリゾーム的性質を持っている。互いに絡み合うことで生まれる効果は、新しいアレンジメント、可能性、問題を、非目的論的プロセスの中で生み出していくのである。これは、オジルヴィー＝ワイトが分析した日常のミクロなプロセスから、地球規模の情報コミュニケーション技術まで、あらゆる規模において明らかである。

この視角で見れば、本章で論じた三つの技術はそれぞれに、「子ども」を拡張・補完し、多様な、自明とされてきた対立項や境界を、不安定化するものと見ることができる。子どもに用いられる向精神薬は、治療のための薬とパフォーマンス向上のための薬の境界を曖昧にする性質によって、論争含みとなっている。豊かな国々における学校教育は、子どもが社会的報酬システムに割り当てられ、配分される、中心的手段となっている。この非常に競争的な状況において、パフォーマンスを向上するという性質が、その利用への賛否にまつわる利害の衝突をもたらしがちである。子どもたちの学校での（そしておそらくより広いアリーナでの）パフォーマンスを補完することの正当性をめぐって、新たな境界が交渉されている。ICTは公的領域と私的領域、「大人」と「子ども」の境界を不安定化している。子どもが依存する存在とみなされることが問題となり、子どもを含むマイノリティの声が構築され、増幅されるような状況を作り出すのを助けている。生殖技術は、人類の生命がどう誕生するかや、子どもと親の関係の基礎をどう考えるかについての前提を不安定化させ、世代間の「自然」な秩序を不安定化させつつある。私は、このような例から、「子ども」の未来を不可避に形作るであろう諸要因を特定できると言いたいわけではない。それを形作るのに何が重要となるかは、今後も考え続けられねばならないし、私が論じたものとはまったく異なった現象だったと判明することになるかもしれない。しかし、もし私たちが、「子ども」が今後とる道行きを理解しようとするのであれば、ここであげた諸例は、「子ども」を研究する人々が注目せねばならない、文化と自然、社会と技術、言説と物質のアレンジメントの例を、確かに提供してくれると言えよう。

あとがき

私の議論の重要なインプリケーションの一つは、優に1世紀以上かけて立ち現れてきた領域である子ども研究が、今や、1世紀以上にわたって用いられてきた、狭隘で、断片化した方法論的視点を克服する、概念装置を見つけることができるかもしれないということである。以前には、自然科学と社会科学と人文科学の間には、どこか通約できない言説が集積していたが、そこに、より一貫した（しかし必ずしも統合されている必要のない）探索のフィールドを見ることが可能になったのである。20世紀の最後には、近代主義的な思考においては相互排他的だと思われてきた、多くのカテゴリーの間の境界が掘り崩された。このことが、存在論的前提に新たな流動性をもたらし、たとえば、人間と非人間の間の区分が、固定的な与件ではなく、移りゆく交渉可能なものとして扱えるようになった。本書を通して利用された理論的・概念的用語系が現れ、自然と文化の区分を含む対立的二元論を、片方をもう片方に還元したり、両者の間の支配関係をアプリオリに作り出したりしない形で語ることができるようになった。このような試みがどの程度成功し、どこに向かっているのかは、引き続き見守らなければならないが、子ども研究がその流れに乗り、それを利用し、それに貢献するべきだということを、私はほとんど疑っていない。このような過程を通して、子ども研究は可能性をかき集め、真に学際融合的《インターディシプリナリー》な分野になるだろう。

このような分野を作り出す努力は、私見によれば、二元論的思考法一般を乗り越えようとする、より広い領域での試みの一部に位置づくときに、最も効果的になるだろう。世界を相互排他的なものにアプリオリに分けることは、そのような区分がいかに作られ、効力を持ち、消滅していくのかを理解するために、表面の向こう側を見ることをしたくない、という態度の表れである。その結果、理解の対象となりえたはずのもの（つまり、いかに差異が立ち現れるか）が、世界を理解するための自明な雛形として再構成されてしまう。だから、たとえば、存在《ビーイング》と生成《ビカミング》の区分が、（正当な理由で）子どもを今を生きる存在者《ビーイングス》と見たい子ども社会学の関心と、（同様に正当な理由で）子どもを未来に向かう生成者《ビカミングス》と見たい発達心理学の関心との間に、線を引くのに用いられてきた。こうして自己破壊的なループができあがり、子どもの生活の条件、彼らの文化であり自然であるところ、存在であり生成であるところが、切り離され否定されてしまう。私が本書で主張しているような子ども研究をより生産的なものとするには、「子ども」に関する存在論をいくつか再概念化することが必要である。「子ども」は、「自然」でも「文化」でもない。無数の「自然であり文化であるもの」であり、異種混淆の素材で構成され、時間軸の中で立ち現れる、複雑なハイブリッドなのである。文化的であり、生物学的であり、社会的であり、個人的であり、歴史的であり、技術的であり、空間的であり、物質的であり、言説的であり……いくらでも続けられよう。「子ども」とは、統一的な現象ではなく、これらの異種混淆の素材の結合と切断、混合と分離から現れる、無数の構築物なのである。それぞれの構築は、ひとりひとりの子どもから、歴史的に構成された「子ども」の形態まで、様々なスケールで生じ、非線形の歴史、すなわち、開かれた、非目的論的な、生成変化する存在を伴うのである。

　このようにして思考される「子ども」にふさわしい方法論は、「子ども」をそこから取り出したどの一つの側面にも還元することをしない。還元主義的でないアプローチが必要なのであり、構築に使われる素材は、互いに簡単には分離できないと肝に銘じねばならない。このような子ども研究は、対立的二元論に挑戦し、対立項を生み出す傾斜を分析し、対立項を受け入れるのではなく問題化する、非二元論的な思考のモードによって実践されるだろう。したがって、「子ども」が立ち現れる、結びつきや媒介を追跡することに関心を持つだろう。このような分析には、シメトリカルなアプローチが必要である。それは、人間と非人間を両方とも潜在的に重要なものと考え、何が決定因かをアプリオリに前提とせずに、経験的探究に開かれたものとしておくという点で、普遍的なものである。具体的な「子ども」の例は、それを構築している異なった諸要素が戯れる開かれたプロセスの、経験的効果として理解されることになろう。

ひとたびこのように定式化されると、同様のアプローチが、「大人」の研究にも使えることが明らかになる。この意味で、「子ども」を理解するのと「大人」を理解するのに、原則として違いなどない。関係論的アプローチには、「大人」との関係で「子ども」がいかに構成されているかを見るという発想があるが、世代関係やライフコースという発想がともに示しているように、「子ども」の関係性はこれらに限られない。世代関係やライフコースは、無数のそれ以外のものへの部分的依存と、それらと結びつきを通して構成されている。もう一度言おう。これらがその中で構築される異種混淆のネットワークを追跡することが必要になっている。この議論からは、他の対立的二元論と同様に、「子ども」と「大人」の区分自体が自明ではないということが言える。むしろ、その区分自体が問題化されねばならないのであり、どのようにして、なぜ、この区分が生じているのか、どのような素材やプロセスがそれを構築しているのか、どのようにしてその移りゆく境界線が構成／再構成されているのかといった点を理解する努力が必要なのである。

本書の議論が示唆する即効性のある実践的なインプリケーションの一つは、子ども研究の学際性を強化していく必要性である。子ども社会研究は、すでにかなりの程度、多分野が共同しており、社会科学と人文科学の各分野に貢献者がいる。しかし、学際的な対話が弱い分野もある。その一つが社会学と心理学――個人としての子どもと社会的な存在としての子どもの対立――であり、そもそも、心理学に対抗して子ども社会研究が立ち上がってきた面がある。社会学・心理学双方の「子ども」に関する取り組みのやや荒削りなステレオタイプに固執していると、この構図が維持されてしまう。新しい子ども社会学には、とりわけこのような傾向があった。多くの心理学者も、明らかに似た論点に興味を持っていたのだが「共同はなされなかった」。例をあげるならば、イギリスのウッドヘッド（Woodhead, 1999）、アメリカのコール（Cole, 1997）、オーストラリアのグッドナウら（Goodnow et al., 1995）、ノルウェーのハーヴィンド（Haavind, 2004）などである。発達心理学におけるヴィゴツキーの伝統は、社会的にも歴史的にも、唯物論的なアプローチに自覚的に基づいている。その最近の発展形である「行動理論」は、物質的な人工物の役割に、明確に自覚的であり、アクターネットワーク理論と多くの共通点がある。本書最終章で言及した「子ども」と多様な社会―生物―技術のアレンジメントの間の関係性といった議論とも両立できる。ここでも、差異のみならず、共通の基盤を探究するための、さらなる対話が役に立つかもしれない。

本書で提示した学際性のあり方が選択的なものであることは、強く自覚している。それは、自然科学と社会学と歴史学と文化人類学という、私自身が受けてきたアカデミックなトレーニングを反映している。いくつかあげるならば、美学や美術史、文芸批評やメディア研究といった領域が非常に貴重な貢献をするであろうと確信しているが、私の議論はこれらを含む人文科学の大半を、あまりに無視してしまっている。ただ、この点に自覚的に言及しておくことで、学際性というのが、あらゆるものの専門家になるということを意味しているわけではないと強調することにもなろう。他の学問分野を探訪するということは、好事家や素人趣味に陥るリスクを抱えている。私も、そのどちらかないし両方だと批判されるかもしれないが、その判定は読者に委ねたい。しかし、たとえ他の分野から借用したり翻案したりするのに、正確性に欠ける部分があったとしても、後悔はしない。もしそうすることが想像力を刺激し、特に新しい思考の系譜を開くことになるのであれば、リスクをとる意味はあったと考えている。もちろん、私よりも専門知識のある方ならば、もっとうまく同じことを追求できたかもしれないが。

もちろん、学際性が必要だという声は、少なくともレトリックとして、現代の研究生活においてはしばしば耳にする。その潜在的な利点はよく知られている。学際性は、単独の学問分野で可能なよりも、より創造的な仕事を可能にしてくれる。学問の枠を超えて覗いてみれば、単一の学問のみに拠った研究が陥りやすいナイーブな前提に気づき、それを修正できる可能性が増す。ただ、子ども研究が学際融合的な方向性へと向かっていくべきだという合意があるとしても、それがどのようにして達成されるべきかは、まったく明らかではない。ウッドヘッド（Woodhead, 2003）は最近、子ども研究が学際性を追求するのにたどるべき、三つのありうる道を提示した。

「情報交換所モデル」は、子どもと子ども期に関わるすべての研究分野、すべてのリサーチクエスチョン、方法論、専門分野のアプローチを包含する。

「お菓子の量り売りモデル」はもう少し選択的だが、まだ幅広いアプローチを取り込める。選択基準は、研究される特定のトピックか、その分野の志向性に関するものとなろう。

「再ブランド化モデル」は、学際的な野心を持っているように見えるかもしれないが、主として、未だ慣習的な学問の境界線にこだわりながら、伝統的な探究の分野を再定義しようとしている。

（Woodhead, 2003: section3.1）

ウッドヘッド同様、私もこれらが単なる可能性にすぎないのか、なかでもどれが最も可能性があったり、現実的だったり、懸命だったりするのかはわからない。しかし、彼が専門分野に基づいた研究を放棄することを警戒するのには、賛同する。学際性とは、非専門性と同義ではなく、二つ以上の分野の間の交流を意味している。子ども研究は、当面、諸分野の出会いの場、長期的な学際性の追求に必要な、忍耐力や開かれた態度、各分野の安全地帯を踏み出す能力を促していくプロセスとなりえるだろう。まさにこのようなプロセスの実現に向けて、本書は貢献を試みたのである。

訳注

はじめに

［1］著者は、sociology of childhood（子ども社会学）と social studies of childhood（子ども社会研究）と childhood studies（子ども研究）とを明確に使い分けている。指し示している学問領域は後に行くほど広くなっており、順に、社会学、社会科学、自然科学を含む子どもを対象とする分野全般を指している。

第1章

［2］Sir Joshua Reynolds（1723-1792）。イギリス肖像画家。ロマン主義的で愛らしい子どもの絵で有名であり、「無垢の時代（The Age of Innocence）」（1785 または 1788）という少女の絵は、多数の商品やコマーシャルに用いられた。

［3］Thomas Gainsborough（1727-1788）。イギリスの肖像画、風景画家。子どもの絵では「青衣の少年（The Blue Boy）」（1770）等が有名。

［4］ヒゴネットは、たとえば17世紀のヴァン・ダイク（Anthony van Dyck, 1599-1641）の子どもの絵では、子どもは、それぞれの身分を反映した、大人と同じ服装をした小さな大人として描かれていると指摘する。それに対し、レイノルズに代表される18世紀のロマン主義的な子どもの絵では、子どもが生まれつき子どもらしいことを描くために、子どもは大人服の流行を超越した「自然」な服を着ていて（子ども服の誕生は18世紀と言われる）、大人の社会生活を表す表象は描かれない傾向があるとしている（Higonnet, 1998: 23-30）。

［5］Charles Lutwidge Dodgson（1832-1898）。『不思議の国のアリス』の作者ルイス・キャロルの本名。オックスフォード大学で数学の教鞭をとっていた。写真家でもあり、アリスのモデル、アリス・リデルをはじめとする少女のヌードを含む写真については、ロマン主義的芸術なのか小児性愛・少女愛嗜好の表れかという議論が繰り返されている。

［6］Robert Mapplethorpe（1946-1989）。アメリカの写真家。花やヌードなどの官能的なモノクロ写真で、しばしば論争を巻き起こした。

［7］1989年公開のアメリカのコメディ映画。原題はLook Who's Talking。シングルマザーの母親の恋の行方を、赤ちゃんのナレーション（大人の声があてられている）を通して見守るコメディ。ほかにも、手違いで家にひとり置いていかれた主人公ケビンが知恵をしぼって泥棒を追い出す「ホーム・アローン」（1990）なども、無垢な子ども像とは違う子どもを描いた大衆文化の一つであろう。

［8］「声を与えられる（be given a voice）」は、マイノリティが権利を主張できるようになることの隠喩。子どもの権利（特に意見表明権）の文脈でもよく用いられる。子どもの場合は、スピヴァクが言う「サバルタンは語ることができるのか」とはまた異なった意味で、つまり、知的・身体的発達や生物学的与件といった問題系との関係で、「声」（意志）とは何かが問題となる。

［9］たとえば、イギリスの著名な児童文学者ロアルド・ダールの作品『マチルダはちいさな大天才（*Matilda*）』（1988）は、超能力を持つマチルダをはじめとする子どもたちが、戯画的なまでに抑圧的で権力的な大人たちに対抗して、大人たちの無知や愚かさを暴いていく物語である。そこで権力や能力をめぐる子どもと大人の関係性は転倒する。

［10］たとえば、「ホーム・アローン」では、ママが帰ってきたらケビンは子どもらしく甘え、「マチルダ」では、最後にはマチルダは彼女をいつくしんでくれるミス・ハニーと幸せに暮らすというように、転倒した子どもと大人の関係性は、しばしば物語のクライマックスで元の鞘に収まる（伝統的・ロマン主義的な関係性に戻っていく）。

［11］テレビによって大人も子どもも同じ情報にアクセスできるようになって、大人と子どもの差異が消滅した（Postman, 1983=2001）、家族が多様化して子どもが子どもらしい生活を送れなくなっている（Winn, 1984=1984）といった議論は、間を置かず邦訳されているように、日本を含む先進諸国で広く受け入れられた。なお、著者は、２０１１年の論文の中では、Palmer, S.（2006）*Toxic Childhood: how the modern world is damaging our chidren and what we can do about it*, Orion. に言及している。これもまた、『子どもはなぜモンスターになるのか——脳を蝕む生活習慣から子どもを守る２３２の方法』（青木創訳、小学館、2007）という邦題で、すぐに翻訳出版されている。この手の書物は大衆受けするのである。

［12］純就学率＝相当年齢の就学者数／相当年齢人口、総就学率（粗就学率）＝就学者数（年齢を考慮しない）／相当年齢人口。

［13］日本政府訳は「児童の権利に関する条約」であるが、「子どもの権利に関する条約」という表記も認められており、「子どもの権利条約」と呼ばれることが多い。日本は１９９４年に批准している。

［14］Protection（保護）、Provision（提供・付与）、Participation（参加）の「３Ｐ」が、同条約の三本柱であるとしばしば言われる。

［15］19世紀から20世紀初頭にかけて、フランスが植民地支配を正当化するために述べた論理。

［16］子どもの意見表明権を規定した条項。その能動的な子ども像が議論を呼びうる。

［17］イギリスでは、サッチャー政権下の１９８８年教育法で、ナショナルカリキュラムとナショナルテストが導入された。学習指導要領による教育内容の標準化がすでに整備されており、むしろ「ゆとり」や総合的な学習の時間などの設置を模索した日本の１９９０年代の議論とは、やや前提が異なっている点には注意が必要である。その意味では、ここで書かれているのは、学力低下が問題となり、ゆとり教育が批判・撤回されていった、２０００年代以降の日本の状況に近いと言えよう。

第2章

[18] 20世紀初頭のアメリカやヨーロッパにおいて、児童救済運動家たち（child savers）が、家庭や学校に包摂しきれていない青少年たちを保護・隔離しようとする中から、福祉と司法が渾然一体となった少年司法制度や児童保護の網の目が立ち上がる。「救う」という善意が、子どもを子どものための場所へと囲い込んでいくのであり、ドンズロは、これを「保護複合体」と呼んでいる（Donzelot, 1977=1991）。

[19] 児童移民（child migration）と呼ばれる、バーナードス等の著名な慈善団体の働きかけで、1896年から1970年代にかけて英国政府が行った活動を指している。貧困等で保育に欠ける子どもに家庭的な環境を与えるという使命感に基づいて、保護者の許可なく、子どもたちだけでカナダ、オーストラリア、ニュージーランド、ローデシア（現ジンバブエ）などの大英帝国植民地に移民させていた。実際には奴隷市さながらの状況で引きとられて無賃労働力とされたり、移民先でカトリック系施設に収容されて性的虐待を受けたりといったケースが相次いだ。白豪主義のような、植民地へのイギリス人の植民といった意図もあったと言われる。1994年にマーガレット・ハンフリーズ（Margaret Humphreys）が『からのゆりかご（*Empty Cradles*）』（都留信夫・都留敬子訳、近代文藝社、2012）を出版して問題提起し、2009年にオーストラリア首相が、2010年にイギリス首相が公式に謝罪した。2011年には「オレンジと太陽（*Oranges and Sunshine*）」として映画化され、2015年にはV&A子ども博物館にて初の児童移民に関する展示が行われた。本書執筆当時は、この「黒い歴史」が暴かれ、問題化されている最中であった。

[20] 不登校が社会的排除につながるという発想の下、親の教育責任を強調するために、ホームスクーリングの同意書を提出させるといった制度が導入された。英国は、教育は義務だが、学校は義務ではないという立場であるが、具体的な政策については政権によって変動している。

[21] 1990年代のブラジルでは、ストリートチルドレンの犯罪率が高く、治安を脅かすという不安が高じ、路上生活する少年への暴行・殺人事件が多発した。なかには、警察関係者が「取締り」の名目で暴行に及ぶケースも多

く、地域住民も黙認する傾向があった。1993年7月23日、家のない子どもたちの宿泊・食糧・教育等を提供していたリオデジャネイロのカンデラリア教会で、警官を含むグループが発砲。70名ほどいた少年のうち、数名が死亡する事件が起き、国際的に批判を集めた。

[22] アメリカの大都市では、青少年外出禁止条例（Juvenile Curfew Law）を制定していることが多い。それらの多くは、昼間に学校等の適切な場所以外をうろつくことや、夜間の外出を禁じている。このような法は19世紀から存在したが、第二次世界大戦後増加している。引用文献によれば、その是非や法的根拠については、評価が定まっていない。

[23] 本書のこの箇所にあげられたいくつもの例はいずれも、近代的子ども観が、子どもを特定の場所に囲い込むと同時に、現実問題として、そのような近代的制度に包摂されきらない子どもたちがいること、彼らに対する敵意や不安といった感情が生じること、近代的理念からのみの支援は彼らの現実に届かない可能性があること等、近代的な子ども／大人区分の理念のアイロニーを示している。

[24] この対は第3章でも検討されるが、日本語としてつかみにくい部分があるかもしれない。おそらくその背景には、システムと行為主体の関係を問う際に、structure/agent（agency）が日本の社会理論の用語として「構造と主体」と訳されてきた経緯がある。ポスト構造主義以降、主観性（意図）や権力への従属といった含意を持つ主体（subject）と差異化され、システムに抵抗し、それを撹乱する可能性を内包した概念としてエイジェントやエイジェンシーが語られるようになり、日本語においても別の訳語やカタカナ表記が選択されることが多くなってくる。（これらの詳細は、末廣幹（2000）「エイジェンシー」『現代思想のキーワード（現代思想臨時増刊号）』青土社を参照のこと。）

[25] 本節の議論において、ハラウェイとストラザーンに言及するところを除いて、著者はラトゥール『虚構の「近代」』（Latour, 1993=2008）の議論をほぼなぞっている。その基本は、「近代」を、自然と文化を分けて思考しようとする近代的思考法（純化）と、その間が実際にはネットワークでつながれているという現実（媒介ないし翻訳）

が支えあっているものと捉える点にある。近代人は、前者の純化を志向しつつ、現実には後者のハイブリッドを増殖させるのである。その意味で、現実の近代（ハイブリッド、ネットワーク）が実際に理念としての近代（自然と文化の分離）のようであったことはなく、他の文化や時代とビッグバンがあったかのように区別する必要はないのである。

次節以降の本書の議論は、子どもにまつわる諸科学における純化の働きの歴史を描きつつ、その背後のハイブリッド（媒介・翻訳の働き）に目を向けねばならないという主張へと展開していく。なお、ラトゥールについては、川村久美子氏による既邦訳が難解な諸概念に豊穣な解説を添えてくれているので、参考にされたい。

[26] 政治（社会）と科学（自然）が分離されたということ。もちろん、この解にたどり着く過程を見れば、両者を媒介するものにあふれている。

[27] ジェンダーが社会的・文化的に構築されたものだと主張したところで、自然な身体（セックス）こそが生殖の基盤であり、両性の本質的な差異ではないかという反論が出る。ハラウェイの「サイボーグ・フェミニズム」は、サイボーグというイメージを持ち出すことで、このような生物学的性差に基づく男女のモデルと、そういった観点からのフェミニズム批判を失効させせようとした。

[28] カントが物自体を認識主体やその主観による現象から区別したことを、自然と文化の分離の出発点とみなしている。

[29] オリジナルなきコピーとしての記号が戯れるハイパーリアリティ、対象（シニフィエ）を消し去ったところに戯れ浮遊するシニフィアンといったポストモダン思想が、自然（物質）から文化（表象）を切り離していく思想の行く末として描かれている。

[30] ラトゥールは、技術や社会と自然が不可分に結びついた資本主義の状況に際し、ハーバーマスがそのネットワークを分析する方向に進まず、「システムによる生活世界の植民地化」などの概念で、コミュニケーションの主体を科学技術的合理性から分離・救出しようとしたと批判的に扱っている。

［31］児童研究運動（the Child Study movement）とは、１８８０年代に始まるアメリカの発達心理学を中心とした研究運動である。『青年期（*Adolescense*）』（1904）の著者ホール（Stanley Hall, 1844-1924）に代表され、観察・質問紙・実験等の科学的方法論を重視し、発達パターンなどの子どもの自然性を強調した。公教育制度やその方法論の確立への寄与が期待され、医学や教育学も巻き込んで盛り上がったが、運動としては１９１０年代に廃れていった。発達にまつわる思考方法や方法論は、その後の発達心理学に大きな影響を与えた。本章の主旨に従えば、the Child という定冠詞つきの大文字の名を冠しているところが、childhood studies という表記をする著者とのスタンスや時代の違いを示していると言える。

［32］ドイツの生物学者エルンスト・ヘッケル（Ernst Heinrich Phillipp August Haeckel, 1834-1919）は、ダーウィンの進化論によりながら、生物の個体発生は系統発生を繰り返すと主張した（反復説）。このような思考方法、すなわち、子どもから大人への個体の発達は、人類という種族の「進化」の縮図だと見る見方は、19世紀後半から20世紀初頭にかけて、心理学や社会学を含む多くの分野で見受けられる。本文中で指摘されているように、そこには未開人から文明人へといった帝国主義的発想が見え隠れし、未開人と子どもが、近代的主体未満のものとして同列に扱われるのである。

［33］ともに貧困調査。ブース（Charles Booth, 1940-1916）は、１８８６年から１９０２年にかけてロンドンのイーストエンド地区の調査を行い、貧困率の地図化などを行った。ヨークでは、ラウントリー（Joseph Rowntree, 1836-1925）が財団をつくり、貧困対策を目的とした調査等を主導していたが、息子のラウントリー（Benjamin Seebohm Rowntree, 1871-1954）は、ブースにも触発されて、１８９９年から三次にわたってヨークで同様の調査を行った。このような貧困の地図化の試みは、現代でも公衆衛生学等の観点からイーストロンドン大学等が行っている。

［34］Arnold Gesell（1880-1961）。アメリカの児童心理学者。子どもの行動観察を行い、発達診断法を確立した。

［35］それぞれ、National Survey of Health and Development/1946 birth cohort（NSHD/ 1946BC）、1958 National

Child Development Study（NCDS）、1970 British Cohort Study（BCS70）、Millennium Cohort Study（MCS）を指す。２０１６年時点で、１９４６年コホート調査は医学研究審議会（Medical Research Council）が、残りの3コホートはロンドン大教育学部の縦断調査センター（Centre for Longitudinal Studies, IOE）が、調査分析を担っている。

[36] 日本では、厚生労働省が「21世紀出生児縦断調査」として、２０００年生まれと２０１０年生まれのコホートの縦断調査を継続している。

[37] Frederic Truby King（1858-1938）。大英帝国下のニュージーランド生まれの医師。乳幼児保健の改革に尽力し、規則的授乳などの、科学的栄養法を打ち立てようとした。

[38] Benjamin McLane Spock（1903-1998）は、アメリカの小児科医。それ以前の厳しい規則的な子育て方法に対して、愛情に基づいた子育ての方法を書いた *The Common Sense Book of Baby and Child Care*（Duell, 1946）は世界的ベストセラーとなり、日本でも『スポック博士の育児書』（暮しの手帳社、1966）として知られている。

[39] 次節で「パイオニア」と形容しているように、著者はヴィゴツキーの思想を高く評価している。次章で詳述されるが、ブロンフェンブレンナーのモデルが、子どもの周辺環境を、ミクローメゾーエクソーマクロという同心円上の「レベル」が取り巻いている図として描き、レベル間の関係を見ていない点で限界があるのに対し、リバイバルにおいて、マルクス主義の弁証法や労働理論を捨象して救い出されたヴィゴツキーの思想は、物質的環境も含めて、多様な要素が様々な形で結びついて「子ども」を現出させていく様を描く。そこが、著者が支持するアクターネットワークやアレンジメント、翻訳《トランスレーション》等の道具立てに親和的、かつ、後期近代の「子ども」の分析に適しているからである（たとえば、第1章で述べられたような、グローバルな動きが子どもの貧困に直結するような関係性を、同心円モデルは説明できない）。なお、本書では結論部でわずかに言及されているにすぎないが、ヴィゴツキーリバイバルの影響を受けた活動理論（activity theory）も、ＡＮＴとの共通点が大きいとして評価しているとのことである。

第３章

[40]『「子ども」を構築／再構築する』（Prout & James, 1997）を頂点に、新しい子ども社会学（New Sociology of Childhood）が盛り上がった。すぐ後に述べられるように、同書は、社会科学全体とも連動した子どもを捉え直す複数の潮流を、「新しいパラダイム」としてまとめあげた。本章では、その動きを評価しつつ、その問題点を、近代主義的な二分法との観点で論じようとしている。なお、同書は長らく第二版が発行されていたが、２０１５年に第三版が発行されている。

[41]「新しいパラダイム」が、大人たちに従属する受け身の子ども、現在の社会構造から排除・隔離された子どもという従来型の像に異議を申し立て、能動性や行為者能力《エイジェンシー》を強調したり、社会構造上に位置を占める社会集団であると主張したりした点を指している。近代主義的な社会学から排除された「子ども」を主体や構造といった近代の言語系で救い出そうとする試みは、社会学的子ども研究の中で非常に新しかった一方、そういった言語系がまさに問い直されつつあった趨勢からは周回遅れであった点を、著者は批判的に述懐しているのである。

[42] リーは human becomings という概念で、これを説明している。

[43]「包摂された中間部（included middle）」とは、二元論で排除された二項の間を指す、後述のノルベルト・ボッビオの概念である。既邦訳では、二元論（あれかこれか）からその間を含む三元論（あれでもないこれでもない）へというテーゼに則って「包み込まれた第三極」と訳しているが、極の間にはバリエーションがある（白と黒の間は多様なグレー）という含意を生かして、中間「部」と訳した。後述の「排除された中間部」（既訳では「閉め出された第三極」）も同様。

[44]『「子ども」を理論化する』（James et al. 1998）の中で、著者らは、「普遍主義・グローバル・継続性／特殊主義・ローカル・変化」と「主意主義・エイジェンシー・差異／決定論・構造・同一性」の二軸を交差させ、多様な子ども研究を「マイノリティグループの子ども」「族としての子ども」「社会的に構築された子ども」「社会構造上

の子ども」の四象限に分類している。ただし、続く箇所が述べるように、同書は、20世紀末の時点での子ども社会学研究の見取り図を具体的に示す良質な教科書となっているものの、その図式的分類が二分法を延命させることになってしまったことを、著者は遺憾に思っているのである。

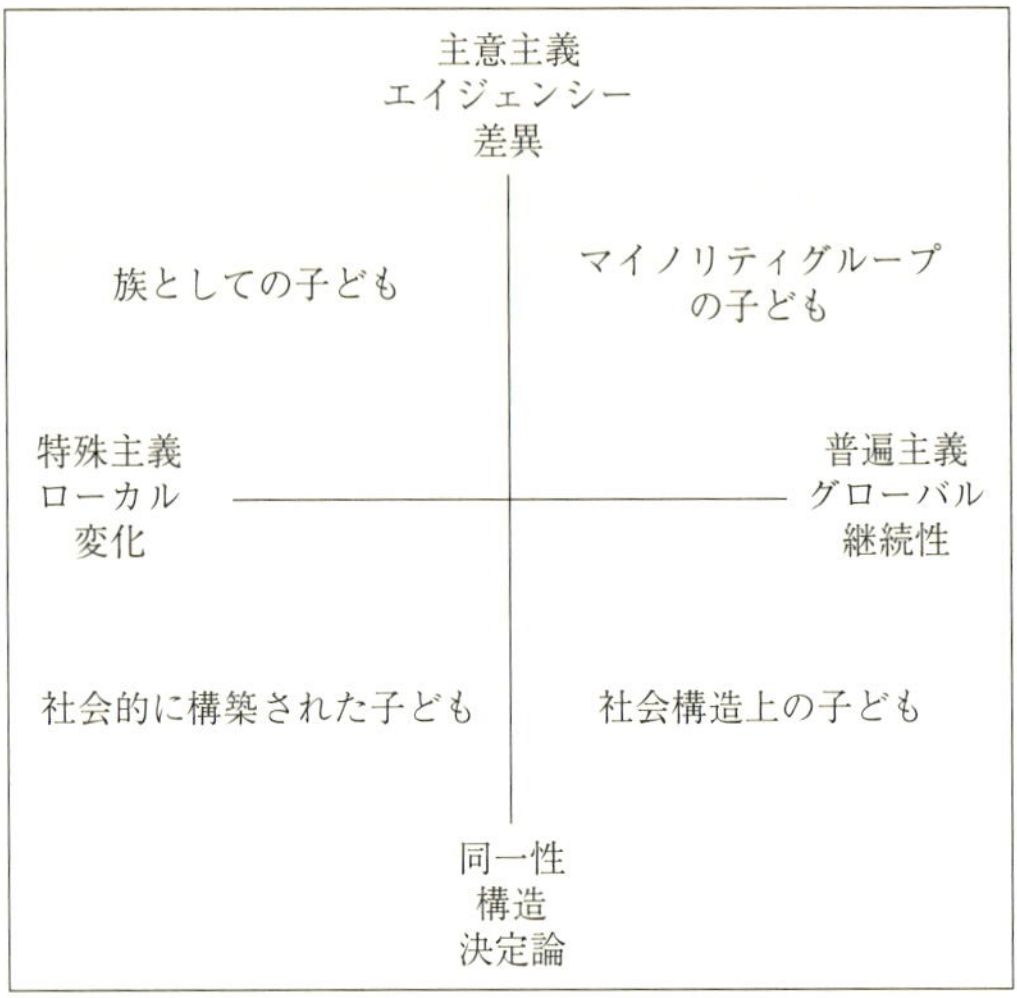

子ども研究の理論枠組み（James et al., 1998: 206）

［45］Ilya Prigogine（1917-2003）。線形関係を前提とする従来の熱力学を刷新する非平衡熱力学の分野で業績をあげ、散逸構造の理論によりノーベル化学賞を受賞した。

［46］非線形理論や複雑性・複雑系の理論は、社会理論においても新しい理論として取り入れられた。著者も、二分法に代表される静態的な近代主義的科学とは異なった、システムや社会の記述のヒントが複雑性理論にあると見ており、後出のデランダ等を高く評価している。

［47］日本の読者には、「世代関係（generational relations）」という言葉自体が理解し難いのではないかと思われる。本節であげられた論者を代表例に、英語圏の子ども研究において、子ども／大人関係をしばしば「世代関係（generational relations）」と呼ぶ。日本語でも、ときに「子ども世代」「大人世代」という言い方をしてしまうことがあるが、本来、年代・年齢層（年齢集団）と世代・コホート（ある時期に生まれ同じ時代を経験していく集団、さらには、後に記されるマンハイムの定義によるような、その結果「〇〇世代」と自他に認識されるようになる世代）とは、別の日常的・社会学的概念である。世代は、年代と時代の関数である。したがって、子ども／大人関係を「世代関係」と呼ぶのは、社会科学の常識から考えると誤用なのだが、事実として、この用法は一定程度定着していると思われる。

本節で、著者は、このような「世代関係」論を、世代論の古典、マンハイムを引き合いに、社会科学で一般的な「世代」概念からの逸脱という形で批判していく。著者の議論の主目的は、「世代関係」論の、「子ども」と「大人」を普遍的・固定的なシステムの要素と見る視点に対する批判である。マンハイムの用法に従えば、「子ども」と「大人」の関係自体が、時代によって多様で、流動的であるはずだと述べている。ただ、訳者としては、世代関係という用法は端的に誤用であるので、誤用の問題と、子ども／大人という年齢集団関係が普遍的か流動的・構築的かという論点とは、別に立てるほうがわかりやすいのではないかと考えている。

なお、このような点から見て、generational relations という用語は、子ども／大人関係を「世代関係」と呼ぶという習慣が特に共有されていない日本の読者向けには、一般的には「子ども／大人関係」と訳せば十分であると思われる。しかし、本書では、上述のように、そもそもの世代概念とは、という論点から著者の主張の立証が行われていくため、一貫して「世代関係」と訳すこととした。

[48] "tweenie" "tween"とは、ティーンエイジャー前、前思春期の子どもたちを指すマーケティング用語である。between と teen より来た造語。

[49] 人の人生を歴史的・文化的文脈の中で読み解こうとするアプローチ。トマスとズナニエツキの『ヨーロッパとアメリカにおけるポーランド農民』(1918-21)や、マンハイムの「世代の問題」(1927)等の20世紀前半の研究に起源を持ち、1960年代以降、社会学や歴史学、人口学や公衆衛生等の多領域で発展した。

第4章

[50] 本章では、進化生物学や霊長類学などの知見が重要な意味を持っている。すべての知見は、本書執筆時点のものである。著者は、いわゆる理系分野の最新の知見もフォローしたうえで、次章で例をあげるような、学際融合的な研究が続々と行われることを望んでいるという。

[51] Edward Osborne Wilson (1929-)。社会性昆虫アリの行動を説明する理論を、社会性を持つすべての生物に拡大し、「社会生物学」を切り開いた。彼は自由意志や文化の影響を否定し、社会的動物は遺伝と環境への適応で作られると主張した。社会性の起源を、進化に最適な要素と行動という生物学的要素に還元して説明しようとしている。

[52] Desmond Morris (1928-)。人間を動物(裸のサル)として、進化論の中に位置づけようとした。

[53] Konrad Zacharias Lorenz (1903-1989)。「刷り込み」現象を提唱したことで有名な動物学者。固定的動作行動を本能から説明しようとし、動物行動学の基礎を築いた。

[54] Richard Gerald Wilkinson (1943-)。経済学者・公衆衛生学者。社会が平等であれば、暴力や薬物使用や肥満などの公衆衛生上の問題は減るという論点を展開した。適者生存の概念を、政治的な保守ではなく革新側と結びつけた点で、1970年代の議論とは一線を画している。

[55] キップリング（Joseph Rudyard Kipling, 1865-1936）の *Just So Stories: For Little Children* のこと。「ぞうの鼻はなぜ長い？」というような問いに対する、荒唐無稽な答えを書く児童文学。ここでは、社会適応行動の理由を説明しようとする社会生物学も、そのようなものだという皮肉の意味で使われている。

[56] 人類の文化は下等で野蛮な文化から高等な文化へと進化すると考え、現存する文化のバリエーションはその段階の違いだと見る視点。19世紀帝国主義と親和的な面を持つ。

[57] ドーキンス（Richard Dawkins, 1941-）が提案した、文化の伝達・複製の基本単位を示す用語。脳から脳へと複製されていくとみなす。遺伝子（gene）とギリシャ語の模倣（mimeme）からの造語。

[58] クリーブランド事件（1987年）。イングランド北部クリーブランド州（当時）で、ミドルズバラ病院の医師の「肛門拡張反射テスト」によって、短期間に多くの事例が（性的）虐待と診断され、子どもが家庭から引き離された。後に診断方法に疑問が寄せられ、子どもを奪われた親の抗議行動をメディアが報道するなど、大スキャンダルに発展した。この事例が大々的に報道されることで、医療やソーシャルワークの診断や分離措置手続きの是非が問われることとなった。本章で述べられたように、子どもたち自身の証言の必要性が叫ばれたほか、福祉国家的なアプローチが問い直され、専門家支配の是非や、国家が家族にどこまで介入可能かといった議論を巻き起こし、1991年子ども法の制定へとつながっていった。

第5章

[59] 著者が用いているのは、assemblage という単語である。ドゥルーズ&ガタリの原語（仏語）では agencement（既邦訳では「アレンジメント」「鎖列」「配置」などと訳されてきた）に相当する語が、英語圏ではそのように訳され流通してきた。このことがもたらす問題については、Phillips, J.（2006）"Agencement/Assemblage." *Theory, Culture & Society*, 23(2-3) を参照のこと。著者自身は、このような翻訳の問題には自覚的でなく、英語圏の通例に基づき、ドゥルーズの概念として assemblage という単語を用いているため、本邦訳では agencement の訳として

最も定着している「アレンジメント」と訳すことにした。また、第3章で著者が高く評価していたデランダの鍵概念の一つが、ドゥルーズ&ガタリから借用した assemblage である。

[60] 常染色体優性遺伝によって発病する神経変性疾患で、多くは30~50歳で発病する。舞踏様運動と呼ばれる不随意運動や認知力の低下、情緒障害等を特徴とする。

[61] 1990年代に実現した技術であり、その後、検査可能な遺伝情報が増えている。出生前診断が人工妊娠中絶を前提とするのに対し、体外受精した受精卵や胚を検査して子宮に移植するかを決める方法であるため、中絶の負担がないとされている。ただ、体外受精~胚移植の負担はあり、受精卵や胚の選別が心理的負担も伴いうる。2016年現在、日本産科婦人科学会のガイドラインでは、重い遺伝病と習慣性流産の患者にのみ限定している。(日本には生殖補助医療を規制する法は未だない。)イギリスでは、1990年ヒト受精及び胚研究に関する法律(直近の改正は2008年)により、規制されている。

[62] セレラ・ジェノミクス社が商業的なヒトゲノム解読を行い、発見された遺伝子を特許化しようとしたため、公的な国際共同研究であるヒトゲノムプロジェクトと衝突し問題となった。1996年に、解析後24時間以内に公的データベースに提供する(つまり、公開する)というバミューダ原則が合意された。

[63] このフランスの事例(X連鎖重症複合免疫不全症に対する造血幹細胞遺伝子治療、1999年に報告された)は、2例とも、遺伝子治療を原因とする白血病を発症したことが2002年に話題となった。これにより遺伝子治療は一旦後退するが、より安全な技術開発がなされるなどして2008年頃から再び活性化し、現時点でも対象疾患を広げながら開発が進められている。

[64] 2015年に中国で、ヒト受精卵に対するゲノム編集実験が行われた。その受精卵が子宮に戻されることはなかったが、細胞の生殖系列に変化を加えるものである点や、遺伝子編集される「当人」へのインフォームドコンセントが不可能である点が問題視され、国際的に物議をかもした。

[65] 1996年にスコットランドで誕生した世界初の哺乳類の体細胞クローン。メス。6歳の雌羊の体細胞から取

り出した核を、ほかの羊の卵細胞に移植し（クローン技術）、それをさらにほかの羊の子宮に移して誕生させた。ヒトのクローンを作製することはイギリスや日本は法律で禁止している。

［66］生殖補助技術により第三者による精子・卵子・胚の提供を受けて誕生した子の「出自を知る権利」については、１９８０年代から各地で法整備が進んでいる。従来、生殖補助医療によって誕生した事実および生物学上の父母（＝ドナー）についての情報は秘匿しておくことが望ましいとされてきたが、症例が膨大な数に及んできて訴訟やソーシャルアクションが増えたことに加え、子どもの権利といった観点から問題化されるようになったことが関係している。国連子どもの権利条約は第７条に「子どもはできる限り、その父母を知る権利がある」と定めており、これが生殖補助技術で生まれてきた子、さらにはすでに成人した者にまで及ぶかといった点が議論となっている。ただし、日本では法制化に向けた動きが２０００年代に起きたものの、未だ法は存在しない。

本論で言及されているイギリスでは、１９９０年ヒトの受精及び胚研究に関する法律に基づき、法律施行後に生まれた子どもに対して、18歳以上になればドナーに関する身元を特定しない周辺情報を知る権利が認められたが、その後、２００５年に「ヒトの受精及び胚研究認可局（提供者情報の開示）規則２００４」が施行され、それ以降生まれた子が18歳以上になれば、ドナーの氏名までも開示されることとなっている。なお、養子は18歳になれば生物学上の両親を知る権利が認められていた（イングランドは１９７５年から）。これらについては、才村眞理（2009）「生殖補助医療における子どもの出自を知る権利――英国の法律改正の背景」『帝塚山大学心理福祉学部紀要』５号を参照した。

［67］ここで言及されているのは、ＤＳＭ-Ⅳ（1994）であるが、２０１６年時点ではＤＳＭ-５（2013）が用いられている。

［68］子どもの多動性（hyperactivity）自体は古くから認識されており、ＤＳＭでは、ＤＳＭ-Ⅱ（1968）から診断概念として扱われている。しかし、本文が述べるように、ＤＳＭ-Ⅲ（1980）において注意欠陥障害（Attention Deficit Disorder: ADD）という形となった。ＤＳＭ-ⅢＲ（1987）において、注意欠陥多動性障害（Attention

Deficit Hyperactivity Disorder: AD/HD または ADHD）となり、ＤＳＭ-Ⅳ（1994）で下位分類が整備された。ＤＳＭ-５（2013）はおおむねそれを踏襲している。日本精神神経学会では、ＤＳＭ-５より、注意欠如・他動症という訳語を提案している。

[69] 日本においては、知的障害を伴わない発達障害は福祉の谷間に曖昧に取り残されていたが、２００４年に発達障害者支援法ができ、学習障害（ＬＤ）、注意欠陥多動性障害（ＡＤＨＤ）、広範性発達障害への福祉的援助が明文化された。学校教育においては、２００６年の改正学校教育法において、従来の「特殊教育」が「特別支援教育」と改められた際、対象にＬＤやＡＤＨＤが加わった。

[70] メチルファニデート系の錠剤の商品名。依存性が問題となり、各国で処方に制限を設けるなどの対応がなされている。日本ではＡＤＨＤへの使用は認可されず、２００７年に鬱病もリタリンの適応症から削除された。

訳者あとがき

本書は、Alan Prout（2005）*The Future of Childhood: Towards the interdisciplinary study of children*, Routledge の全訳である。著者、アラン・プラウトは、長年にわたり英国・欧州の子ども社会学を牽引してきた論者である。とりわけ「新しい子ども社会学」と呼ばれる研究潮流を牽引してきた著者が、その陥穽の発展的な乗り越えを目指して記したのが本書である。著者初の単著であり、自ら代表作と位置づけている。

「新しい子ども社会学」ないし「新しい子ども社会研究」とは、「社会化」や「発達」といった、既存の子ども研究の根幹をなしてきた概念を再考し、それらが想定する一方向的かつ単線的で目的論的な子ども／大人の関係性を様々に捉え直す社会学の知の潮流である。本書の第3章でも記されているように、1970、80年代の欧米において、解釈的アプローチやアリエスらの社会史、若者論やフェミニズムなどのカテゴリーの政治、構造主義やポスト構造主義などの影響を受け、様々な新しい子ども研究がうまれてきた。それが、1990年代に入って社会学的な子ども研究の問い直しへと結実していったのである。プラウトとアリソン・ジェームズ（Allison James）との共編著、*Constructing and Reconstructing Childhood*（1990/1997/2015）が、これらを「新しいパラダイム」と位置づけ、同書はもはや古典となっている。

この『「子ども」を構築／再構築する』は、「子ども」というカテゴリーの社会的構築性と子どもたちの能動性を主張する。他に、新しい子ども社会学とまとめられる潮流を牽引してきた論者に、子どもを構築物として捉えようと主張するクリス・ジェンクス（Chris Jenks）、世代関係（子ども／大人関係）という観点から構造主義的に子どもを読み解こうとするヤン・クヴェルトルプ（Jens Qvortrup）やリーナ・アラネン（Leena Alanen）、フェミニストアプローチを子どもに応用したベリー・メイヨール（Berry Mayall）らがあげられよう。とりわけ、子どもたちも社会の構成者であるという観点から、「子ども」の構築性よりはむしろ構造的普遍性に着目し、その能動性を組み込んだ子ども世界や子ども／大人関係を描いていく研究は、広く賛同を集めていった。（構築性の指摘と構造的普遍性の指摘が同床異夢の関係にあることは、*Theorizing Childhood*（James et. al. 1998）の中で指摘されている。訳注［44］に引用した図を参照されたい。）

これらの主張は、子どもの権利思潮などにも後押しされ、米国のウィリアム・コルサロ（William A. Corsaro）らの子どもたちの世界に注目した子ども社会学の試みとも共振しつつ、ヨーロッパで広がっていった。その動きは、２０００年代に入って南米、昨今ではインドなどにも飛び火しているようである。ただ、著者プラウト自身は、このうねりの理論的問題を自覚するようになる。「新しい子ども社会学」の大きな魅力であった子どもの能動性、社会的構築性、構造的普遍性の主張は、子どもを社会構造の外部に位置し、規定の発達の経路を受動的にたどってそこに統合されるものとみなす、従来型の視点に対するアンチテーゼとしては意味がある。

しかし、新しい子ども社会学に多くの研究者を引きつける理由となった、子どもたちも能動的行為主体であり、社会を形作る普遍の構造的要素だという主張は、「子ども」というカテゴリーを過度に本質化するのみならず、同時代の社会理論が「主体」や「構造」といった近代主義的諸概念の問い直しに入っているときに、それらを子どもの手に渡すために本質化してしまいかねないという問題を孕むのである。何より、第1章で多角的に検討されているような、後期近代における子ども期と子どもたちを分析する道具立てとしては、これらはもはや十分ではない。

では「子ども」なる想定の構築性を突き詰めていけばいいかというと、今度は、子どもの物質性という問題系に行き当たる。心身の「未熟さ」や「発達」を根拠に子どもを本質化してはならないが、逆に、「子ども」を言説上の構築物にすぎないと述べるのは行きすぎだというのである。そこで、プラウトは、編著 *The Body, Childhood and Society*（Prout ed., 2000）において、「子ども」の身体の物質性・事実性の問題に挑むこととなった。ラトゥールのアクターネットワーク理論を参照しつつ、身体の物質的（生物学的）側面と解釈的（社会的）側面、さらには技術的側面との交錯の中で子どもの活動やアイデンティティ、子どもに対する認識等が現れていく様を描いた歴史学的・人類学的研究の例を提示して見せた。

このような視点をさらに明確にし、理論的にまとめたのが本書である。整理・再構成されたダイジェスト版が、２０１１年に論文として発表されているので、併せて参照されたい（Alan Prout（2011）Taking a Step Away from Modernity: reconsidering the new sociology of childhood, *Global Studies of Childhood*, 1（1）: 4-14〔（2014）「子ども社会研究はモダニティからいかに距離をとるか：「新しい子ども社会学」再考」（元森絵里子訳）『子ども社会研究』20: 119-135〕）。また、本書でもしばしば参照されているニック・リー（Nick Lee）の *Childhood and Society: Growing Up in an Age of Uncertainty*（Lee, 2001a）も、文脈を共有する論者からの教科書的解説として参考になる。

本書は、自然／文化を筆頭とする近代主義的二分法を子ども研究の枠組みとして退け、新たな知の枠組みを論ずる学際的基盤を構築することに主眼を置いて書かれている。同様のモダニティの問い直しという問題意識に基づく自然科学と社会科学の知を縦横無尽に行き来しながら、既存の豊かな個別研究をそれらに結びつけることで、これからの子ども研究のあるべき形を理論的に描き出していく。

まず、後期近代における「子ども」の変容や危機といった表象・言説が批判的に検討され、そういった単純な像では取り逃がす、多様な「子ども」の現実が、グローバル化等の社会的文脈の中で示されていく（第1章）。そして、そこからの逸脱が「消滅」と見なされてしまうような、単一の「子ども」を前提とする知の誕生と、その乗り越えの難しさが、自然（生物学）／文化（社会）の二分法をめぐる問題を軸に検討されていく。

「子ども」は、実際には生物学的要素と社会的要素、さらには技術の混合（ハイブリッド、サイボーグ）であるはずにもかかわらず、モダンの知は、「子ども」をどちらかに還元しようとし続けてきた。まず、生物学、小児医学、児童心理学という、生物学的要素（「発達」）を根拠に「子ども」を語る知と実践が、学校教育や国民国家建設と結びついて制度化される。やがて、これらの内部においても、生物学的子ども像をベースにしつつも、社会的要素を枠組みの中に取り込む必要性が徐々に自覚されるが、社会生物学の怪しげな統合の試みが溝を深め、社会構築主義に象徴されるように社会科学は振り子を逆に振ってしまう（第2章）。これが、著者の歴史像である。

そのような「社会的転回」の中心にあった新しい子ども社会学は、子どもは未熟ではなく、能動的な現在の社会の構成者であるとする。しかし、著者は、これではビーイング／ビカミング、個人／社会、構造／エイジェンシーといった近代的子ども観を支えてきた二分法を延命させている上、今度は生物学的要素を無視してしまっていると批判する。そして、二分法を乗り越える（排除された中間部を包摂する＝ハイブリッド性に注目していく）理論的資源や、ライフコースやモビリティといった視角が検討・提案されていく（第3章）。

著者はまた、実は、近年生物学側から社会的要素の取り込みの試みが起きていることに目を向ける。進化生物学や霊長類学が、進化や人類の生涯を生物・技術・社会の高度なハイブリッドとして捉え始めており、そのような身体観は、身体の社会学の知見とも適合する。そこから、著者は、これらを子ども研究に応用し、生物・技術・社会のハイブリッドとして「子ども」を捉え、それらの異種混淆の要素が翻訳（媒介）されていくネットワークを追尾していく、翻訳《トランスレーション》の社会学を一つの結論として導き出す（第4章）。そして、その実例として、情報コミュニケーション技術、生殖・遺伝子技術、向精神薬が現出する現代の「子ども」を考察する（第5章）。

このような議論の道行きは決してわかりやすいものではない。少なくとも訳者は、途中で何度も遭難しそうになった。ダーウィンから新しい子ども社会学、進化生物学から身体論と旅をしながら、著者は、ラトゥールらのアクターネットワーク理論、デランダの非線形の社会理論や複雑性理論、ハラウェイのサイボーグ論、ドゥルーズの哲学といった理論的資源を参照していく。著者はこれらの理論の間の差異にこだわりがあるわけではない。それでもこのような議論に逐一立ち寄り、同種の議論を繰り返し参照するのは、著者が、20世紀末に各所で連動して起きた近代知の問い直しという潮流の中に、子ども研究を位置づけようとしているからであろう。ラトゥールが『虚構の「近代」』でそうしたように、「子ども」をめぐる近代が二分法の中で何をどう見落としてきたかを示しながら、著者は同時に、それを超克していく理論資源を示していくのである。

訳者は個人的に、ニューマテリアリズム系列の思想が唯一の解答かどうかには、留保が必要ではないかと考えている。ジェンダー論でのジュディス・バトラーや科学技術社会論でのイアン・ハッキングのように、同様の主体や構造の超克や身体性・物質性の問題を、構築主義・唯名論から突き詰めて考えていった論者もいる。異種混淆のネットワークという視点は、新しい子ども社会学以降、欧米の文脈で強調されるエスノグラフィーという方法論に親和的であるが、物質や生物学的身体には、社会や技術の媒介を通してしかアクセスできないという視点を突き詰める理論も、著者が否定するほど脆弱ではないように思われるのだ。

いずれにしても、こういった点に関する対話を進めていく上でも、著者が例示するような非常に現代的な子ども問題に挑む上でも、本書は、現時点で読まれ、批判も含めて検討、参照されねばならない重要な文献である。翻訳は任でないと痛感しつつも訳者がこの作業を行ったのは、本書の内容を共有し、場合によっては批判的に乗り越えていくことこそが、子どもに関する研究分野の発展に資すると考えたからである。

日本において、幸か不幸か、「新しい子ども社会学」自体が積極的に紹介・受容されてこなかった。日本の教育学において、児童中心主義的な伝統も強く、１９８０、９０年代には、子どもの視点の子ども研究といった論点は、「教育社会学から子ども社会学へ」、「児童文化から子ども文化へ」といった形で自発的に立ち上がり、英語圏の潮流を「輸入」する必要性が強く感じられなかったのではないかと訳者は推察している。ただ、そのことによって、「新しい子ども社会学」が生み出した経験的な研究や、本書のようなその先の展開との学問的交流が進んでいないのは、やや残念である。その意味で、今、「新しい子ども社会学」の先を見せてくれる本書を邦訳することが、日本の子ども研究者に、この四半世紀の欧米の議論の展開を確認し、新たな知を考えていくきっかけとなれば幸いである。

訳語については、訳者による補足は［　］に示してあるほか、日本の子ども・社会学関係の読者を想定した際に必要と思われる点には簡単な訳注を付した。

子ども関係の西洋語の翻訳で最も悩ましいのが、〝子ども〟にまつわる単語である。本書においては、読みやすさを維持しつつ、ある程度原文との対応関係をたどる余地を残すため、以下のようなルールで訳出している。

（1）childhood: 通常 childhood の訳語と考えられている〝子ども期〟〝子ども時代〟という人生の時期区分の意味合いに加え、理念的かつ直感的な〝子どもなるもの〟〝子どもであること〟という意味合いが含まれている。そこで、子ども期・子ども時代と訳したところのほかは、かぎ括弧つきの「子ども」をあてることとした。adulthood も同様である。なお、本書では、いくつかの箇所であえて childhoods という複数形が用いられている。これは、childhood は単一の現象ではなく、歴史的文脈と諸項のネットワークのあり方で多様な形をとりうるという思想の表れであるため、なるべく複数形であることが示唆されるような形で訳出した。

（2）children / a child / the child: 具体的な子どもに言及するときは、〝子ども〟という人たちの総体を現す表現として children が用いられる。逐一〝子どもたち〟と訳すと日本語としては読みづらいので、適宜〝子ども〟〝子〟と訳している。著者はほとんど使わないが、同様の文脈で、a child を〝ひとりの子〟ではなく、〝子どもというもの〟という意味で用いている引用もある。この場合は〝子どもなるもの〟としたり、単に〝子ども〟と訳したりしている。また、古典的な子ども研究は定冠詞のついた the child を使う傾向があるのに対して、その普遍的・規範的子ども像を批判する後の研究ほど複数形の children を使うといった、歴史的・規範的な使い分けが関わってくることがある。そこで the child については、〈子ども〉と表記した。

本書の訳出に際して、著者プラウト先生には、2016年3月に、ヨークシャーの景色の中を案内していただきながら、ほぼ丸一日議論する時間をいただいた。訳者の拙い疑問にすべて丁寧に答えていただき、子ども社会学の多岐にわたる論点について議論し、多くの激励を賜ったことは大きな励みであった。このときの打ち合わせに基づいて、原著執筆時から時空間の離れた日本の読者に対しての、特別な序文も執筆していただいた。深くお礼を申し述べたい。

なお、論文版の邦訳以降、訳者は著者名について、拙著等でも、「プロウト」という表記を用いてきた。2013年2月に著者と初めて会った際に発音を確認したところ、日本語の「ラ」よりも「ロ」にやや近いと判断したからだった。ところが、今回カタカナ発音をそのまま発音して今一度どちらがよいかと確認したところ「ラ」のほうがよいとのことであったので、そちらを採用したい。著者の日本への紹介者のひとりとして、このような混乱をもたらしたことは痛恨の極みである。著者と読者にお詫び申し上げたい。

松山大学の山田富秋先生に出版社への紹介の労をいただいた。子ども研究の本を多く出版している新曜社に機会をいただいたことは幸いであった。最初にご相談してから3年半が経過したが、出版にこぎつけられてほっとしている。新曜社の塩浦暲社長には、不慣れな作業を適切に導いていただいた。

新潟県立大学の高橋靖幸さんには迷いの多い初動期に様々なアドバイスと訳語の検討を、明治学院大学社会学研究科大学院生の大井真澄さんには文献リストの整理を手伝っていただいた。職場をはじめとする同僚の方々には、それぞれの分野においては基本的であろう訳語等についての質問に、それぞれに答えていただいた。翻訳の責任は訳者にあるが、記して感謝したい。

本書の射程は本当に広く、訳者の能力を大きく超え出ている。拙い誤訳をしてしまう恐怖を抱えながらも訳業に挑んだのは、繰り返すように、ここからの対話こそが子ども研究に実りをもたらすと考えたからである。この無謀な試みが何らかの一歩になることを望んでやまない。

2016年12月

元森絵里子

著者略歴

アラン・プラウト（Alan Prout）
英国ヨークシャー生まれ。スターリング大学教授，ウォリック大学教授，リーズ大学非常勤教授を歴任。英国経済社会研究会議（ESRC）の "Children 5-16 Research Programme" のディレクターを務めたこともある。主な著作に，*Constructing and Reconstructing Childhood*（James との共編著，1990），*Theorizing Childhood*（James, Jenks との共著，1998），*The Body, Childhood and Society*（編著，2000）がある。

訳者略歴

元森絵里子（もともり　えりこ）
東京都生まれ。東京大学大学院総合文化研究科博士課程単位取得退学。博士（学術）。現在，明治学院大学社会学部准教授。著書に『「子ども」語りの社会学』（勁草書房，2009），『語られない「子ども」の近代』（勁草書房，2014），共著に『自殺の歴史社会学』『子どもと貧困の戦後史』（ともに青弓社，2016）などがある。

新曜社

これからの子ども社会学
生物・技術・社会のネットワークとしての「子ども」

初版第1刷発行　2017年2月20日

著　者　アラン・プラウト
訳　者　元森絵里子
発行者　塩浦　暲
発行所　株式会社　新曜社
101-0051　東京都千代田区神田神保町 3-9
電話（03）3264-4973（代）・FAX（03）3239-2958
e-mail：info@shin-yo-sha.co.jp
URL：http://www.shin-yo-sha.co.jp/

印　刷　星野精版印刷
製　本　イマヰ製本所

ISBN978-4-7885-1512-3 C3036

人名索引

■ア行

アーチャー　Archard, D.　14
アームストロング　Armstrong, D.　47–48, 171
アラネン　Alanen, L.　121–122, 124–125, 128
アーリ　Urry, J.　45, 101
アリエス　Ariès, P.　13–14, 56, 81
イリングワース　Illingworth, R.　79
ヴァッティモ　Vattimo, G.　197–198, 201
ヴァレンタイン　Valentine, G.　195
ヴィゴツキー　Vigotsky, L. S.　83–84, 234
ウィルキンソン　Wilkinson, R.　143
ウィルソン　Wilson, E. O.　141–142, 144–145
ウィン　Winn, M.　193
ウェーバー　Weber, M.　87, 97
ウッドヘッド　Woodhead, M.　234–236
エスピン＝アンデルセン　Esping-Andersen, G.　31–32, 36
エリアス　Ellias, N.　107, 172
エンゲルス　Engels, F.　60
オジルヴィー＝ワイト　Ogilvie-Whtye, S.　190, 229
オーヤマ　Oyama, S.　152
オルダーソン　Alderson, P.　209

■カ行

カステル　Catells, M.　196–197, 201
ガタリ　Guattari, F.　184–187, 191, 196, 229
カッツ　Katz, J.　202
カニンガム　Ciningham, H.　14
ガルシア＝コール　García-Coll, C.　43
カント　Kant, I,　67
ギーゼッケ　Giesecke, H.　47
ギデンズ　Giddens, A.　107
ギブソン　Gibson, R.　161–162
キプリング　Kipling, J. R.　144
キング　King, T.　81
クヴェルトルプ　Qvortrup, J.　109, 121, 124–125
グッドナウ　Goodnow, J. J.　234
クリステンセン　Christensen, P.　18–19, 106, 129, 171–174
グレイ　Gray, R.　152
クレイトン　Creighton, C.　36
クロワッサン　Croissant, J. L.　205
ゲインズバラ　Gainsborough, T.　16
ゲゼル　Geselll, A.　77, 85
コービン　Korbin, J.　7
コール　Cole, M.　85, 234
コルサロ　Corsaro, W. A.　129
ゴールドステイン　Goldstein, H.　20
コンラッド　Conrad, P.　225

■サ行

サズ　Szasz, T.　224–225
サッサー　Susser, M. W.　78
サリー　Sully, J.　72
シェークスピア　Shakespeare, T.

211, 213, 215
ジェームズ　James, A.　95, 110, 171
シュラグ　Shrag, P.　224
ジョハンソン　Johansen, D.　159
ジョンソン　Johnson, M.　169
シリング　Shilling, C.　168–170, 172, 179
シロタ　Sirota, R.　38
シンプソン　Simpson, B.　38, 171
スキナー　Skinner, B. F.　79
スタンフォード　Stanford, C.　161
スタンワース　Stanworth, M.　207
ステイントン＝ロジャース，レックス＆ウェンディ　Stainton-Rogers, R. & W.　89
ステッドマン　Steadman, C.　71
ストラザーン　Strathern, M.　66
スノー　Snow, C. P.　7
スポック博士　Spock, B.　81
セッターステン　Settersten, R.　7
セルウィン　Selwyn, N.　193, 196
ソーン　Thorne, B.　44, 108, 129, 131, 199

■タ行

ダーウィン　Darwin, C.　56, 70–74, 91, 135, 159
タークル　Turkle, S.　203–204
ターナー　Turner, T.　167–169, 171, 177-178
ディヴォキー　Divoky, D.　224
ディケンソン　Dickenson, D.　209
ティードマン　Tiedeman, D.　70
ディングウォール　Dingwall, R. 215
デュルケーム　Durkheim, E.　97
デランダ　De Landa, M.　126
ドゥルーズ　Deleuze, G.　ii, 7, 183–187, 191, 196, 229
ドーキンス　Dawkins, Richard 148
ドジソン牧師（ルイス・キャロル）　Reverend Dodgson（Lewis Carroll）　17
ド・メロ＝マーティン　De Melo-Martin, I.　216–217
トレイークラー　Treichler, P.　208
ドンズロ　Donzelot, J.　76

■ナ行

ニーチェ　Niezshe, F.　185
ネスマン　Näsman, E.　51

■ハ行

ハーヴィンド　Haavind, H.　234
ハーヴェイ　Harvey, P. H.　157
バウマン　Bauman, Z.　61, 97
バウムゲーテル　Baumgaertel, A. 223
パーゲル　Pagel, M. D.　157
バッキンガム　Buckingham, D.　23
ハーバーマス　Habermas, J.　67
ハラウェイ　Haraway, Donna　7, 66, 69, 86, 140–141, 146, 150, 184, 202–203
パレナス　Parenas, R. H.　40
バーン　Byrne, D.　119
ピアジェ　Piaget, J.　80, 85, 204
ヒゴネット　Higonnet, A.　16–18
ファイアーストーン　Firestone, S. 207
フェアバンクス　Fairbanks, L. A. 164
フェイサー　Facer, K.　201
フーコー　Faucault, M.　74–76
ブース　Booth, C.　77
プラウト　Prout, A.　95

ブラウン　Brown, G. R.　142, 146, 149–150
フランクリン　Franklin, S.　219
プリゴジン　Prigogine, I.　116
ブルデュー　Bourdieu, P.　107, 172
プレース　Place, B.　175–177
プレンダーガスト　Prendergast, S. 171, 173
フロイト　Freud, S.　79
フロンズ　Frønes, I.　30, 130
ブロンフェンブレンナー Bronfenbrenner, E.　82, 104, 131, 153
ヘーゲル　Hegel, G. W. F　67
ベック　Beck, U.　47
ペレイラ　Pereira, M. E.　155, 157, 164
ヘンドリック　Hendrick, H.　73
ボイデン　Boyden, J.　50
ボイル　Boyle, R.　63–64
ボーギン　Bogin, B.　163
ポストマン　Postman, N.　193, 202
ホックシールド　Hockschild, A. R. 39–40, 42
ボッビオ　Bobbio, N.　111
ホッブス　Hobbes, T.　63–64
ボードリヤール　Baudrillard, J.　67
ホランド　Holland, P.　17
ホロウェイ　Holloway, S. L.　195

■マ行

マクロン　McCron, R.　192
マードック　Murdock, G.　192
マートン　Merton, R.　138
マニョン　Mannion, G.　127
マルクス　Marx, K.　60
マンハイム　Mannheim, K. 122–124
ミルバーン　Milburn, K.　171, 173
メイヨール　Mayall, B.　96
メープルソープ　Mapplethorpe, R. 17
モリス　Morris, D.　141

■ラ行

ライト　Light, P.　81
ラウントリー，ジョセフ&シーボム Rowntree, J. & S.　77
ラッシュ　Lash, S.　45
ラトゥール　Latour, B.　ii, 6, 63, 65–69, 87, 100, 113, 128, 131, 138, 141, 167, 177, 180
ラランド　Laland, K. N.　142, 146, 149–150
ランソン　l'Anson, J.　127
リー　Lee, N.　50, 106–107, 176, 187–188, 198–199
リチャーズ　Richards, M. P. M.　81
リッジ　Ridge, T.　35
ルウォンティン　Lewontin, R. 145, 151–152
ルーベンシュタイン　Rubenstein, D. I.　158
レイコフ　Lakoff, G.　169
レイノルズ　Reynolds, Sir, J.　16
ローズ　Rose, N.　80
ローズ　Rose, S.　144–145
ロスマン　Rothman, B. K.　210
ローレンツ　Lorenz, K.　142

■ワ行

ワトソン　Watson, W.　78

事項索引

■さ行

■た行

文　献

Alanen, L., 2001a, 'Explorations in Generational Analysis', in Alanen, L. and Mayall, B. (eds.), *Conceptualizing Child-Adult Relations,* London: Falmer.

Alanen, L., 2001b, 'Childhood as a Generational Condition: Children's Daily Life in a Central Finland Town', in Alanen, L. and Mayall, B. (eds.), *Conceptualizing Child-Adult Relations*, London: Falmer.

Alderson, P., 1993, *Children's Consent to Surgery,* Buckingham: Open University Press.

American Psychiatric Association, 1994, *Diagnostic and Statistical Manual of Mental Disorders* (4th edn), Washington, DC: APA.（高橋三郎・大野裕・染矢俊幸訳, 1996,『DSM-IV 精神疾患の診断・統計マニュアル』医学書院.）

Archard, D., 1993, *Children: Rights and Childhood,* London: Routledge.

Ariès, P., 1962, *Centuries of Childhood: A Social History of Family Life*, London: Jonathan Cape.（杉山光信・杉山恵美子訳, 1980,『〈子供〉の誕生 ── アンシァン・レジーム期の子供と家族生活』みすず書房. 1960, *L'enfant et la vie familiale sous l'ancien régime,* Paris : Éditions du Seuil の訳.）

Armstrong, D., 1983, *Political Anatomy of the Body: Medical Knowledge in Britain in the Twentieth Century,* Cambridge: Cambridge University Press.

Armstrong, D., 1987, 'Bodies of Knowledge: Foucault and the Problem of Human Anatomy', in Scambler, G. (ed.), *Sociological Theory and Medical Sociology,* London: Tavistock.

Barker, M. (ed.), 1984, *The Video Nasties: Freedom and Censorship in the Media,* London: Methuen.

Barkley, R. A., 1997, *ADHD and the Nature of Self-Control,* New Jersey: Guilford Press.

Barkley, R. A., 1998, *Attention Deficit Hyperactivity Disorders: A Handbook for Diagnosis and Treatment,* New York: Guilford Press.

Bauman, Z., 1991, *Modernity and Ambivalence,* Cambridge: Polity Press.

Baumgaertel, A., Wolraich, M. and Dietrich, M., 1995, 'Comparison

of Diagnostic Criteria for Attention Deficit Disorders in a German Elementary School Sample', *Journal of the Academy of Child and Adolescent Psychiatry,* 34: 629–38.

Beck, U., 1992, *Risk Society: Towards a New Modernity,* London: Sage.（東廉・伊藤美登里訳, 1998,『危険社会 ── 新しい近代への道』法政大学出版局. 1986, *Risikogesellschaft: auf dem Weg in eine andere Moderne,* Frankfurt am Main: Suhrkamp の訳.）

Beck, U., 1998, *Democracy Without Enemies,* Cambridge: Polity Press.

Bijker, W. and Law, J.（eds.）, 1994, *Shaping Technology/Building Society: Studies in Sociotechnical Change,* Cambridge, MA: MIT Press.

Bingham, N., Valentine, G. and Holloway, S. L., 1999, 'Where Do You Want to Go Tomorrow? Connecting Children and the Internet', *Environment and Planning,* 17: 655–72.

Birch, H. G. and Dye, J., 1970, *Disadvantaged Children: Health, Nutrition and School Failure,* New York: Grune & Stratton.

Bluebond-Langner, M., Perkel, D. and Goertzel, T., 1991, 'Paediatric Cancer Patients' Peer Relationships: The Impact of an Oncology Camp Experience', *Journal of Psychosocial Oncology,* 9（2）: 67–80.

Bobbio, N., 1996, *Left And Right: The Significance of a Political Distinction,* Cambridge: Polity Press.（片桐薫・片桐圭子訳, 1998,『右と左 ── 政治的区別の理由と意味』御茶の水書房. 1995, *Destra e sinistra (2a edizione riveduta e ampliata),* Rome: Donzelli Editore の訳.）

Bogerhoff Mulder, M., 1998, 'The Demographic Transition: Are We Any Closer to an Evolutionary Explanation?', *Trends in Ecology and Evolution,* 13: 266–70.

Bogin, B., 1998, 'Evolutionary and Biological Aspects of Childhood', in Panter-Brick, C.（ed.）, *Biosocial Perspectives on Children,* Cambridge: Cambridge University Press.

Boyden, J., 1997, 'Childhood and the Policy Makers', in James, A. and Prout, A.（eds.）, *Constructing and Reconstructing Childhood: Contemporary Issues in the Sociological Study of Childhood*（2nd edn）, London: Falmer Press.

Boyden, J., Ling, B. and Myers. W., 1998, *What Works for Working Children?,* Stockholm: Radda Barnen/UNICEF.

Bradshaw, J., 2000, 'Child Poverty in Comparative Perspective', in Gordon,

D. and Townsend, P. (eds.), *Breadline Europe: The Measurement of Poverty,* Bristol: Policy Press.
Bradshaw, J. (ed.), 2001, *Poverty: The Outcomes for Children,* London: Family Policy Studies Centre.
Bronfenbrenner, E., 1979, *The Ecology of Human Development: Experiments by Nature and Design,* Cambridge, MA: Harvard University Press. (磯貝芳郎・福富護訳, 1996,『人間発達の生態学（エコロジー）── 発達心理学への挑戦』川島書店.)
Brown, A., 2000, *The Darwin Wars: The Scientific Battle for the Soul of Man,* New York: Simon & Schuster.
Buckingham, D., 2000, *After the Death of Childhood: Growing Up in the Age of the Electronic Media,* Cambridge: Polity Press.
Buss, D. M., 1994, *The Evolution of Desire: Strategies of Human Mating,* New York: Basic Books.
Buss, D. M., 1999, *Evolutionary Psychology: The New Science of the Mind,* London: Allyn & Bacon.
Buti, A., 2002, 'British Child Migration to Australia: History, Senate Inquiry and Responsibilities', *E Law- Murdoch University Electronic Journal of Law,* 9: 4, www.murdoch.edu.au/elaw/issues/v9n4/buti94_text.html, accessed 2 November 2002.
Byrne, D., 1998, *Complexity Theory and the Social Sciences,* London: Routledge.
Callon, M., 1986, 'Some Elements of a Sociology of Translation: Domestication of the Scallops and the Fishermen of St Briuec Bay', in Law, J. (ed.), *Power, Action and Belief: A New Sociology of Knowledge?* London: Routledge & Kegan Paul.
Callon, M. and Latour, B., 1981, 'Unscrewing the Big Leviathan: How Actors Macro- Structure Reality and How Sociologists Help Them', in Knorr-Cetina, K. and Cicourel, A. (eds.), *Towards an Integration of Micro and Macrosociologies,* London: Routledge & Kegan Paul.
Carsten, J., 2000, *Cultures of Relatedness: New Approaches to the Study of Kinship,* Cambridge: Cambridge University Press.
Castells, M., 2000, *The Rise of the Network Society, Volumes 1-3,* Oxford: Blackwell.
Chernin, K., 1983, Womansize: *The Tyranny of Slenderness,* London: The

Women's Press.

Children and Adults with Attention Deficit/Hyperactivity Disorder, 2003, web pages at www.chadd.org/index.cfm, accessed 15 December, 2003.

Children and Young People's Unit, 2000, *Tomorrow's Future: Building a Strategy for Children and Young People,* London: Children and Young People's Unit.

Christensen, P., 1994, 'Children as the Cultural Other', *KEA: Zeischrift für Kulturwissenschaften, TEMA: Kinderwelten,* 6: 1–16.

Christensen, P., 1999, 'Towards an Anthropology of Childhood Sickness: An Ethnographic Study of Danish School Children', Ph.D. thesis, University of Hull.

Christensen, P., 2000, 'Childhood and the Construction of the Vulnerable Body', in Prout, A. (ed.), *The Body, Childhood and Society,* London: Macmillan.

Christensen, P., 2002, 'Why more "Quality Time" is Not on the Top of Children's Lists', *Children and Society,* 16: 1–12.

Christensen, P., 2003, 'Børn, mad og daglige rutiner', *Barn.* Tema: Barn og mat. Smakebiter fra Aktuell Forskning. nr. 2-3: 119–35. Norsk Senter for Barneforskning.

Christensen, P. and Prout, A., 2005, 'Anthropological and Sociological Perspectives on the Study of Children', in Greene, S. and Hogan, D. (eds.), *Researching Children's Experience: Approaches and Methods*: London: Sage.

Christensen, P., James, A. and Jenks, C., 2000, 'Home and Movement: Children Constructing Family Time', in Holloway, S. and Valentine, G. (eds.), *Children's Geographies: Living, Playing and Transforming Everyday Worlds,* London: Routledge.

Clarke, L., 1996, 'Demographic Change and the Family Situation of Children', in Brannen, J. and O'Brien, M. (eds.), *Children in Families: Research and Policy,* London: Falmer Press.

Cole, M., 1997, *Cultural Psychology: A Once and Future Discipline,* Cambridge, MA: Harvard University Press.（天野清訳, 2002,『文化心理学 ── 発達・認知・活動への文化 - 歴史的アプローチ』新曜社.）

Cole, M., 1998, 'Culture in Development', in Woodhead, M., Faulkner, D. and Littleton, K. (eds.), *Cultural Worlds of Early Childhood,* London: Routledge.

Commission of the European Community, 2001, 'Communication from the Commission to the Council, the European Parliament, the Economic and Social Committee and the Committee of the Regions. Draft joint report on social inclusion. Part I - The European Union', Brussels: European Commission.

Connolly, P., 1998, *Racism, Gender Identities and Young Children,* London: Routledge.

Conrad, P., 1975, 'The Discovery of Hyperkinesia, *Social Problems,* 23: 12–23.

Corea, G., Hanmer, J., Klein, R. D. and Rowland, R., 1985, *Man-Made Women: How New Reproductive Technologies Affect Women,* London: Hutchinson.

Corsaro, W. A., 1996, 'Early Education, Children's Lives and the Transition from Home to School in Italy and the United States', *International Journal of Comparative Sociology,* 37: 121–39.

Corsaro, W. A., 1997, *The Sociology of Childhood,* Thousand Oaks, CA: Pine Forge Press.

Corsten, M., 2003, 'Biographical Revisions and the Coherence of a Generation', in Mayall, B. and Zeiher, H. (eds.), *Childhood in Generational Perspective,* London: Institute of Education.

Coward, R., 1989, *The Whole Truth: The Myth of Alternative Health,* London: Faber & Faber.

Creighton, C., 1999, 'The Rise and Decline of the Male Breadwinner Family in Britain', *Cambridge Journal of Economics,* 23: 519–42.

Croissant, J. L., 1998, 'Growing Up Cyborg: Development Stories for Postmodern Children', in Davis-Floyd, R. and Dumit, J. (eds.), *Cyborg Babies: From Techno-Sex to Tchno-Tofs,* London: Routledge.

Cunningham, H., 1991, *The Children of the Poor: Representations of Childhood since the Seventeenth Century,* Oxford: Blackwell.

Cunningham, H. and Viazzo, P.P., 1996, *Child Labour in Historical Perspective 1800-1995,* Florence, UNICEF.

Davie, R., Upton, G. and Varma, V. (eds.), 1996, *The Voice of the Child,* London: Falmer Press.

Davis, H. and Bourhill, M., 1997, '"Crisis": The Demonisation of Children and Young People', in Scraton, P. (ed.). *'Childhood' in 'Crisis'?* London: UCL Press.

Davis-Floyd, R. and Dumit, J., 1998, *Cyborg Babies: From Techno-Sex to Techno-Tots,* New York and London: Routledge.

Dawkins, R., 1976, *The Selfish Gene,* Oxford: Oxford Paperbacks.（日高敏隆他訳, 2006,『利己的な遺伝子（増補新装版）』紀伊国屋書店.）

De Landa, M., 1997, *A Thousand Years of Nonlinear History,* New York: Zone Books.

Deleuze. G., 1997, *Essays Critical and Clinical,* London: Verso Books.（守中高明・谷昌親訳, 2010,『批評と臨床』河出書房新社. 1993, *Critique et Clinique,* Paris: Éditions de Minuit の訳.）

Deleuze, G. and Guattari, F., 1988, *A Thousand Plateaus: Capitalism and Schizophrenia II,* London: Athlone.（宇野邦一他訳, 2010,『千のプラトー ── 資本主義と分裂症（上中下）』河出書房新社. 1980, *Mille Plateaux: Capitalisme and Schizophrénie,* Paris: Éditions de Minuit の訳.）

De Melo-Martin, I., 2002, 'On Cloning Human Beings', *Bioethics,* 16 (3): 246–65.

Denis, W., 1972, *Historical Readings in Developmental Psychology,* New York: Appleton-Century-Crofts.

Dickenson, D., 1999, 'Can Children and Young People Consent to Being Tested for Adult Onset Genetic Disorders', *British Medical Journal,* 318: 1063–6.

Dingwall, R., 2002, 'Bioethics', in Pilnick, A., *Genetics and Society: An Introduction,* Buckingham: Open University Press.

Donzelot, J., 1979, *The Policing of Families,* London: Hutchinson.（宇波彰訳, 1991,『家族に介入する社会 ── 近代家族と国家の管理装置』新曜社. 1977, *La police des familles,* Paris: Éditions de Minuit の訳 .）

Dreitzel, H. P. (ed.), 1973, *Childhood and Socialization,* San Francisco: Jossey-Bass.

Ehrenreich, B. and English, D., 1993, *Witches, Midwives and Nurses: A History of Women Healers,* Westbury: Feminist Press.（長瀬久子訳, 2015,『魔女・産婆・看護婦 ── 女性医療家の歴史（増補改訂版）』法政大学出版局.）

Elder, G. H., Modell, J. and Parke, R. H. (eds.), 1993, *Children in Time and Place,* New York: Cambridge University Press.（本田時雄監訳, 1997,『時間と空間の中の子どもたち ── 社会変動と発達への学際的アプローチ』金子書房.）

Elkind, D., 1981, *The Hurried Child: Crowing Up Too Fast Too Soon,* Reading, MA: Addison Wesley.（戸根由紀恵訳, 2002,『急がされる子どもたち』紀伊国屋書店.）
Esping-Andersen, G., 1990, *The Three Worlds of Welfare Capitalism,* Princeton, NJ: Princeton University Press.（岡沢憲芙，宮本太郎監訳, 2001,『福祉資本主義の三つの世界 ── 比較福祉国家の理論と動態』ミネルヴァ書房.）
Esping-Andersen, G.（ed.）, 1996, *Welfare States in Transition: National Adaptations in Global Economies,* London: Sage.（埋橋孝文監訳, 2003,『転換期の福祉国家 ── グローバル経済下の適応戦略』早稲田大学出版部.）
European Commission, 1996, *The Demographic Situation in the European Union? 1995,* Brussels: European Commission.
Eve, R.A., Horsfall, S. and Lee, M.E.（eds.）, 1997, *Chaos, Complexity and Sociology: Myths, Models and Theories,* London: Sage.
Facer, K., Furlong, R., Furlong, J. and Sutherland, R., 2001a, 'Constructing the Child Computer User: From Public Policy to Private Practice', *British Journal of Sociology of Education,* 22（1）: 91–108.
Facer, K., Furlong. R., Furlong, J. and Sutherland, R., 2001b, 'Home is Where the Hardware Is: Young People, the Domestic Environment and "Access" to New Technologies', in Hutchby, I. and Moran-Ellis, J.（eds.）, *Children, Technology and Culture: The Impacts of Technology in Children's Everyday Lives,* London: Routledge Falmer.
Feast, J., 2003, 'Using and Not Losing the Message from the Adoption Experience for Donor-Assisted Conception', *Human Fertility,* 6: 41–5.
Federal Interagency Forum on Child and Family Statistics, 1999, *America's Children: Key National Indicators of Well-being, 1999,* Federal Interagency Forum on Child and Family Statistics, Washington, DC: US Printing Office.
Firestone, S., 1972, *The Dialectics of Sex,* Harmondsworth: Penguin.（林弘子訳, 1981,『性の弁証法 ── 女性解放革命の場合』評論社.）
Flekkoy, G. D. and Kaufman, N.H., 1997, *The Participation Rights of the Child: Rights and Responsibilities in Family and Society,* London: Jessica Kingsley.
Franklin, B., 1995, *Handbook of Children's Rights: Comparative Policy and Practice,* London: Routledge.
Franklin, S., 1997, *Embodied Progress: A Cultural Account of Assisted Conception,*

London: Routledge.
Franklin, S. and Ragone, H. (eds.), 1998, 'Introduction', in Franklin, S. and Ragone, H. (eds.), *Reproducing Reproduction: Kinship, Power and Technological Innovation,* Philadelphia: University of Pennsylvania Press.
Frønes, I., 1993, 'Changing Childhoods', *Childhood,* 1:1.
Frønes, I., 1995, *Among Peers: On the Meaning of Peers in the Process of Socialisation,* Oslo: Scandinavian University Press.
Frønes, I., 1997, 'Children of the Post-Industrial Family', Mimeo, Department of Sociology and Human Geography, University of Oslo.
Frontline, 2003a, 'Statistics on Stimulant Use', www.pbs.org/wgbh/pages/frontline/shows/medicating/drugs/stats.html, accessed 14 December 2003.
Frontline, 2003b, 'Discussion/Share Your Story', www.pbs.org/wgbh/pages/frontline/shows/medicating/talk/, accessed 14 December, 2003.
Fukuyama, F., 2003, *Our Posthuman Future: Consequences of the Biotechnology Revolution,* London: Profile Books.（鈴木淑美訳, 2002,『人間の終わり ―― バイオテクノロジーはなぜ危険か』ダイヤモンド社.）
García-Coll, C, Szalacha, L. and Palacios, N., 2004, 'Children of Dominican, Portuguese, and Cambodian Immigrant Families: Academic Attitudes and Pathways During Middle Childhood', in Cooper, C. R., García Coll. C, Bartko, T., Davis, H. and Chatman, C. (eds.), *Hills of Cold: Rethinking Diversity and Contexts as Resources for Children's Developmental Pathways,* Mahwah, NJ: Lawrence Erlbaum.
Gibson, K. R., 1993, 'General Introduction: Animal Minds, Human Minds', in Gibson, K. R. and Ingold. T. (eds.), *Tools, Language and Cognition in Human Evolution,* Cambridge: Cambridge University Press.
Giddens, A., 1976, *The New Rules of Sociological Method,* London: Hutchinson.（松尾精文他訳, 2000,『社会学の新しい方法規準 ―― 理解社会学の共感的批判（第2版）』而立書房.）
Giddens, A., 1990, *The Consequences of Modernity,* Cambridge: Polity Press.（松尾精文・小幡正敏訳, 1993,『近代とはいかなる時代か？ ―― モダニティの帰結』而立書房.）
Giddens, A., 1991, *Modernity and Self-identity,* Cambridge: Polity Press.（秋吉美都, 安藤太郎, 筒井淳也訳, 2005,『モダニティと自己アイデンティティ

── 後期近代における自己と社会』ハーベスト社.)

Giele, J. Z. and Elder, G. H., 1998, *Methods of Life Course Research,* London: Sage.（正岡寛司・藤見純子訳, 2003,『ライフコース研究の方法 ── 質的ならびに量的アプローチ』明石書店.）

Giesecke, H., 1985, *Das Ende der Erziehung,* Stuttgart: Klett-Cotta-Verlag.

Goldstein, D., 1998, 'Nothing Bad Intended: Child Discipline, Punishment, and Survival in a Shantytown in Rio de Janeiro', in Scheper-Hughes, N. and Sargeant,C.（eds.）, *Small Wars: The Cultural Politics of Childhood,* Berkeley: University of California-Berkeley Press.

Goldstein, H. and Heath, A.（eds.）, 2000, *Educational Standards*（Proceedings of the British Academy 102）, Oxford: Oxford University Press.

Goodnow, J. J., Miller, P.M. and Kessel. F.（eds.）, 1995, *Cultural Practices as Contexts for Development,* San Francisco: Jossey-Bass.

Gray, R., 1992, 'Death of the Gene: Developmental Systems Strike Back', in Griffiths, P.（ed.）, *Trees of Life,* The Hague: Kluwer.

Haavind, H., 2004, 'Contesting and Recognizing Historical Changes and Selves in Development: Methodological Challenges.' in Weisner, T. S.（ed.）*Discovering Successful Pathways in Children's Development: Mixed Methods in the Study of Chilidhood and Family Life,* Chicago, IL: University of Chicago Press.

Haraway, D. J., 1990, *Primate Visions: Gender, Race, and Nature in the World of Modem Science,* London: Routledge.

Haraway, D. J., 1991, *Simians, Cyborgs and Women: The Reinvention of Nature,* London: Free Association Books.（高橋さきの訳, 2000,『猿と女とサイボーグ ── 自然の再発明』青土社.）

Hart, R., 1992, *Children's Participation: From Tokenism to Citizenship,* Florence: Innocenti Essays.（IPA 日本支部訳, 2000,『子どもの参画 ── コミュニティづくりと身近な環境ケアへの参画のための理論と実際』萌文社.）

Hawkes, T., 1972, *Metaphor,* London: Methuen.

Hemmens, C. and Bennett, K., 1999, 'Juvenile Curfews and the Courts: Judicial Response to a Not-So-New Crime Control Strategy', *Crime and Delinquency,* 45（1）: 99–121.

Hendrick, H., 1997a, *Children, Childhood and English Society 1880-1990,* Cambridge: Cambridge University Press.

Hendrick, H., 1997b, 'Constructions and Reconstructions of British Childhood: An Interpretative Survey, 1800 to the Present', in James, A. and Prout, A., *Constructing and Reconstructing Childhood: Contemporary Issues in the Sociological Study of Childhood* (2nd edn), London: Falmer Press.

Heywood, C., 2001, *A History of Childhood,* Cambridge: Polity Press.

Higonnet, A., 1998, *Pictures of Innocence: The History and Crisis of Ideal Childhood,* London: Thames & Hudson.

Hobcraft, J., 1998, 'Intergenerational and Life-Course Transmission of Social Exclusion: Influences and Childhood Poverty, Family Disruption and Contact with the Police', London: London School of Economic, Centre for the Analysis of Social Exclusion, Paper 15.

Hochschild, A. R., 2001, 'Global Care Chains and Emotional Surplus Value', in Hutton, H. and Giddens, A. (eds.), *On the Edge: Living with Global Capitalism,* London: Vintage.

Holden, C. and Mace, R., 1997, 'Phylogenetic Analysis of the Evolution of Lactose Digestion in Adults', *Human Biology,* 69: 605–28.

Holland, J. and Thomson, R., 1999, 'Respect - Youth Values: Identity, Diversity and Social Change', ESRC Children 5-16 Research Programme Briefing, www.esrc.ac.uk/curprog.html, accessed 14 October 2003.

Holland, P., 1992, *What is a Child? Popular Images of Childhood,* London: Virago Press.

Holloway, S. L. and Valentine, G., 2001, 'It's Only as Stupid as You Are: Children and Adults' Negotiations of ICT Competence at Home and at School', *Social and Cultural Geography,* 2(1): 25–42.

Humanoid Robotics Group, Massachusetts Institute of Technology, 2003, www.ai.mit.edu/projccts/humanoid-robotics-group/cog/current-projects.html, accessed 6 December 2003.

Illingworth, R., 1986, *The Normal Child: Some Problems of the Early Years and Their Treatment* (9th edn), Edinburgh: Churchill Livingstone.（山口規容子訳, 1994,『ノーマルチャイルド』メディカル・サイエンス・インターナショナル. 1991, 10th edition の訳.）

Ingold, T., 1993, 'Tool Use, Sociality and Intelligence', in Gibson, K. R. and Ingold, T. (eds.), *Tools, Language and Cognition in Human Evolution,*

Cambridge: Cambridge University Press.

International Labour Office, 2003, 'Labour Market Trends and Globalisation's Impact on Them', Geneva: International Labour Office, consulted at www.itcilo.it/english/actrav/tclearn/global/ilo/seura/mains.htm on 3 March 2003.

International Obesity Task Force, 2003, 'IOTF Obesity in Europe Section Appendix 1', www.iotf.org/, accessed 22 December 2003.

James, A., 2000, 'Embodied Being-(s): Understanding the Self and the Body in Childhood', in Prout, A. (ed.), *The Body, Childhood and Society,* London: Macmillan.

James, A., Jenks, C. and Prout, A., 1998, *Theorizing Childhood,* Cambridge: Polity Press.

Janson, C. H. and Van Schaik, C. P., 2002, 'Ecological Risk Aversion in Juvenile Primates: Slow and Steady Wins the Race, in Pereira, M.E. and Fairbanks, L.A. (eds.), *Juvenile Primates: Life History, Development and Behaviour,* Chicago. IL: Chicago University Press.

Jenks, C. (ed.), 1982, *The Sociology of Childhood-Essential Readings,* London: Batsford.

Jenks, C., 1990, *Childhood,* London: Routledge.

Joshi, H., Cooksey, E., Wiggins, R. D., McCulloch, I., Verropoulou, G. and Clarke, L., 1999, 'Diverse Family Living Situations and Child Development: A Multi-Level Analysis Comparing Longitudinal Evidence from Britain and the United States', *International Journal of Law, Policy and the Family,* 13: 292–314.

Katz, J., 1997, *Virtuous Reality,* New York: Random House.

Kehily, M. J. and Swann, J. (eds.), 2003, *Children's Cultural Worlds,* Chichester: Wiley and the Open University Press.

Kendrick, A., 1998, *'Who Do We Trust?': The Abuse of Children Living Away from Home in the United Kingdom,* paper presented to the 12th International Congress on Child Abuse and Neglect; Protecting Children: Innovation and Inspiration, ISPCAN - International Society for Prevention of Child Abuse and Neglect, Auckland, 6–9 September.

Kline, S., 1995, *Out of the Garden: Toys and Children's Culture in the Age of TV Marketing,* London: Verso.

Lakoff, G. and Johnson, M., 1980, *Metaphors We Live By,* Chicago, IL: Chicago University Press.（渡部昇一他訳, 1986,『レトリックと人生』大修館書店.）

Laland, K. N. and Brown, G. R., 2002, *Sense and Nonsense: Evolutionary Perspectives on Human Behaviour,* Oxford: Oxford University Press.

Lansdown, G., 1995, *Taking Part: Children's Participation in Decision Making,* London: Institute for Public Policy Research.

Lash, S. and Urry, J., 1994, *Economies of Sign and Space,* London: Sage.

Latour, B., 1991, 'Technology is Society Made Durable' in Law, J.（ed）, *A Sociology of Monsters,* London: Routledge.

Latour, B., 1993, *We Have Never Been Modern,* Hemel Hempstead: Harvester/Wheatsheaf.（川村久美子訳・解題, 2008,『虚構の「近代」── 科学人類学は警告する』新評論.）

Latour, B., and Woolgar, S., 1986, *Laboratory Life: The Construction of Scientific Facts*（2nd edn）, Princeton, NJ: Princeton University Press.

Lavalette, M.,1994, *Child Employment in the Capitalist Labour Market,* Aldershot: Avebury.

Law, J., 1992, 'Notes on the Theory of the Actor-Network: Ordering Strategy and Heterogeneity', *Systems Practice,* 5（4）: 379–93.

Law, J., 1994, *Organising Modernity,* Oxford: Blackwell.

Law, J. and Hassard, J., 1999, *Actor Network Theory and After,* Oxford: Blackwell.

Lee, N., 1999, 'The Challenge of Childhood: The Distribution of Childhood's Ambiguity in Adult Institutions', *Childhood,* 6（4）: 455–74.

Lee, N., 2000, 'Faith in the Body? Childhood, Subjecthood and Sociological Enquiry', in Prout, A.（ed.）, *The Body, Childhood and Society,* London: Macmillan.

Lee, N., 2001a, *Childhood and Society: Crowing Up in an Age of Uncertainty,* Buckingham: Open University Press.

Lee, N., 2001b, 'The Extensions of Childhood: Technologies, Children and Independence', in Hutchby, I. and Moran-Ellis, J.（eds.）, *Children, Technology and Culture: The Impacts of Technologies in Children's Everyday Lives,* London: Routledge-Falmer.

Levin, D. and Rosenquest, B., 2001, 'The Increasing Role of Electronic Toys in the Live of Infants and Toddlers: Should we be Concerned?',

Contemporary Issues in Early Childhood, 2(2): 91–120.

Lewin, R., 1993, *Principles of Human Evolution,* Oxford: Blackwell Science.

Lewis, J., 1992, 'Gender and the Development of Welfare Regimes', *Journal of European Social Policy,* 2: 159–73.

Lewontin, R., 2000, *The Triple Helix: Gene, Organism and Environment,* Cambridge, MA: Harvard University Press.

Linney, J. A., 2000, 'Assessing Ecological Constructs and Community Context', in Rappaport, J. and Seidman, E. (eds.), *Handbook of Community Psychology,* New York: Kluwer Academic/Plenum Publishers.

Lloyd, G. and Norris, C., 1999, 'Including ADHD?', *Disability and Society,* 14 (4): 505–17.

Lorenz, K., 1970, *Studies in Animal and Human Behaviour,* London: Methuen. (丘直通・日高敏隆訳, 2005,『動物行動学（再装版)』新思索社. 1965, *Über tierisches und menschliches Verhalten: Aus dem Werdegang der Verhaltenslehre,* München: R. Piper & Co. Verlag の訳.)

Lumsden, C. J. and Wilson, E. O., 1981, *Genes, Minds and Culture: The Revolutionary Process,* Cambridge, MA: Harvard University Press.

MacKenzie, D. and Wajcman, J. (eds.), 1985, *The Social Shaping of Technology,* Milton Keynes: Open University Press.

Mannheim, K., 1952/1927, 'The Problem of Generations', in Mannheim, K. (ed.), *Essays in the Sociology of Knowledge,* London: Routledge & Kegan Paul. (鈴木広訳, 1976,「世代の問題」樺俊雄監訳『マンハイム全集 3 社会学の課題』潮出版社. 1928 "Das Problem der Generationen," *Kölner Vierteljahrshefte für Soziologie,* 7 Jahrg. Heft 2.-3. の訳.)

Mannion, G. and I'Anson. J., 2003, 'New Assemblages within the Arts Fold: Exploring Young People's Subjectification through Self-directed Photography, Photojourney and Photo-elicitation', *Crossing Boundaries: The Value of Interdisciplinary Research,* Proceedings of the 3rd Conference of the Environmental Psychology UK Network, June.

Martin, E., 1990, 'The Ideology of Reproduction: The Reproduction of Ideology', in Ginsburg, F. and Tsing, A.L. (eds.), *Uncertain Terms: Negotiating Gender in American Culture,* Boston: Beacon Press.

Marx, K. and Engels, F., 1848/1968, *Manifesto of the Communist Party,* Moscow: Progress Publishers. (大内兵衛・向坂逸郎訳, 2007,『共産党宣

言』岩波書店ほか.)

Massey, D. S., 1998, 'March of Folly: US Immigration Policy NAFTA', *The American Prospect,* March-April: 22–3.

Mayall, B. (ed.), 1994, *Children's Childhoods: Observed and Experienced,* London: Falmer.

Maybin, J. and Woodhead, M., 2003, (eds.), *Childhood in Context,* Chichester: Wiley and the Open University Press.

Milburn, K., 2000, 'Children, Parents and the Construction of the "Healthy Body" in Middle Class Families', in Prout, A. (ed.), *The Body, Childhood and Society,* London: Macmillan.

Montanari, I., 2000, 'From Family Wage to Marriage Subsidy and Child Benefits: Controversy and Consensus in the Development of Family Support', *Journal of European Social Policy,* 10 (4): 307–33.

Morris, D., 1969, *The Naked Ape,* London: Corgi. (日高敏隆訳, 1996,『裸のサル ── 動物学的人間像 (改版)』角川書店.)

Moss, P., Dillon, J. and Statham, J., 2000, 'The "Child in Need" and "The Rich Child": Discourses, Constructions and Practices', *Critical Social Policy,* 20 (2): 233–54.

Murdock, G. and McCron, R., 1979, 'The Television and Delinquency Debate', *Screen Education,* 30.

Näsman E., 1994, 'Individualisation and Institutionalisation of Children', in Qvortrup, J., Bardy, M., Sgritta, C. and Wintersberger, H. (eds.), *Childhood Matters: Social Theory, Practice and Politics,* Aldershot: Avebury.

National Center for Health Statistics, 2003, 'Prevalence of Overweight Among Children and Adolescents: United States, 1999–2000', www.cdc.gov/nghs/products/pubs/pubd/hestats/overwght99.htm, Hyattsville MD: National Center for Health Statistics, accessed 22 December 2003.

Oakley, A., 1984, *The Captured Womb: A History of Medical Care of Pregnant Women,* Oxford: Blackwell.

Ogilvie-Whyte, S., 2003, 'Building a Bicycle Ramp: An Illustrated Example of the Process of Translation in Children's Everyday Play Activities', paper presented to the Childhood and Youth Studies Network, Department of Applied Social Science, University of Stirling, Scotland, 30 April 2003.

Orbach. S., 1986, *Fat is a Feminist Issue: How to Lose Weight Permanently: Without Dieting,* London: Arrow Books.（落合恵子訳, 1994,『ダイエットの本はもういらない』飛鳥新社.）

Orellana. M. F., Thorne. B., Chee, A. and Lam, W. S. E., 1998/2001, 'Transnational Childhoods: The Deployment, Development and Participate of Children in Processes of Family Migration', Paper presented at 14th World Congress of the International Sociological Association, Montreal, July 1998. Revised to appear in *Social Problems Journal,* November 2001.

Oxley, H., Dang, T.-T., Forster, M. F. and Pellizzari, M., 2001, 'Income Inequalities and Poverty among Children and Households in Selected OECD Countries' in Vleminekx, K. and Smeeding, T. M. (eds.), *Child Well-being, Child Poverty and Child Policy in Modem Nations,* Bristol: Policy Press.

Oyama, S., 1985, *The Ontogeny of Information: Developmental Systems and Evolution,* Cambridge: Cambridge University Press.

Pagel M. D. and Harvey, P. H., 2002, 'Evolution of the Juvenile Period in Mammals', in Pereira, M. E. and Fairbanks, L. A. (eds.), *Juvenile Primates: life History, Development and Behaviour,* Chicago, IL: Chicago University Press.

Parliamentary Office of Science and Technology, 2003, *Childhood Obesity,* London: Parliamentary Office of Science and Technology.

Parrenas, R. H., 2001, *Servants of Globalization: Women, Migration, and Domestic Work,* Stanford, CA: Stanford University Press

Pearson, G., 1983, *Hooligan: A History of Respectable Fears,* London: Macmillan.

Pereira, M. E., 2002, 'Juvenility in Animals', in Pereira, M. E. and Fairbanks L. A. (eds.), *Juvenile Primates: Life History, Development and Behaviour,* Chicago, IL: Chicago University Press.

Pereira, M. E. and Fairbanks, L. A., 2002, 'What are Juvenile Primates All About?' in Pereira, M. E. and Fairbanks, L. A. (eds.), *Juvenile Primates: Life History, Development and Behaviour,* Chicago, IL: Chicago University Press.

Pickering, A. (ed.), 1992, *Science as Practice and Culture,* Chicago, IL:

University of Chicago Press.
Place B., 2000, 'Constructing the Bodies of Ill Children in the Intensive Care Unit', in Prout, A. (ed.), *The Body, Childhood and Society,* London: Macmillan.
Platt, A. M., 1977, *The Child Savers: The Invention of Delinquency,* Chicago, IL: Chicago University Press. (藤本哲也・河合清子訳, 1989,『児童救済運動 ── 少年裁判所の起源』中央大学出版部.)
Plowman, L., Prout, A. and Sime, D., 2003, 'The Technologisation of Childhood? Report of a Pilot Study', Mimeo, Faculty of Human Sciences. University of Stirling.
Plowman, L. and Luckin, R., 2003, *Exploring and Mapping Interactivity with Digital Toy Technology: Summary of Findings,* Report to ESRC/EPSRC, February, www.ioe.stir.ac.uk/CACHET/publications.htm.
Pollock, L., 1983, *Forgotten Children: Parent-Child Relations from 1500 to 1900,* Cambridge: Cambridge University Press. (中地克子訳, 1988,『忘れられた子どもたち ── 1500-1900 年の親子関係』勁草書房.)
Population Reference Bureau, 2003, *2003 World Population Data Sheet,* PDF download, 12 October, www.prb.org/.
Postman, N., 1983, *The Disappearance of Childhood,* London: W. H. Allen. (小柴一訳, 2001,『子どもはもういない (改訂版)』新樹社.)
Prendergast, S., 1992, *This is the Time to Grow Up: Girls' Experiences of Menstruation ill School,* Cambridge: Health Promotion Trust.
Prendergast, S., 2000, '"To Become Dizzy in Our Turning": Girls, Body Maps and Gender as Childhood Ends', in Prout, A. (ed.), *The Body, Childhood and Society,* London: Macmillan.
Press, N. and Browner, C. H., 1997, 'Why Women Say Yes to Prenatal Diagnosis', *Social Science and Medicine,* 45 (7): 979–89.
Pringle, K., 1998, *Children and Social Welfare in Europe,* Buckingham: Open University Press.
Prior, P., 1997, 'ADHD/Hyperkinetic Disorder - How Should Educational Psychologists and Other Practitioners Respond to the Emerging Phenomenon of School Children Diagnosed as Having ADHD?', *Emotional and Behavioural Difficulties,* 2: 15–27.
Prout. A., 2000a, 'Control and Self-Realisation in Late Modern Childhoods',

Special Millenium Edition of Children and Society, 14 (4): 304–15.

Prout. A., 2000b, 'Childhood Bodies, Construction, Agency and Hybridity', in Prout,A. (ed.), *The Body, Childhood and Society,* London: Macmillan.

Prout. A., 2003, 'Participation, Policy and the Changing Conditions of Childhood', in Hallett, C. and Prout, A. (eds.), *Hearing the Voices of Children: Social Policy for a New Century,* London: Falmer Press.

Prout, A. and James, A., 1990/1997, 'A New Paradigm for the Sociology of Childhood? Provenance, Promise and Problems', in James, A. and Prout, A. (eds.), *Constructing and Reconstructing Childhood: Contemporary Issues in the Sociological Study of Childhood,* Basingstoke: Falmer Press (2nd revised edn, London: Falmer Press).

Qvortrup, J., 1994, 'Introduction', in Qvortrup, J., Bardy, M. and Wintersberger, H. (eds.). *Childhood Matters: Social Theory, Practice and Politics,* Aldershot: Avebury.

Qvortrup, J., 2000, 'Macroanalysis of Childhood', in Christensen, P. and James, A. (eds.), *Research with Children: Perspectives and Practices,* London: Falmer.

Qvortrup, J., Bardy, M., Sgritta, G. and Wintersberger, H. (eds.), 1994, *Childhood Matters: Social Theory,* Practice and Politics, Aldershot: Avebury.

Richards, M. P. M. (ed.), 1974, *The Integration of a Child into a Social World,* Cambridge: Cambridge University Press.

Richards, M. P. M. and Light, P., 1986, *Children in Social Worlds: Development in a Social Context,* Cambridge: Polity Press.

Ridge, T., 2002, *Childhood and Social Exclusion: From a Child's Perspective,* Bristol: Policy Press.（中村好孝・松田洋介訳, 2010,『子どもの貧困と社会的排除』桜井書店.）

Rorty, R., 1981, *Philosophy and the Mirror of Nature,* Princeton, NJ: Princeton University Press.（野家啓一監訳, 1993,『哲学と自然の鏡』産業図書.）

Rose, N., 1989, *Governing the Soul,* London: Routledge.（堀内進之介・神代健彦監訳, 2016,『魂を統治する —— 私的な自己の形成』以文社. 原著第 2 版, 1999, Free Association Books の訳.）

Rose, S., Lewontin, R. C. and Kamin, L. J., 1984, *Not in Our Genes: Biology, Ideology and Human Nature,* Harmondsworth: Penguin.

Rothman, B. K., 1988, *The Tentative Pregnancy: Prenatal Diagnosis and the Future of Motherhood,* London: Pandora.

Rubenstein, D. I., 2002, 'On the Evolution of Juvenile Life-Styles in Mammals', in Pereira, M. E. and Fairbanks, L. A. (eds.), *Juvenile Primates: Life History, Development and Behaviour,* Chicago, IL: Chicago University Press.

Rutter, J. and Candappa, M., 1998, *Why Do They Have To Fight? Refugee Children's Stories from Bosnia, Somalia, Sri Lanka and Turkey,* London: Refugee Council.

Ruxton, S., 1996, *Children in Europe,* London: National Children's Homes.

Schapin, S. and Scheffer, S., 1985, *Leviathan and the Air Pump: Hobbes, Boyle and the Experimental Life,* Princeton, NJ: Princeton University Press.（柴田和宏・坂本邦暢訳, 2016,『リヴァイアサンと空気ポンプ── ホッブズ、ボイル、実験的生活』名古屋大学出版会.）

Scheper-Hughes, N. and Hoffman, D., 1988, 'Brazilian Apartheid: Street Kids and the Struggle for Urban Space', in Scheper -Hughes. N. and Sargent, C. (eds.), *Small Wars: The Cultural Politics of Childhood,* Berkeley, CA: University of California Press.

Seccombe, W., 1993, *Weathering the Storm: Working Class Families from the Industrial Revolution to the Fertility Decline,* London: Verso.

Selwyn, N., 2003, '"Doing IT for the Kids": Re-Examining Children, Computers and the "Information Society"', *Media, Culture and Society,* 25: 351–78.

Sgritta, G., 1994, 'The Generational Division of Welfare: Equity and Conflict', in Qvortrup, J., Bardy, M., Sgritta, G. and Wintersberger, H. (eds.), *Childhood Matters: Social Theory, Practice and Politics,* Aldershot: Avebury.

Shakespeare, T., 1998, 'Choices and Rights: Eugenics, Genetics and Disability Equality', *Disability and Society,* 13 (5): 655–81.

Shakespeare, T.,1999, 'Losing the Plot? Medical and Activist Discourses of Contemporary Genetics and Disability', *Sociology of Health and Illness,* 21 (5): 669–88.

Shilling, C., 1993, *The Body and Social Theory,* London: Sage.

Shinn, M. and Rapkin, B. D., 2000, 'Cross-Level Research without Cross-Ups in Community Psychology', in Rappaport, J. and Seidman, E. (eds.),

Handbook of Community Psychology, New York: Kluwer Academic/Plenum Publishers.

Shrag, P. and Divoky, D., 1975, *The Myth of the Hyperactive Child,* Pantheon: New York.

Simpson, B., 1998, *Changing Families: An Ethnographic Approach to Divorce and Separation,* Oxford: Berg.

Simpson, B., 2000, 'The Body as a Site of Contestation in School', in Prout, A. (ed.),*The Body, Childhood and Society,* London: Macmillan.

Singh, I., 2002, 'Biology in Context: Social and Cultural Perspectives on ADHD', *Children and Society,* 16: 360–7.

Sirota, R., 2001, 'Birthday, A Modern Ritual of Socialisation', in du Bois-Raymond, M., Sunker, H. and Kruger, H. (eds.), *Childhood in Europe: Approaches - Trends - Findings,* New York: Peter Lang.

Sirota, R., 2002, 'When the Birthday Invitation Knocks Again on the Door: Learning and Construction of Manners', *Zeitschrift für Qualitätive Bildungs-Beratung und Socialforschung,* 1.

Social Exclusion Unit, 1998, *Truancy and School Exclusion Report by the Social Exclusion Unit,* London: Social Exclusion Unit.

Stainton-Rogers, R. and Stainton-Rogers, W., 1992, *Stories of Childhood: Shifting Agendas of Child Concern,* London: Harvester/Wheatsheaf.

Stanford, C., 2001, *Significant Others: The Ape-Human Continuum and the Quest for Human Nature,* New York: Basic Books.

Stanworth, M. (ed.), 1987, *Reproductive Technologies: Gender, Motherhood and Medicine,* Cambridge: Polity Press.

Steadman, C., 1982, *The Tidy House,* London: Virago.

Steinberg, S. and Kincheloe, J., 1997, (eds.), *Kinderculture: The Corporate Construction of Childhood,* Boulder, CO: Westview.

Strathern, M., 1991, *Partial Connections,* Savage, MD: Rowman & Littlefield. (大杉高司他訳, 2015,『部分的つながり』水声社.)

Strathern, M., 1992, *After Nature: English Kinship in the Late Twentieth Century,* Cambridge: Cambridge University Press.

Susser, M. W. and Watson, W., 1962, *Sociology in Medicine,* Oxford: Oxford University Press.

Szasz, T., 1961, The *Myth of Mental Illness,* New York: Free Press. (河合洋訳,

1975,『精神医学の神話』岩崎学術出版社.)
Thompson, D., 1989, 'The Welfare State and Generational Conflict: Winners and Losers', in Johnson, P., Conrad, C. and Thompson, D. (eds.), *Workers versus Pensioners: Intergeneratinal Justice in an Ageing World,* Manchester: Manchester University Press.
Thorne, B., 1987, 'Re-visioning Women and Social Change: Where are the Children?', *Gender and Society,* 1: 85–109.
Thorne, B., 1993, *Gender Play: Boys and Girls in School,* New Brunswick, NJ: Rutgers University Press.
Thorne, B., 2000, 'Children's Agency and Theories of Care', Paper to the Final Conference of the ESRC Children 5-16 Research Programme, London, 21 October.
Thorne, B., 2005, 'Unpacking School Lunchtime: Structure, Practice and the Negotiation of Differences', in Cooper, R., García Coll, C, Bartko. T., Davis, H. and Chatman, C. (eds.), *Developmental Pathways Through Middle Childhood: Rethinking Contexts and Diversity as Resources,* Mahwah, NJ: Lawrence Erlbaum Associates.
Treichler, P., 1990, 'Feminism, Medicine and the Meaning of Childbirth', in Jacobus, M., Keller, E. F. and Shuttleworth, S. (eds.), *Body/Politics: Women and the Discourses of Science,* London: Routledge. (門野里栄子訳, 2003,「フェミニズム、医療、出産の意味」田間泰子・美馬達哉・山本祥子監訳『ボディー・ポリティクス ── 女と科学言説』世界思想社.)
Turkle, S., 1997, *Life on the Screen: Identity in the Age of the Internet,* London: Phoenix.(日暮雅通訳, 1998,『接続された心──インターネット時代のアイデンティティ』早川書房.)
Turkle, S., 1998, 'Cyborg Babies and Cy-Dough Plasm: Ideas about Self and Life in the Culture of Simulation', in Davis-Floyd, R. and Dumit, J. (eds.), *Cyborg Babies: From Techno-Sex to Techno-Tots,* London: Routledge.
Turner, B. S., 1984, *The Body and Society: Explorations in Social Theory,* Oxford: Blackwell.(小口信吉他訳, 1999,『身体と文化 ── 身体社会学試論』文化書房博文社.)
Turner, B. S., 1992, *Regulating Bodies: Essays in Medical Sociology,* London: Routledge.
Turner, T., 1994, 'Bodies and Anti-Bodies: Flesh and Fetish in

Contemporary Social Theory', in Csordas, T. J. (ed.), *Embodiment and Experience: The Existential Ground of Culture and Self,* Cambridge: Cambridge University Press.

UNICEF, 1995, *The State of the World's Children 1996,* Oxford: Oxford University Press for UNICEF. (ユニセフ駐日事務所訳, 1995,『1996年世界子供白書』ユニセフ駐日事務所.)

UNICEF, 2001, *We the Children,* New York: UNICEF

University of Texas, 2003, 'The Passing of Ilya Priogine', web page at order.ph.utexas.edu/people/Prigogine.htm, accessed January 2004.

Urry J., 2000, *Sociology Beyond Societies: Mobilities for the Twenty-First Century,* London: Routledge. (吉原直樹監訳, 2006,『社会を越える社会学 ── 移動・環境・シチズンシップ』法政大学出版局.)

US Department of Health and Human Resources, 1998, *Trends in the Weil-Being of America's Children and Youth,* Washington: US Department of Health and Human Resources.

Valentine, G. and Holloway, S. L., 2002, 'Cyberkids? Children's Identities and Social Networks in On-Line and Off-Line Worlds', *Annals of the Association of American Geographers,* 92(2): 302–19.

Vattimo, G., 1992, *The Transparent Society,* Cambridge: Polity Press.

Vygotsky, L. S., 1962, *Thought and Language,* Cambridge, MA: MIT Press. (柴田義松訳, 2001,『思考と言語（新訳版）』新読書社. 1956, ロシア語版からの翻訳.)

Vygotsky, L. S., 1978, *Mind in Society,* Cambridge, MA: Harvard University Press.

Wajcman, J., 1991, *Feminism Confronts Technology,* Pennsylvania: Pennsylvania University Press.

Warner, R. R., 1984, 'Delayed Reproduction as a Response to Sexual Selection in a Coral Reef Fish: A Test of Life Historical Consequences', *Evolution,* 38: 148-62.

Wellcome Trust, 1998, *Public Perspectives on Human Cloning,* London: Wellcome Trust.

Wilkinson, R., 2000, *Mind the Gap: Hierarchies, Health and Human Evolution (Dawinism Today),* London: Weidenfeld & Nicholson. (竹内久美子訳, 2004,『寿命を決める社会のオキテ ── 進化論の現在』新潮社.)

Wilson, E. O., 1980, *Sociobiology,* Cambridge, MA: Belknap Press of Harvard University Press.（坂上昭一他訳, 1999,『社会生物学（合本版）』新思索社.）

Winn, M., 1984, *Children without Childhood,* Harmondsworth: Penguin.（平賀悦子訳, 1984,『子ども時代を失った子どもたち ── 何が起っているか』サイマル出版会.）

Woodhead, M., 1999, 'Reconstructing Developmental Psychology, Some First Steps', *Children and Society,* 13(1): 3–19.

Woodhead, M., 2003, 'Childhood Studies: Past, Present and Future', Keynote lecture at Open University Conference, June.

Zeiher, H., 2001, 'Children's Islands in Space and Time: The Impact of Spatial Differentiation on Children's Ways of Shaping Social Life', in du Bois-Reymond, M., Sunker, H. and Kruger, H.-H. (eds.), *Childhood in Europe: Approaches - Trends - Findings,* New York: Peter Lang.

Zeiher, H., 2002, 'Shaping Daily Life in Urban Environments', in Christensen, P. and O'Brien, M. (eds.), *Children in the City: Home, Neighbourhood and Community,* London: Falmer Press.